PRIÈRE DE RENDRE VOTRE ÉCOSYSTÈME MOINS ABSURDE QUE VOUS L'AVEZ TROUVÉ

Retrouvez l'ensemble des parutions
des Éditions Payot sur

www.editions-payot.fr

FABRICE CAVARRETTA ÉRIC LENOIR

PRIÈRE DE RENDRE VOTRE ÉCOSYSTÈME MOINS ABSURDE QUE VOUS L'AVEZ TROUVÉ

Réflexions sur notre (r)apport au vivant et au social

PAYOT

Sommaire

I

Comprendre (la complexité)

II

Éclairer (nos zones d'ombre)

III

Agir (avec pragmatisme)

Prologue

Si hortum in bibliotheca habes, deerit nihil[1].
Cicéron

Nous nous sommes rencontrés dans un verger bourguignon. Fabrice visitait la région, son foisonnement d'expériences néorurales, et passait un après-midi à aider au nettoyage d'un verger. Éric aidait aussi, expliquant aux Parisiens et autres jardiniers d'un jour comment couper les rejets de cerisiers ou de pruniers, déterminer pourquoi conserver ou éliminer telle ou telle branche, et ne pas trop prendre cela au sérieux tout en distillant la sagesse discrète propice à l'exercice.

Le soir venu, dans les faubourgs de Joigny, nous avons échangé sur l'enseignement qu'Éric, le paysagiste, nous avait prodigué cet après-midi-là. De manière inattendue, un écho est apparu avec des problématiques que Fabrice, enseignant-chercheur sur les comportements humains dans les organisations, observe dans la sphère socio-économique.

Nous nous sommes revus sous les immenses arbres d'un hôtel particulier du VIIIe arrondissement de Paris, durant une soirée organisée pour permettre à une assemblée éclairée – mais très parisienne – de débattre

1. « Si tu as un jardin dans une bibliothèque, tu as tout ce qu'il te faut. »

des évolutions de notre monde. Entre-temps, Fabrice avait lu l'ouvrage d'Éric, le *Petit traité du jardin punk*, qui avait étrangement fait écho à son propre ouvrage sur *la France, paradis pour entrepreneurs*[1]. Durant cette *garden-party*, la conversation s'est de nouveau focalisée sur la similarité entre leurs problématiques. Éric s'étonna du choix de mettre une pelouse sous ces grands arbres urbains – une démarche de *planification malheureuse* que Fabrice connaît bien dans le domaine socio-économique aussi. Puis Fabrice s'étonna de l'obsession des intervenants à aborder l'entrepreneuriat par l'injection de capitaux – une démarche d'*apports simplistes* qu'Éric connaît bien dans le domaine écologique aussi.

En surface, chacun de nos sujets peut paraître simple et n'avoir aucun rapport l'un avec l'autre. Un jardin, une culture, une forêt semblent dépendre de lumière et d'eau, d'espèces végétales et animales, du sol, voire d'engrais et de pesticides. Une équipe, une entreprise, une assemblée citoyenne, une économie semblent quant à elles procéder d'organisations, de marchés, d'institutions, de personnel, de plans et de moyens financiers.

Pour Fabrice comme pour Éric, cependant, la remise en cause de ces représentations fort réductrices est centrale dans nos pratiques, nos enseignements, nos recherches, et le regard que nous portons sur nos écosystèmes de prédilection.

Tous les deux, nous travaillons à faire évoluer les croyances et expliquer la complexité de ces écosystèmes. Nous combattons des schémas simplistes basés sur l'injection de solutions en apparence évidentes – par exemple eau et fertilisants au jardin, ou des capitaux à la

---

1. Éric Lenoir, *Petit traité du jardin punk : Apprendre à désapprendre*, Mens, Terre Vivante, 2018. Fabrice Cavarretta, *Oui ! la France est un paradis pour entrepreneurs*, Paris, Plon, 2016.

ville – par des acteurs persuadés de pouvoir et de devoir tout planifier et contrôler.

Le déclic menant au présent ouvrage eut finalement lieu lors de la visite publique annuelle qu'Éric organisait quelque temps après dans son jardin expérimental du Flérial. À chaque étape de ce parcours écologique, la description des problématiques du jardinier dans les différentes sphères de cet écosystème naturel faisait écho à des problématiques auxquelles est confronté l'humain dans ses divers écosystèmes sociaux – organisations, entreprises, familles, états, secteurs industriels, etc.

Nous nous sommes alors retrouvés sur les problèmes de *rapport au monde* qu'Éric aborde inlassablement dans son militantisme écologique, les questions de posture de l'humain face à la nature. Par une coïncidence troublante, notre échange nous a révélé que ceux-ci correspondaient exactement aux problèmes de *rapport au monde* sur lesquels Fabrice conduit ses recherches et constitue son enseignement à des responsables d'organisations. Par ce terme de rapport au monde, on désigne l'ensemble de l'interaction dans laquelle l'acteur s'installe avec son environnement, recouvrant le spectre large allant des savoirs aux croyances en passant par les outils, les jugements et les émotions.

Par ailleurs, chacun de nous avait déjà une approche transversale dans son domaine : Fabrice étudie les changements de paradigme tels que la transition écologique, tandis qu'Éric attache une grande importance à la justice sociale, notamment dans ses dimensions environnementales[1].

1. Comme de nombreux autres activistes environnementaux, et tel que le célèbre syndicaliste agricole et activiste écologiste brésilien Chico Mendes l'a résumé en ce fameux slogan : « L'écologie sans lutte des classes, c'est du jardinage ».

Ceci nous a motivés à réfléchir à deux sur ces questions en faisant du parcours au jardin un cheminement initiatique pour éclairer ces questions de rapports au monde. Il est écrit à deux mains pour proposer – ensemble – une compréhension, un rapport, et une démarche concernant nos deux écosystèmes fondamentaux : d'une part, l'écologie du vivant ; de l'autre, la sphère économique et sociale.

Introduction

Au jardin comme à la ville, notre civilisation a développé de bien mauvaises habitudes. Nos écosystèmes naturels se portent mal : le climat se dérègle en entraînant diverses conséquences catastrophiques, les mers et les terres se vident de leurs espèces à une vitesse affolante, et même les terres cultivées – pour peu qu'on puisse encore les assimiler à des écosystèmes naturels – montrent de plus en plus de réticences à produire ce qu'on exige d'elles.

Nos systèmes sociaux se portent mal eux aussi : nombre de jeunes ne croient plus en l'avenir ; les peuples votent moins et aspirent plus à la guerre ; de plus en plus d'individus remettent en question le modèle classique du travail, prenant progressivement conscience de ses absurdités ; les richesses sont très inéquitablement partagées et vivre ensemble semble chaque jour remis en cause. Il est intéressant de noter que nombre de ces pratiques dommageables ou inadaptées ont souvent des logiques similaires, qu'elles soient d'ordre écologique ou social. Et, dans nombre de cas, leurs acteurs n'ont ni mauvaises intentions, ni compréhension des ressorts profonds de leurs actions, ni conscience de leurs conséquences.

Mais que peut-on face à l'ampleur de ces défis qui dépassent les clivages et les frontières[1] ? Aussi humblement

---

1. ONU, *Transformer notre monde : Le programme de développement durable à l'horizon 2030*, 2015.

que possible, nous suggérons ici qu'il existe des leviers, des techniques, des connaissances et des approches pouvant aider chacune et chacun à rendre les écosystèmes qui nous entourent moins absurdes et dégradés, à les améliorer après tant d'aveuglement et de déconnexion.

Nous aborderons dans ce livre ces problématiques et ces pistes, alternant entre celles ayant trait à la nature, à l'écologie, à la biologie – que l'on désignera ci-après par le *jardin*, ou le *vivant* – et celles ayant trait au social, à la politique et à l'économie – que l'on désignera pour simplifier comme la *ville* ou le *social*.

La correspondance établie entre écosystèmes écologiques et sociaux n'est pas parfaitement symétrique. Chaque chapitre démarre par une réflexion au jardin, pour ensuite se projeter dans l'espace social. Certes, la réflexion circule entre les deux domaines, mais cette asymétrie d'exposition reflète néanmoins une asymétrie de notre monde. Certaines postures naïves qui ont été surmontées au jardin – après quelques décennies de militance écologique – prévalent encore à la ville où toute militance pour un monde meilleur est souvent neutralisée par la suspicion d'idéologie politique. Certaines approches qui sont maintenant populaires ou scientifiquement reconnues au jardin – grâce aux nombreuses études empiriques sur sommes de petits écosystèmes écologiques – n'ont pas encore été retranscrites à la ville, car ce sont des territoires sociaux plus complexes à quantifier.

L'ouvrage ne vise pas à proposer des solutions à tous les problèmes rencontrés dans le spectre parcouru de l'écologie au social. Ceci représenterait une tâche démesurée, et nous préférons renvoyer les lecteurs aux excellents ouvrages qui ont pu déjà être écrits sur des sujets tels que la *transition écologique* et le *changement climatique* d'une part, ou sur les *inégalités sociales* ou la *perte de sens au travail* d'autre part. Essayer d'établir un texte de nature programmatique sur un spectre aussi large nous dépasse.

L'ambition se situe ailleurs, à deux niveaux. Tout d'abord, le parallélisme entre l'écologie et le social permet de mieux comprendre les mécanismes systémiques, très souvent communs à ces deux types d'écosystèmes. Cette réciprocité peut être un outil de vulgarisation – sans péjoration aucune dans ce terme – en rendant plus aisément « lisible » dans un domaine ce que l'on comprend plus naturellement dans l'autre, ou en créant des images capables de transgresser les schémas de pensée. La plupart des mécanismes évoqués – par exemple, diversité, évolution, symbiose – ont déjà été identifiés et recensés dans toute la littérature sur la *complexité*, une approche dont l'un des pionniers a été Edgar Morin[1]. La promenade métaphorique entre le jardin et la ville constitue alors un formidable outil de compréhension dans l'espace et in vivo de cette grande idée – l'omniprésence de la complexité – indispensable pour appréhender n'importe quel écosystème.

Cette base étant établie, notre approche va se focaliser sur la capacité de l'acteur à agir ou ne pas agir, à réfléchir à ce qui fait du bien à l'écosystème qui le contient et dont il dépend ou auquel il est lié, et à se

1. La théorie de la complexité étudie les systèmes composés de nombreux éléments en interaction, où le comportement global ne peut être simplement déduit de la somme des comportements individuels. Edgar Morin a été un des grands promoteurs d'une approche par la pensée complexe. Celle-ci invite à percevoir le monde comme un tissu de relations interdépendantes où l'ordre et le désordre s'entremêlent, à dépasser les cloisonnements disciplinaires. Voir : Edgar Morin, *Introduction à la pensée complexe*, ESF, 1990.

motiver à le faire en conscience pour que son interaction avec cet écosystème soit la plus bénéfique possible.

L'objet du livre est en somme de vous accompagner dans une démarche consistant à être, chère lectrice ou cher lecteur, *jardinier ou jardinière potentiel d'écosystèmes complexes* et à y trouver votre place et votre bénéfice sans leur nuire. Nombreux sont nos rôles où une telle attitude est bénéfique : parents (écosystème familial) ; manageurs (écosystème de l'équipe, de l'entreprise) ; éducateurs (écosystème de l'école) ; gestionnaires, usagers ou exploitants de terres (écosystème des jardins, cultures, forêts, marais et plantations) ; urbanistes ou élus (écosystème de la ville, des territoires ou larges communautés humaines) ; activistes (écosystème associatif ou actions collectives), citoyens planétaires, etc.

Nos métiers, nos passions et nos recherches nous (auteurs) ont amenés à observer, depuis de nombreuses années sur le terrain et au travers des travaux de recherches réalisés par d'autres, des humains agissant au jardin comme à la ville. Cela nous a appris à l'un comme à l'autre que certains des obstacles les plus importants pour faire évoluer les pratiques et le rapport à nos mondes sont *internes* à l'acteur, dans sa psyché et ses représentations. Mauvaises postures, aprioris, schémas mentaux, émotions, appréciations personnelles et constructions culturelles tendent à empêcher de jouer un rôle réellement positif dans son écosystème du fait d'une grille de lecture tronquée, restreinte, ou inadaptée.

Ces lacunes empêchent autant l'acteur d'obtenir ce qu'il souhaite individuellement ou collectivement, que de préserver les moyens d'y parvenir sur le long terme. Identifier les éléments du rapport au monde qui font obstacle à l'action constitue le cœur de l'ouvrage. Car ils conditionnent le bon usage du savoir, et ils ouvrent à la possibilité d'être motivé, de prendre du plaisir, de se sentir engagé… ou pas. Notre pérégrination entre jardin et ville vise ainsi à permettre au lecteur d'*apprécier* et de comprendre peut-être mieux comment *traiter correctement et prendre soin* de son écosystème en le considérant pour ce qu'il est : fondamental et précieux. Il s'agit de contribuer à cristalliser les bonnes attitudes, les motiver, et les ancrer – « enraciner » serait encore plus de circonstance – viscéralement.

Notre dialogue s'appuie sur des *procédés méthodologiques* qui méritent d'être explicités. Tout d'abord, nos prises de position pourront parfois donner une impression d'être unilatérales, de pousser principalement dans une unique direction. Certes, la vie pragmatique est une question d'équilibre entre différentes tensions, mais notre intervention se base généralement sur le constat d'un déséquilibre ou d'un dysfonctionnement, que nous proposons par divers moyens de stabiliser ou de réparer.

Prenons un exemple : le premier chapitre va évoquer la tentation de planifier le jardin, pour constater la similitude de l'obsession des processus planificatoires dans les domaines économiques et sociaux. Pour garder le texte bref, on se concentrera alors à porter *la critique sur la planification*, et sur les dangers de l'amour inconsidéré que les acteurs du jardin et de la ville lui portent. Pourtant, nous ne pensons pas pour autant que la planification n'a aucune place au jardin ni à la ville.

Ce type de positionnement, que vous pourrez rencontrer à plusieurs reprises dans le texte, répond là encore aux objectifs premiers de l'ouvrage. Comme un entraîneur de judo confronté à la tendance dominante de trop s'appuyer sur le même pied, nous intervenons sur l'acteur/lecteur pour lui faire prendre conscience de ses appuis, de sa posture, de son appui préféré, surtout quand celui-ci est dangereux. Cela pourrait paraître unilatéral ou réducteur, mais il n'en est rien. Comme pour les systèmes complexes, le détail ne fait pas le livre. L'ensemble du texte incite par ailleurs les lecteurs à considérer toutes les options disponibles, et pourquoi pas à remettre en question les divers positionnements proposés.

Concernant les périmètres disciplinaires, il paraîtra naturel que la discussion sur l'écologie engage de nombreuses disciplines (biologie, botanique, zoologie, géologie, climatologie...), ne se borne pas au seul contexte du jardin pour s'étendre à l'ensemble des contextes écologiques (forêt, désert, mare, lac, océan, rivière, végétation urbaine...), ni ne se limite au seul rôle du jardinier pour inclure tous les acteurs du système écologique (agriculteurs, forestiers, industrie agroalimentaire, usagers, politiques...). Le monde social a une complexité similaire, il implique une même ampleur dans le domaine des disciplines scientifiques (psychologie, sociologie, économie, anthropologie...), une grande diversité de contextes (entreprises, associations, groupes familiaux, structures politiques et tribales...), et de types d'acteurs (dirigeants, professions médicales et juridiques, politiques, experts, enseignants...).

Certains lecteurs pourraient douter qu'un tel spectre de sciences et situations humaines soit intégrable dans un même discours comme le fait un naturaliste dans une promenade au jardin. Pourtant un tel programme de recherche holistique a déjà été développé dans les sciences sociales à travers la discipline du *Comportement Organisationnel* (Organizational Behaviour en anglais), donnant même lieu à la rédaction de thèses de doctorat. Peu connue du grand public, elle vise à apporter des réponses intégratives à l'analyse du comportement des individus dans les structures sociales. Car si chaque science humaine se focalise sur une classe de mécanismes (par exemple, psychologiques ou sociologiques), le comportement effectif des individus peut dériver de n'importe lequel d'entre eux, et surtout de leurs interactions. Cette discipline a émergé similairement à son analogue dans le domaine médical, la *médecine interne*, qui est personnifiée dans la culture populaire par le héros de la série télévisée *Dr House*. La médecine interne n'est spécialisée dans aucune des disciplines élémentaires du corps humain (par exemple, *cardiologie*, *pneumologie*, *hématologie*), mais vise à les maîtriser toutes suffisamment pour pouvoir démêler les cas complexes où plusieurs problématiques interagissent. De même, notre raisonnement à la ville s'appuiera sur un spectre large et intégratif de toutes les sciences sociales, sur la maîtrise *simultanée* de tous ces mécanismes possibles et de toutes leurs interactions probables. Le jardinier-naturaliste ne fait pas autre chose avec les éléments qui composent ses jardins et y interagissent.

Concernant la *logique de liaison*, le passage du jardin à la ville ne repose pas systématiquement sur l'*analogie*, où décrire un phénomène écologique amène à décrire le phénomène équivalent dans le domaine social. L'objectif étant de réfléchir au rapport de l'acteur à son écosystème, l'approche la plus pertinente est parfois *explicative*. Par exemple, dans le chapitre sur la peur des nuisibles, la discussion au jardin explore pourquoi ceci peut s'avérer injustifié et contre-productif. Quand on passe à la ville, la discussion va évidemment porter le même message, mais en se focalisant plutôt sur *les raisons pour lesquelles* les humains ont tendance à faire de telles catégorisations.

In fine, c'est de goût dont il sera question. Pleinement assumer son (double) rôle de *cultivateur et d'habitant d'écosystèmes* revient à une question de changement d'esthétique. Notre cheminement vise à vous faire *apprécier* votre rôle sur votre écosystème, à vous permettre de le rendre plus vivant et riche, plus humain, plus cohérent, plus facile à comprendre, plus respectueux de ce qui préexiste et, chaque fois que nécessaire, moins absurde. Bonne promenade !

I

Comprendre (la complexité)

Qualifier un écosystème de complexe va bien au-delà du compliqué. Cela procède d'abord de mécaniques non linéaires, telles que le chaos, l'émergence, ou les fractales.[1] Leur intégration dans un système d'idées requiert alors le développement de ce qu'Edgar Morin appelle la pensée complexe.[2] Si ces démarches scientifiques et plus largement philosophiques ont été bien développées ailleurs, leur intégration dans le pragmatisme du jardin et de la ville reste souvent à faire.

La mise en miroir des deux types d'écosystèmes permet d'identifier des mécanismes typiques de la complexité, qu'ils en soient constitutifs (telles la variété, les interactions et l'évolution) ou simplement

---

1. Par exemple : John H. Holland, *Hidden order : how adaptation builds complexity*, Addison-Wesley, 1995 ; Stuart Kauffman, *At Home in the Universe: The Search for Laws of Self-Organization and Complexity*, Oxford University Press, 1995 ; Murray Gell-Mann, *Le Quark et le jaguar : voyage au coeur du simple et du complexe*, Albin Michel, 1995 ; I. Prigogine et I. Stengers, *The End of Certainty*, Free Press, 1997.

2. Edgar Morin, *Introduction à la pensée complexe*, Montrouge, ESF, 1990.

réflectifs d'interactions complexes (telles la richesse des marges, ou les structures imbriquées). Mais afin de se convaincre de la primauté du pragmatisme à apporter à cette compréhension, le point de départ de notre réflexion portera sur l'appréciation des acteurs vis-à-vis des écosystèmes qui les hébergent. Cette question de l'appréciation, y compris esthétique et sensible, constituera aussi notre point d'arrivée à la fin de l'ouvrage.

Habiter avant de gérer

L'un des travers humains les plus fréquents, lorsqu'il est question de jardiner, est cette étrange nécessité d'intervenir. À croire que la nature n'aurait jamais pu s'en sortir sans la méticulosité et le savoir-faire technique des jardiniers les plus compétents.

Pourtant, on a tout à gagner à prendre le temps de ne surtout pas s'occuper de ce que le Vivant[1] effectue très bien par lui-même : vivre. S'asseoir dans l'herbe, se poser le long d'un tronc ou, si on en dispose, sur un banc, est un excellent remède à l'intervention. C'est aussi l'occasion parfaite d'observer ce qui se produit lorsqu'on range les mauvais réflexes au placard. Comment savoir que telle fleur sera superbe si on lui coupe la tête dès lors qu'elle dépasse du rang ? Comment savoir si l'ombre d'un saule est douce si on le coupe pour le remplacer par un tilleul qui mettra des années à pouvoir nous protéger d'un soleil ardent ?

1. Certains termes comme « Vivant » ou « Nature » apparaissent parfois avec une majuscule *de déférence*. Cette utilisation souligne l'importance particulière accordée au concept dans son sens le plus large et profond. Cependant, ces mêmes termes seront également employés sans majuscule dans leur usage courant, reflétant une utilisation plus descriptive ou quotidienne ailleurs. Cette alternance contextuelle invite le lecteur à réfléchir sur la portée du terme dans chaque occurrence.

Apprendre à observer

De l'observation dépourvue d'action émerge de nombreuses et précieuses informations qui font souvent défaut lorsqu'on entrave le cours des choses – au sens des « leçons de choses » – surtout si on la pratique sur le temps long. Les saisons se suivent et ne se ressemblent pas, et l'on pourrait écrire plusieurs tomes sur ce qui advient dans dix mètres carrés de prairie ou de sous-bois dès lors qu'un œil se penche attentivement sur cette surface le temps d'une année. Cycles végétatifs, passages d'animaux, d'humains, successions d'insectes selon leur régime alimentaire, intempéries, cycle de l'eau, saisonnalité des espèces, exposition ; autant de thématiques toutes satisfaites par le simple fait que personne n'est venu entraver la marche de la nature.

Ceci posé, il convient d'étudier un autre protagoniste de l'histoire : l'observateur lui-même. Que vient-il chercher dans ce lieu qu'il voudrait administrer ? Que veut-il en faire, et à quelles fins ? Si l'on a longtemps défini le jardin comme un lieu circonscrit dans un espace délimité où poussent des végétaux choisis, il semble plus pertinent aujourd'hui de le désigner avant tout selon sa ou ses fonctions. Car dès lors qu'un espace revêt une fonction, qu'on en fait usage, cela sous-entend que son ou ses usagers feront en sorte que cette fonction perdure. Ils transformeront ce qui n'était qu'un lieu laissé à lui-même en un lieu destiné à leur besoin, à leur satisfaction, voire à leur goût. Se faire un passage entre les branches, tondre l'herbe pour ne pas mouiller le bas de son pantalon, sélectionner la plante la plus belle et éliminer celle qui empêcherait de la voir sont autant de gestes qui assurent des fonctions à cet espace.

Connaître l'écologie du site en question est important, mais déterminer quelles sont les interactions avec soi l'est encore plus. Tout le monde n'habite pas un lieu de la même façon ni dans le même but.

Viser l'économie des moyens

Cette première phase de réévaluation des besoins – empirique et sensible – est un moyen extrêmement économique d'évaluer le champ des possibles avant même d'envisager une intervention. Le cas échéant, elle permet de se diriger vers les choix d'aménagement ou de gestion qui impactent le moins le biotope ou l'écosystème déjà en place, des choix souvent parfaitement fonctionnels. C'est aussi l'occasion de solliciter la créativité, pour trouver d'autres designs et méthodes que ceux qui auraient pu voir le jour sur une page blanche née de la remise à plat du site, non sans avoir détruit beaucoup d'atouts au passage.

Le fait de disposer de moyens importants – argent, machines, autres dispositifs technologiques ou sociaux – nous a beaucoup tenus à l'écart d'une notion absolument fondamentale si l'on désire vivre en harmonie avec le reste du vivant : l'humilité. En nous permettant d'accéder à toutes sortes de besoins réels ou fantasmés – on parle alors plutôt d'envies –, ces outils parfois salvateurs ont tronqué notre rapport aux autres espèces et aux territoires que l'on habite. En effet, les mettre en forme précisément selon nos choix – et non selon ce que la nature, la géologie, le temps pouvaient avoir mis en œuvre – devient d'autant plus facile et rapide que l'on est puissant et équipé. Privilégier une approche humble, c'est considérer totalement différemment ce qui nous entoure et nous contient. Envisager un projet sous le spectre de l'économie de moyens, c'est se mettre dans des conditions qui, mécaniquement, contraignent à l'humilité.

Faire avec peu, faire avec ce qui est, c'est l'inverse de tout détruire ou modifier pour rendre le paysage et ce qui le compose conforme à un objectif arbitraire. Cela consiste à commencer par comprendre pourquoi les choses que l'on observe sont ce qu'elles sont, à en constater la probable pertinence ou l'adaptation parfaite aux conditions du site. Dès lors, c'est une base plus saine pour rendre non pas l'espace conforme aux désidératas, mais les désidératas adaptés à l'espace et à ses composantes préexistantes.

Concevoir les villes ou accompagner leur évolution ?

Habiter avant de gérer, cette question se pose aussi à la ville, dans nos systèmes humains. Considérons par exemple l'habitat, en particulier quand la société se développe au point que des villes apparaissent. Historiquement, celles-ci ont été principalement des phénomènes organiques, les constructions s'y développent sans plan d'ensemble, par ajouts et modifications successifs. Cela donne par exemple des formes radiales avec grande densité au centre, et un mélange en apparence brouillon des usages (alimentation, religion, loisir, travail). Des planifications de masse apparaissent quand des institutions majeures telles que les municipalités ou l'État ont assez de moyens pour anticiper ou corriger le développement urbain.

Cette tentation va être amplifiée à l'époque moderne, en particulier durant les phases de croissance importante du XXe siècle. La forme la plus visible va en être les projets de *villes nouvelles* – à savoir des villes intégralement conçues *a priori*, sur base de plans. Leurs concepteurs imaginaient que ces villes ainsi créées seraient meilleures que les villes du passé. En effet, leur planification avait optimisé un certain nombre de paramètres, par exemple les modes de déplacement. Ainsi, les villes nouvelles des années 1960 ont été conçues principalement sur un mode de vie séparant lieux de travail et lieux de vie, et dans lesquels on se déplacerait beaucoup en véhicules individuels.[1]

Néanmoins, ces villes construites à partir d'une page blanche ont déçu et frustré bien souvent les humains qui y habitent. En privilégiant quelques modalités, elles ont ignoré toute la capillarité fine des comportements humains. Leur conception en espaces de vie ségrégués mène à la sclérose en éliminant les sérendipités – ces interactions inattendues, mais fructueuses – rendues possibles dans l'urbanisme organique des villes traditionnelles. Avec le recul, ces villes nouvelles constituent une illustration visuelle de l'arrogance à vouloir concevoir et optimiser – de prime abord – la complexité de systèmes économiques et sociaux.

Habiter avant de gérer – dans ce domaine d'urbanisme comme dans tant d'autres – consiste à concevoir moins avec un esprit *d'ingénieurs* et plus avec celui de *designers* : en s'imprégnant des usages, en concevant pour que l'utilisateur s'approprie pleinement l'objet ou même qu'il ait la possibilité ultérieure de le modifier.

La modernité suppose planification et grande échelle

La tentation de planifier à grande échelle parcourt tout le XXe siècle. Elle permet la création d'immenses

1. Le phénomène de ville nouvelle s'est reproduit partout dans le monde, bien au-delà de nos banlieues, par exemple au Brésil avec Brasilia. Et il n'a pas été circonscrit à une période précise, de tels projets surgissent encore de nos jours, tel NEOM en Arabie saoudite, avec tout autant de confiance mal placée dans notre capacité à planifier un tel objet social.

fortunes industrielles telles celles des géants de l'automobile (Ford) ou de l'alimentaire (Danone). Elle permet aussi l'émergence de dystopies politiques tels les mouvements fascistes, le communisme soviétique, ou les grandes guerres mondiales.

La prééminence du *gérer* se révèle dans l'accumulation de techniques managériales : les structures hiérarchiques et fonctionnelles, et surtout le management scientifique, vont imposer une boîte à outils que l'on va désigner régulièrement dans cet ouvrage de *taylorienne*. Elle dérive de l'invention par Frederick Taylor de la méthode du management scientifique, où l'accent est mis sur l'optimisation, et l'usage massif et optimisé d'intrants tels le capital et les machines, le tout au service de la maximisation du profit. L'homme n'y est alors qu'un facteur de production comme un autre.

Dans cette modernité, chaque acteur est incité à intervenir agressivement sur son environnement, à le transformer en une suite de processus. Cette logique mécaniste cherche parfois sa rédemption en exhortant tout un chacun à considérer l'action comme dérivant du concept grandiloquent de *vision*. Triste ironie, car in fine c'est bien toujours un fantasme de contrôle total de son environnement socio-économique qui s'exprime là, imposant à tous une logique de planification mécaniste.

De la patience et l'acceptation à accompagner les humains

Ces considérations, ces questions d'attitudes influencent en effet la capacité à tenir des rôles d'accompagnement des humains, ce que l'on va appeler *autorité, commandement, gestion, direction, entraînement,* ou *management,* en fonction du contexte.

La langue anglaise couvre l'ensemble de ces sens par un terme générique : *leadership*. Cette généralité est fort pratique, mais son usage pose des difficultés dans les écrits en langue française, à commencer ici, entre autres par sa connotation anglo-dominante, et son association plus forte à certains contextes tels que le monde des affaires. Ce terme connote aussi parfois une emphase ridicule et une représentation naïve de la verticalité du pouvoir.

D'ailleurs, on se doit de rappeler que le leadership n'est pas obligatoirement le fait d'un individu, qu'il peut être partagé par deux personnes (comme des parents dans une famille), ou même par un groupe (comme les équipes pédagogiques à l'école) ou même être substitué par d'autres mécanismes[1].

Néanmoins, malgré tous ces défauts, ce terme reste le seul disponible, même en langue française, avec une large couverture fonctionnelle. Nous l'utiliserons donc parfois, par pragmatisme assumé, en espérant qu'un jour émerge un mot français avec une signification et une acception larges.

Quel que soit le mot qui le désigne, le rôle d'*accompagnement des humains* est nécessaire dans de nombreux domaines, que l'on désigne des gestionnaires d'entreprise, des politiques, des pédagogues, des activistes ou autres entrepreneurs sociaux, ou même des parents.

Dans tous ces domaines, nos cultures tendent à sous-estimer l'aspect pragmatique et fondamentalement humain de ces tâches assimilables à du leadership.

---

1. Cette possibilité a été formellement identifiée assez tôt dans la littérature managériale : « Substitutes for Leadership: Their Meaning and Measurement », Steven Kerr et John M. Jermier, *Organizational Behavior & Human Performance, 22*(3), 375, 1978.

En effet, le rôle d'un leader consiste surtout à se dédier à la performance des humains, à leur permettre de fonctionner au mieux, d'où l'émergence du terme de *leader serviteur*[1] dans la littérature scientifique en sciences politiques et organisationnelles. Ceci n'élimine pas un rôle d'identification des priorités ni même de planification. Mais fondamentalement, il convient surtout d'adopter une posture au service des humains et du système social qu'ils constituent. Ceci requiert de les apprécier, de s'occuper d'eux, de sentir ce qui les motivera, en s'appuyant notamment sur des processus d'écoute et d'alignement.

Nombre d'acteurs bien formés réussissent à intégrer cette posture de leader serviteur. Certains auteurs vont même jusqu'à insister que le *leader serviteur* doive pratiquement tendre à l'effacement, à disparaître dans l'arrière-scène[2]. Malheureusement, pour de nombreuses personnes, les activités d'accompagnement des humains semblent ennuyeuses, peu valorisantes, en tout cas, moins légitimes et excitantes que celles associées naïvement au leadership dans l'imaginaire collectif, telles la vision et les décisions fortes[3].

---

1. Robert K. Greenleaf, *The power of servant-leadership*, Oakland, Berrett-Koehler, 1998.

2. Charles Galunic, *Backstage leadership : the invisible work of highly effective leaders*, Londres, Palgrave Macmillan, 2020.

3. « Weary of the Harsh Realities of People Management? Leadership Development as Cultivating a Taste for Muddy Situations », Fabrice Cavarretta, *Organizational Dynamics, In press*, 2024.

Accompagner les humains au moins aussi bien que… les chevaux

Une métaphore à la limite du social et de l'écologie permet de percevoir la posture à adopter. Considérez la manière dont on aborde aujourd'hui le domaine de l'équitation. Dans le passé, le cheval était principalement un animal de trait, ou avait vocation à mourir à la guerre, toujours au service de l'humain. Cette imagerie du rapport du cavalier au cheval a longtemps été symbolisée par les démonstrations du *Cadre noir de Saumur*, où l'animal répond au millimètre près, à la demande de son maître, le cavalier.

Remarquez la différence avec le spectacle équin moderne le plus connu, le *Théâtre Zingaro* de *Bartabas*. Son succès et sa beauté dérivent de la liberté énorme qui est donnée au cheval, que l'on laisse s'exprimer, certains spectacles donnant même l'impression que le cheval est totalement libre. Ceci provient du fait qu'à l'époque moderne, les pratiques du dressage et de l'équitation ont complètement changé ; elles ne se conçoivent plus seulement dans la verticalité du cavalier par rapport au cheval.

Point fondamental, fondateur même : on ne démarre l'activité équestre que si l'on *aime le cheval*, dans tous les sens du terme. Cela implique par exemple d'être socialisé à passer des heures avec lui, à le brosser, à le bichonner. Cela implique aussi que l'on devient cavalier en apprenant énormément sur le cheval, à travers l'obtention de certifications (les Galops) qui portent sur de nombreux domaines, dont le métabolisme, les allures, ou la biomécanique. Paradoxalement, il est aujourd'hui possible de se faire confier la responsabilité d'humains dans la plupart des organisations sans aucune certification… alors que la participation à une reprise d'équitation d'un bon niveau dans n'importe quel poney club requiert une certification !

L'évolution de l'équitation donne la direction de l'évolution encore à accomplir en ce qui concerne l'accompagnement des humains. Les accompagnants (les leaders) devraient n'accepter le rôle que s'ils ont envie d'y passer du temps, de passer du temps avec les humains, de les admirer, de les comprendre dans leurs grandeurs et leurs limitations. Les accomplissements de (grandes) tâches n'en seront que la conséquence. Ainsi, *habiter avant de gérer* n'est pas une figure abstraite dans nos systèmes sociaux, c'est une manière concrète de développer un rapport harmonieux à la pratique d'un écosystème complexe qu'on ne peut complètement contrôler.

À la ville comme au jardin, les acteurs doivent trouver la force de ne rien faire, parfois littéralement, et souvent en apparence. La force d'accepter de simplement regarder, d'écouter, d'être heureux d'accompagner des êtres ambigus. Et d'avoir la patience de soutenir l'émergence de merveilleux systèmes complexes.

Chérir la diversité

La science a établi que, dans les milieux naturels, plus la biodiversité est importante, plus grande est sa résilience. Autrement dit : une plus grande diversité d'espèces offre un plus grand éventail de possibilités de survie à l'ensemble de l'écosystème observé.

Le pouvoir de la biodiversité

Grâce à la multiplicité des représentants du monde vivant, un écosystème sera plus à même de trouver en son sein des individus susceptibles de survivre à des changements de conditions de vie – climat, incident, déprédation – risquant de perturber durablement les équilibres, au point parfois de dégrader le biotope lui-même. À l'échelle d'un jardin, on imagine aisément que si une haie n'est constituée que d'une seule essence d'arbres ou d'arbustes, tout péril subi par cette espèce remettrait en question l'existence même de la haie, et toutes ses fonctions.

Par son manque de diversité, elle met alors en danger toutes les espèces qui y vivent ou en bénéficient. Pire : si elle disparaît, peut-être qu'une vaste surface sera soumise au vent, au soleil direct, à une déprédation nouvelle par des animaux ou des personnes qu'elle tenait à l'écart.

Même la qualité du sol pourrait être impactée, car elle ne serait plus là pour freiner l'érosion de la matière organique ou ralentir l'écoulement de l'eau, aider à sa condensation ou à sa pénétration dans le sol. Ce qui est vrai pour une haie l'est pour un bosquet, un massif, une prairie ou une toiture végétalisée.

Ce bénéfice obtenu par la diversité s'observe dans de très nombreux cas. Si les jardiniers ont eu de longue date une fâcheuse tendance à privilégier de belles pelouses monospécifiques – le *gazon* – en lieu et place de prairies, ce à des fins principalement esthétiques, il s'avère que le réchauffement climatique et ses multiples effets sonnent le glas de cette version très maîtrisée du paysage. Face aux sécheresses à répétition, aux épisodes pluvieux très brutaux, les gazons nécessitent une assistance permanente pour conserver les qualités pour lesquelles on les a choisis. Pour qu'ils ne jaunissent pas trop en été, on doit les arroser et, la ressource en eau manquant de plus en plus fréquemment lors des épisodes caniculaires, le jaunissement devient la norme. L'herbe s'en remettra. Seulement, dans l'intervalle, le sol mal recouvert aura été très exposé aux rayons du soleil, chauffant et séchant plus violemment encore que lorsque la pelouse avait encore une consistance.

Les prairies diversifiées, petits paradis de diversité

On rencontre beaucoup moins ces difficultés lorsque le gazon est remplacé par une prairie diversifiée. Car, s'il est vrai que la concurrence existe entre les espèces, la complémentarité est à la base de la plupart des écosystèmes.

Dans une prairie, on trouvera des plantes susceptibles d'aller chercher l'eau en profondeur grâce à de grandes racines pivotantes : les chardons peuvent descendre à plusieurs mètres de profondeur, y compris dans des terrains où la plupart des arbres n'y parviennent pas, d'autres couvrent la surface très efficacement en ne vivant que sur les premiers centimètres du sol, d'autres encore dont les tiges souterraines, les rhizomes, peuvent parcourir de grandes distances pour puiser leur nourriture selon leurs besoins et faire émerger leurs parties aériennes en un réseau très performant. Certaines ont des racines charnues qui travaillent les terres les plus compactes, les ouvrants à la colonisation par de nouvelles graines ou permettant à l'eau d'y mieux circuler. Tandis que les unes font remonter l'eau et les nutriments vers la surface grâce à leurs systèmes racinaires explorant les profondeurs, leurs voisines produisent un couvert dense qui évite l'échauffement du sol et génère de grandes quantités de matière organique, aidées par la microfaune qui apprécie cet habitat. Des plantes altières brisent le vent, captent l'humidité atmosphérique et la rosée pour les précipiter jusqu'à leur pied, ombragent plus largement la zone. Chacune héberge ou nourrit quantité d'animaux, bactéries, champignons qui contribuent au bon fonctionnement de l'écosystème prairial sur le long terme.

Pourtant, il arrive qu'une espèce subisse l'adversité de façon plus marquée, parfois au point de disparaître de la zone ou de l'écosystème. Le proverbe « La Nature a horreur du vide » prend alors tout son sens : si les plantes voisines ne prennent pas immédiatement la place laissée libre, une génération nouvelle de la plante disparue pourrait réapparaître. Mais, le plus souvent, ce sont plutôt des graines en dormance – au repos dans le sol, parfois pendant des décennies, voire des siècles – qui vont en profiter pour germer dans ces endroits soudainement devenus moins concurrentiels, ou dont les conditions leur sont désormais plus profitables. Avec ces plantes apparaissent de nouvelles aptitudes à coexister avec leurs voisines, ainsi qu'un cortège d'espèces compagnes qui auront à leur tour des interactions avec toutes les autres. Le sol ne sera pas nu longtemps, et l'écosystème prairie sera globalement en vie.

Productivisme et besoin de contrôle ont miné la diversité

Cette diversité écologique – avec ses nombreux avantages – pourrait sembler aller de soi. Pourtant, notre civilisation s'en est progressivement éloignée. Dans nos jardins, la disparition de la diversité a découlé de la vieille peur primale d'une nature incontrôlée et cachant des animaux dangereux comme les serpents et les araignées. Dans les champs, les bénéfices à court terme de la spécialisation ont mené à des logiques productivistes et à la standardisation des cultures.

Pour prendre la mesure de ce qu'est l'effondrement actuel du nombre d'espèces, prenons par exemple quelques chiffres de l'Office Français de la Biodiversité (OFB) : 24 % des oiseaux communs spécialistes ont disparu de métropole entre 1989 et 2021 ; 66 % des espèces de papillons de jour n'ont pas été revues depuis 20 ans dans au moins un département qu'elles occupaient (chiffres 2022) ; les populations de chauve-souris ont baissé de 43 % entre 2006 et 2023 ; et finalement, 16 % des espèces sont éteintes ou menacées en France en 2023. À ces chiffres dramatiques, on peut ajouter ceux du dernier rapport *Planète vivante* du WWF[1] en date (2022), qui observe la biodiversité à l'échelle mondiale : en 50 ans,

1. Le WWF (Fonds mondial pour la nature) est une organisation non gouvernementale internationale créée en 1961 pour la protection de l'environnement et le développement durable.

69 % des vertébrés sauvages ont disparu de la planète. Rien que pour les espèces d'eau douce, les populations ont diminué d'en moyenne 83 % depuis 1970 !

Le Museum National d'Histoire Naturelle (MNHN), indique quant à lui que les populations d'insectes ont diminué de 70 à 80 % dans les paysages européens mixtes agro-industriels. Sachant que 90 % des espèces végétales à fleurs dépendent des insectes pour se reproduire et que nombre d'animaux sont insectivores, on peut imaginer la réaction en chaîne assez aisément.

Enfin, pour l'IPBES (Plateforme intergouvernementale scientifique et politique sur la biodiversité et les services écosystémiques) un million d'espèces sont actuellement menacées d'extinction, consistant en ce qu'on appelle dorénavant la sixième extinction de masse de l'Histoire de notre nature[1].

Dire qu'*il suffit de laisser faire la nature* pour que revienne la diversité au jardin est en partie vrai, mais omet deux notions importantes. La première est que la nature déterminera d'elle-même quel est le type d'écosystème qu'elle privilégie, y compris si ce n'est pas celui qui est le plus menacé. La seconde est que l'Humain fait partie de l'écosystème jardin, et qu'il ne saurait se soumettre intégralement à la nature dès lors qu'un jardin est un morceau de nature dont il fait en sorte qu'il réponde à ses propres besoins. En d'autres termes, le jardin est une parcelle contenant un écosystème non plus sauvage, mais nécessairement modifié par et pour l'Humain. La lutte contre l'érosion de cette diversité passe donc par une négociation entre les besoins des uns, les urgences des autres, et ce que la nature est capable de générer par elle-même mieux que quiconque d'une façon et à un rythme qui lui sont propres.

---

1. « The Sixth Mass Extinction: fact, fiction or speculation? », Robert H. Cowie *et al.*, *Biological Reviews*, 97(2), 640-663, 2022.

À la ville, une diversité à préserver

Dans le domaine social, la promotion de la diversité s'est imposée dans nos sociétés à l'époque moderne, entre autres pour les bénéfices qui y sont associés. Dans les organisations – qu'elles soient politiques ou économiques –, la diversité des profils apporte des points de vue plus larges, enrichit la réflexion et la créativité, amortit les chocs, et équilibre les gouvernances[1]. Parfois, les effets de la diversité sont complexes à établir, ce qui a motivé nombre d'études qui ont finalement identifié que la diversité requiert un contexte qui s'y prête : en effet, forcer la diversité démographique (par exemple, en genre, ou en ethnie) dans un groupe humain qui n'y est pas préparé peut n'avoir aucun effet, ou carrément être préjudiciable[2]. Dans ces cas-là, les bénéfices de la diversité pourraient être obtenus aussi, mais ils requièrent une approche plus *inclusive* tels que former la majorité à interagir avec des individus de différentes minorités, développer des gouvernances plus équilibrées

1. La littérature sur les effets de la diversité est très large. On pourra consulter l'ouvrage de Scott Page, chercheur à l'université du Michigan dédié au bénéfice de la diversité sur les modalités de décision dans les groupes. Pour le milieu industriel, on se réfèrera à l'étude de McKinsey.

Scott E. Page, *The diversity effect : how individual difference creates collective benefits*, Princeton, Princeton University Press, 2007.

Vivian Hunt *et al., Diversity Matters, In* McKinsey, 2015.

2. Voir par exemple l'argument par lequel la diversité réduit le risque (informationnel, à savoir de ne pas avoir la bonne information) à faible volume, mais à fort volume, elle augmente le risque (social, à savoir de ne pas s'entendre) : Fabrice Cavarretta, « Impacts of intrateam diversity on team performance variance: two ways to take chances », *In Solomon, AOM Annual Meeting Proceedings* (2007), Atlanta, Academy of Management, 2007.

et travailler sur des processus de partage de la parole, du pouvoir, des décisions[1].

Au-delà d'arguments d'efficacité, promouvoir la diversité dans la société constitue un devoir moral, contre des mécanismes de stratifications où – de manière injustifiée – certaines catégories sociales sont privilégiées et d'autres sont pénalisées.

Malheureusement, de nombreux mécanismes tendent à empêcher la diversité sociale d'émerger naturellement, ou de se maintenir. Par exemple, l'humain est enclin à catégoriser ses congénères, et ceci induit de multiples *défaillances de diversité* – typiquement des ségrégations ou des discriminations entre groupes sociaux[2]. Influencée par les spécificités sociétales de la situation nord-américaine, la littérature s'est souvent focalisée sur les deux catégorisations paradigmatiques : les discriminations fondées sur le groupe racial ou ethnique d'un côté, et sur le genre de l'autre.

Les travers de notre préférence pour l'endogroupe

Les défaillances de diversité se retrouvent dans tous les systèmes sociaux et pour toutes les modalités de catégorisation imaginables. Le cerveau humain fonctionne ainsi qu'il catégorise systématiquement, et y associe souvent une notion de *nous* (l'endogroupe) par rapport à *eux* (l'exogroupe). Ces mécanismes primitifs impliquent une tendance à l'homogénéisation, favorisant

---

1. Voir l'article de Robin Ely et Clarence Thomas, renvoyant à toutes leurs études sur ces processus : Robin J. Ely et David A. Thomas, *Getting serious about diversity: Enough already with the business case*, Cambridge, Harvard Business Review, 2020.

2. Henri Tajfel, *Social identity and intergroup relations*, Cambridge University Press, 1982.

systématiquement l'appartenance à un endogroupe et la défiance vis-à-vis de l'exogroupe.

Par exemple, des défaillances de diversité émergent sous la forme d'un complexe système de castes humaines dans le sous-continent indien, castes dont le manque de légitimité morale peut paraître évident à des Occidentaux. En miroir, les cultures judéo-chrétiennes occidentales sont basées sur une catégorisation stricte des sexes associés à une binarité de genre, catégorisation qui apparaît comme infondée dans certaines cultures qui reconnaissent traditionnellement l'existence d'individus transgenres, tels les Hijras en Inde.

De la ségrégation sociale, y compris par autosélection

Au-delà de certains facteurs psychologiques de catégorisation, un autre facteur important du manque de diversité sociale dans nos sociétés est l'*autosélection* par laquelle certaines populations vont s'auto-exclure de certaines activités – sans nécessairement dériver vers une discrimination active du reste du système – ce qui tend à réduire la diversité et pénalise la population en question.

Ces effets ont été extensivement étudiés, en particulier concernant le genre, par Claudia Goldin dans ses travaux récompensés par le prix Nobel d'économie en 2023. Il y apparaît que les défaillances de la diversité viennent aussi du fait qu'à l'école, les différentes catégories d'élèves – typiquement les femmes par rapport aux hommes – s'autosélectionnent dans nombre de dimensions : par exemple, sur l'appréciation des matières (mathématiques plutôt que littérature, par exemple), les choix d'orientation (ingénieur plutôt que communication), ou les choix de carrière (promotion au travail plutôt que s'occuper des enfants).

À tel point que ce type d'effets peut devenir parfois autant – si ce n'est plus – important dans la ségrégation sociale que la classique discrimination catégorielle[1]. La bonne nouvelle est qu'on peut obtenir des effets positifs sur la diversité non seulement en intervenant directement (diverses formes de discriminations positives), mais aussi en intervenant indirectement (diverses formes d'éducation, d'acculturation, de communication) afin de limiter ces autosélections.

Une civilisation taylorienne, frileuse de la variabilité de l'humain

La diversité sociale subit aussi les conséquences des modèles mentaux sous-jacents à nos modèles industriels. De nombreuses institutions – en particulier l'école et l'entreprise – procèdent par une logique ancrée dans le taylorisme : les individus auraient des qualités objectives et relativement stables qu'il suffirait alors de mesurer afin de les intégrer de manière prévisible dans un processus de production standardisé…

Cette logique industrielle repose entre autres sur des *théories implicites du trait* à savoir la tendance de l'humain à attribuer le comportement de ses congénères à

1. Ceci est extensivement traité pour la question du genre dans l'ouvrage de synthèse de Claudia Goldin (2021). Et pour référence, on pourra consulter une de ses premières études (1987) où elle tente de distinguer des effets de sélection d'effets de discrimination pure. Claudia Dale Goldin, *Career and family : women's century-long journey toward equity*, Princeton, Princeton University Press, 2021. « Residual Differences by Sex: Perspectives on the Gender Gap in Earnings », Claudia Goldin et Solomon Polachek, *American Economic Review*, 77(2), 143, 1987.

des traits de caractère figés[1]. Si l'instinct suggère cette manière de voir les choses, il s'avère que c'est en général très contestable, car l'humain est très plastique, et en plus se prête peu à la mesure[2].

Cette tentation – avec ses limitations – est la plus visible dans le débat sur la mesure de l'intelligence, activité qui reste très présente alors que les scientifiques n'arrivent toujours pas à se mettre d'accord sur la validité de ces procédures. Cette pulsion – mal placée – de mesurer l'humain ne porte pas seulement sur des potentialités cognitives telles que le QI. Elle va aussi apparaître concernant des comportements complexes telle la capacité à entraîner les autres (le leadership). Là aussi, un triste instinct suggère que cette capacité dériverait de *traits* mesurables, qu'il y aurait donc des gens qui sont faits pour le leadership et d'autres qui n'auraient pas cette qualité. Dans ce cas-là encore, la science démontre que la croyance dans le trait de caractère est infondée : il est très difficile de trouver un trait prédictif d'un leadership de qualité[3].

Quand il s'agit de trouver des travailleurs et leurs encadrants, l'école va être un précurseur, le fournisseur même, du système de production : elle se focalise sur son rôle de tri des élèves sur la base de mesures (examens, concours, tests standardisés)[4]. Plutôt que de reconnaître que de nombreux profils peuvent contribuer à la vie

1. « Lay dispositionism and implicit theories of personality », Chi-yue Chiu, *et al.*, *Journal of Personality and Social Psychology, 73*(1), 19-30, 1997.

2. Stephen Jay Gould et Jacques Chabert, *La mal-mesure de l'homme : l'intelligence sous la toise des savants*, Paris, Ramsay, 1983.

3. Jeffrey Pfeffer, *New directions for organization theory: problems and prospects*, Oxford, Oxford University Press, 1997.

4. Voir toute la sociologie de l'éducation élaborée par Pierre Bourdieu et ses disciples : Pierre Bourdieu et Jean-Claude

sociale, ces institutions humaines n'envisagent qu'un spectre de caractéristiques tristement étroit et attendu, telles que l'intelligence (en supposant qu'on arrive à la mesurer), l'obédience (la capacité à obéir), l'amabilité, ou l'aisance communicationnelle.

Après les études, le processus de standardisation se poursuit durant toute la vie professionnelle et se couple dangereusement à d'autres mécanismes de catégorisation. Ainsi, les entreprises ou les administrations vont valoriser les marqueurs sociaux prétendument révélateurs de qualités intrinsèques, qui ne sont souvent que la perpétuation d'archétypes sociaux. Par exemple, l'association entre le genre et le type de position – typiquement, dans une profession comme la médecine, l'association ancienne du rôle de médecin à la masculinité, et du rôle d'infirmier·e[1] à la féminité – joue un rôle pervers, contribuant à la mise en place de discriminations et autres plafonds de verre.

Ces tendances s'accumulent, laissant émerger une mosaïque de niches sociales à diversité limitée, les ingénieur·e·s, les dirigeant·e·s, les médecins étant plus souvent hommes, les infirmier·e·s, les assistant·e·s, ou les

---

Passeron, *Les Héritiers : Les étudiants et la culture*, Paris, Minuit, 1964.

1. L'écriture, comme la plupart des pratiques sociales partagées, se devrait d'être inclusive. Nous n'avons pas choisi dans cet ouvrage de faire respecter la neutralité par le système de déclinaison explicite, comme ici dans ce paragraphe. Est-ce pour des raisons esthétiques, pratiques, d'ergonomie de lecture ou d'écriture, ou par couardise politique ? Difficile à dire. Nous portons évidemment attention à limiter la reproduction des archétypes de genre, donc en dégenrant notre langage autant que possible, par exemple par l'usage des pluriels. Les formes ont été déclinées dans ce paragraphe dédié précisément à la question, sans pouvoir envisager de généraliser cette pratique à tout le texte.

secrétaires plus souvent femmes. Fort heureusement, dans de nombreuses professions, de telles associations ont fortement diminué, entre autres grâce à une performance académique supérieure des femmes, rééquilibrant leur présence, au moins en début de carrière.

Dans cette logique, l'humain navigue du berceau à l'EHPAD en étant catégorisé, franchissant les différentes étapes de la vie sociale de manière similaire à des produits agricoles élevés, ramassés, et triés eux aussi à seule fin d'optimiser une immense chaîne de logistique humaine où la variété et la diversité auront été systématiquement contrôlées.

Diversité sociale : les progrès institutionnels déjà remis en cause ?

Malgré la reconnaissance croissante des bénéfices objectifs ou moraux de la diversité, et la dénonciation des mécanismes qui s'y opposent, elle reste en danger permanent dans nos sociétés. Certains types de diversité se sont effondrés : par exemple, Thomas Piketty démontre que les inégalités – particulièrement économiques – ont fortement augmenté dans nos sociétés[1]. Ceci accompagne une augmentation de la ségrégation sociale et la perte d'une mixité partagée. Par exemple, le système scolaire français, reconnu depuis longtemps comme favorisant la reproduction sociale, a étrangement continué à creuser les inégalités éducatives ; au fil du temps, les enfants d'ouvriers y sont toujours plus absents des formations les plus prestigieuses[2].

---

1. Thomas Piketty, *Une brève histoire de l'égalité*, Paris, Seuil, 2021.

2. Le système français éducatif a certes des qualités, comparé à d'autres pays. Mais il est loin d'être parfait, et Pierre Bourdieu

La volonté de développer la diversité sociale est le plus visiblement héritée d'avancées majeures aux États-Unis dans ces domaines à la suite du mouvement des droits civiques des années 1960. Depuis, diverses politiques de promotion de la diversité ont alors été déployées dans le système universitaire et dans le monde du travail américain. Paradoxalement, au moment où ce type de politique commence à prendre son envol dans nos pays européens, la politique des États-Unis s'inverse.

Sous la pression des néoconservateurs, on observe un détricotage systématique des politiques dites de *DEI* (Diversity, Equity, Inclusion), rendues très récemment illégales dans certains systèmes universitaires ou états tels la Floride ou le Texas, et même dans certaines grandes entreprises. Il est à craindre que nos politiques nationales suivent cette tendance, ne serait-ce qu'à travers la prudence des grands groupes internationaux qui risquent bientôt de lever le pied sur les avancées majeures de leurs politiques de DEI.

En effet, les modalités d'intervention pour rétablir la diversité prennent des formes parfois difficiles à faire accepter : observer qu'une catégorie sociale (par exemple, de race ou de genre) se retrouve sous-représentée dans une strate de la société (par exemple, université, entreprise) suggère des mesures correctrices qualifiées de *discrimination positive.* L'équité morale et politique de ce type de mesures est facilement mise en cause, car elles paraissent pénaliser des humains

---

a produit le texte central de sa critique. On pourra consulter des rapports récents pour constater que malheureusement les choses ne vont pas en s'améliorant : Pierre Bourdieu et Jean-Claude Passeron, *La reproduction : Éléments pour une théorie du système d'enseignement*, Paris, Minuit, 1970. Jean-François Chesné, « Comment l'école amplifie-t-elle les inégalités sociales et migratoires ? », *In* Cnesco, Rapport scientifique, 2016.

méritants, au bénéfice d'autres humains *apparemment* moins méritants.

Leur acceptation va donc fluctuer : aux États-Unis, la mise en œuvre d'une discrimination positive pour favoriser l'accès de minorités ethniques ou raciales à l'université a paru évidente il y a quelques décennies. Néanmoins, elle a été remise en cause par la Cour Suprême des États-Unis en 2023 (dans sa nouvelle composition fortement influencée par le président Trump), après 50 ans d'application soutenue. En France, beaucoup clament que la discrimination positive ne serait pas cohérente avec notre culture politique et juridique, ignorant ainsi que la loi française pratique d'ores et déjà, et avec succès, de la discrimination positive pour l'accès des femmes aux conseils d'administration par le biais de quotas imposés.

Dans les deux cas, au jardin comme à la ville, l'interventionnisme se justifie du fait que nombre de mécanismes tendent à réduire la diversité, au risque de se retrouver dans une homogénéité mortifère. Expliquer et militer pour les diversités, sociales comme écologiques, permettent de viser la « frontière du chaos », dans cette zone d'efficacité entre l'homogène et l'hétérogène tant vanté par la théorie de la complexité[1].

Reconnaissons la pulsion utilitariste et mécanique du monde qui tend à homogénéiser nos paysages en une succession d'espaces très rationalisés. On doit pouvoir faire mieux. Et pour ceux qui s'obstineraient à douter – malgré les preuves – des bénéfices que la diversité peut apporter à nos écosystèmes, il leur restera toujours à le faire au moins pour des raisons morales et esthétiques.

---

1. Ilya Prigogine et I. Stengers, *Order Out of Chaos: Man's New Dialogue with Nature*, New York, Bantam Books, 1984.

Bricoler à la marge

Lorsqu'on étudie un paysage, on s'attache parfois – sinon toujours – à le considérer dans sa globalité et à se concentrer sur ce qu'il a de typique. Souvent, l'œil va alors en ignorer les marges, ces zones de transition, de limite, d'échange entre différents espaces de l'écosystème ou à l'interface des écosystèmes. Pourtant, force est de constater qu'elles sont d'une richesse particulière, des lieux où se produisent quantité d'évènements et où se manifestent des problématiques spécifiques et des résolutions singulières passionnantes.

Le charme discret des écotones : la roselière

Si certains, comme le collectif belge Terre, parlent de *réembocager le monde*, ce n'est pas – *a priori* – parce qu'ils ont prévu d'élever des vaches ou qu'ils aiment les clôtures, mais plutôt parce que le bocage est l'un des types de paysages multipliant les *écotones*. Un écotone est une zone de transition entre plusieurs types de biotopes, tel l'estuaire entre l'écosystème marin et l'écosystème fluvial ou la lisière de la forêt. On considère que la biodiversité d'un écotone est supérieure à la somme des biodiversités des deux milieux qu'elle relie, ce qui en fait un réservoir extraordinaire d'espèces vivantes variées.

Ces lignes de transition constituent donc des corridors prépondérants pour la circulation des espèces vivantes, les échanges de toute nature entre l'air et le sol et, comme nous l'avons vu plus haut, la résilience des milieux et des espèces qui les habitent. En plus de leurs vertus de diversification, ces écotones sont également des espaces tampons qui atténuent les effets des évènements brutaux, en brisant – sans les interrompre totalement – des dynamiques propres à chaque milieu, un peu à la manière d'une membrane cellulaire, « poreuse, mais pas trop ». Si une large plaine enherbée est soumise à une inondation, l'écotone qui la borde ou la traverse va ralentir les flux hydrologiques, offrir des refuges à la faune, ralentir une partie de l'érosion des sols ou de la matière organique en l'accueillant ou en la piégeant, et souvent servir de point de départ à une reprise de la vie normale après l'épisode violent.

En l'absence de contrôle, de déprédation ou d'accident, ces écotones peuvent jouer le rôle de milieu transitoire. Ils constituent une phase transformatrice, spatiale et temporelle, à la suite de laquelle le milieu ne sera plus le même qu'avant. Par exemple, les roselières, ces bordures d'étangs envahies de roseaux, sont peu variées ; mais elles ouvrent la voie à une autre mégaphorbiaie[1] beaucoup plus diversifiée en progressant peu à peu sur le milieu humide qu'elles habitent. Elles transforment leur habitat en y accumulant la matière organique, laissant derrière elles un milieu très riche et humide prisé par une foule de plantes herbacées. Celles-ci disparaissant ensuite progressivement à mesure de l'installation de la strate arborée. En lisière de forêt, la ronce joue un rôle analogue en produisant une biomasse très abondante et une végétation protectrice très propice à l'apparition

1. Mégaphorbiaie : formation dense de plantes hautes et variées typique de certaines zones humides.

d'essences craignant le soleil direct tels les chênes ou les hêtres, assurant ainsi l'extension et la diversification du boisement dans un sol amélioré par ses soins.

Les marges absorbent les difficultés

Lorsqu'on parle des marges, on parle également de milieux souvent difficiles à coloniser, exigeants ou dangereux. Les cortèges d'espèces qui y vivent y ont développé des stratégies variées, parfois spectaculaires. La Nature s'y manifeste sous des formes d'une inventivité remarquable. Si les roseaux ont choisi la puissance de leur expansion presque sans partage et leur solidité comme outil principal de leur survie, d'autres plantes vont privilégier la coopération, la singularité ou l'esquive. Quelques exemples permettent d'imaginer l'ampleur de cette créativité, et, par là même, de suggérer en quoi l'inventivité du jardinier peut difficilement rivaliser avec celle que la Vie a mise en pratique depuis quelques milliards d'années. Jugez plutôt…

Dans le Sahel, le Sabara (Guiera senegalensis), un arbuste mesurant de 1 à 5 mètres de haut, transforme lui aussi son milieu de prédilection pauvre, sec et dégradé. Grâce à son port buissonnant, il piège le sable et la matière organique – dont celle issue de sa propre végétation – à ses pieds, produisant un nouveau biotope où la fraîcheur et l'humus peuvent lui profiter. Ce milieu amélioré en zone désertique attire d'autres espèces végétales susceptibles de trouver là de bonnes conditions pour germer et croître, et progressivement couvrir le sol sur une surface élargie. Mais ce n'est pas tout. Le Sabara enfonce ses racines jusqu'à trois mètres de profondeur pour aller chercher des nutriments et de l'eau… qu'il redistribue aux autres plantes qui vivent dans son périmètre. Ce phénomène – appelé redistribution hydraulique – qui apparaît comme du pur altruisme est en réalité probablement une coopération. Les plantes voisines du buisson développent une couverture du sol et un système racinaire qui amélioreront la distribution de l'eau à travers le premier mètre du sol, ce qui permet qu'elle descende jusqu'au sous-sol dans lequel le Sabara est le plus efficace pour la puiser. Cette fonctionnalité écosystémique sera d'autant plus efficace que le Sabara continue de puiser et distribuer l'eau toute la nuit, alors qu'il cesse de transpirer. Tout ceci sera très favorable à la vie microbienne et fongique du sol, profitant ainsi à l'ensemble des espèces concernées par cet environnement colonisé en équipe.

Si l'on observe ces autres lieux marginaux que sont les tourbières, on y rencontre des plantes ayant trouvé des moyens de compenser la pauvreté nutritive de ces milieux en devenant des prédatrices : les plantes carnivores. Par le long processus de l'évolution, plusieurs espèces ont peu à peu optimisé plusieurs de leurs caractéristiques pour à la fois capturer et digérer des animaux – certaines Nepenthes sont assez performantes pour piéger dans leurs urnes de petits vertébrés tels rongeurs, lézards ou batraciens. Urnes des Sarracenias, poils collants des Droseras et Grassettes, mâchoires des Dionées gobe-mouches, trappes subaquatiques des Utriculaires sont les versions singulières et complexes, presque improbables, d'une même stratégie alimentaire induite par les conditions extrêmes de leur habitat.

Enfin, l'esquive peut également être de nature payante. Si l'immense majorité des plantes non aquatiques est enracinée de façon durable à son point d'ancrage, certaines ont trouvé des astuces pour pouvoir s'échapper à la recherche de lieux susceptibles de les accueillir, elles ou leur descendance. Les différentes espèces de *Tumbleweeds* – parfois traduites

Virevoltants – sont emblématiques de certaines régions désertiques du monde, en particulier aux États-Unis où nombre de films les montrent en train de rouler, sèches, poussées par le vent dans des paysages arides. Ce voyage à énergie éolienne est une technique leur permettant une très large dissémination, cette course s'arrêtant souvent là où un sol plus humide ou une végétation susceptible de faire de l'ombre peuvent les accueillir. Alors, selon les espèces, la plante pourtant sèche larguera ses graines ou se redéploiera à la faveur de l'humidité.

L'un des autres types d'esquive est la disparition, au moins temporaire. De très nombreuses plantes ont ainsi développé des mécanismes de dormance – des graines, mais aussi parfois de la plante tout entière – leur permettant d'attendre très longtemps que les conditions soient réunies dans le milieu qu'elles occupent pour leur permettre d'effectuer leur cycle reproductif, qui peut tenir dans un laps de temps extrêmement court. Cachées dans le sol, elles peuvent attendre patiemment la succession d'étés arides, d'inondations prolongées ou encore de printemps polaires pour n'apparaître que le temps de fleurir, de fructifier ou de produire leurs spores, parfois en moins d'une semaine.

Intégrer la gestion des marges dans le jardin

On peut ainsi énumérer des milliers d'autres exemples comparables, sans venir à bout des différentes modalités d'adaptation aux milieux marginaux, notamment parce qu'un grand nombre de ces espèces n'ont pas encore été identifiées ou comprises. Autant dire que toutes les marges, dans le paysage, sont le siège d'une multitude d'échanges et d'un foisonnement de vie parfois improbable, mais fondamentalement indispensable à un écosystème qui s'étend au-delà de sa linéarité apparente.

La faiblesse actuelle de notre rapport au vivant se retrouve dans le fait que ces prouesses absolues ne semblent constituer qu'un ensemble de dispositifs biomimétiques brevetables et rémunérateurs[1]. Or, en séparant chacune de ces merveilles d'inventivité de l'ensemble des éléments et facteurs avec lesquels elles interagissent, on perd toute l'essence de leur valeur fondamentale inestimable.

Si le jardinier cherche à « cultiver la performance » du jardin qu'il crée ou exploite en s'inspirant de ce que le Vivant a su générer, il doit intégrer dans sa réflexion l'ensemble des interactions qui échappent à son entendement. Ce paradoxe implique une posture résolument empreinte d'humilité, puisqu'il contraint ledit jardinier à assumer à la fois sa relative ignorance, et la très probable capacité de la nature à générer des solutions plus efficientes que tout ce qu'il aurait pu prévoir ou créer.

Le plus simple est alors non de vouloir exploiter telle ou telle faculté des plantes isolément pour résoudre une problématique donnée, mais au contraire de reconstituer un milieu favorable à l'émergence de ces phénomènes, en n'y intervenant qu'avec une humble parcimonie afin

1. « La biomimétique est un processus créatif interdisciplinaire entre la biologie et la technique, dont le but est de résoudre des problèmes anthropocentriques par l'abstraction, le transfert et l'application de connaissances issues de modèles biologiques. » Wikipédia. Pour faire simple, il s'agit de la « copie du vivant » pour créer, par exemple, de nouvelles technologies : textiles imperméables ou vitres autonettoyantes inspirés des feuilles de lotus, *Velcro* inspiré des fruits pleins de microcrochets de la Bardane, essaims de robots inspirés des essaims d'abeilles, réseau neuronal ou de champignons inspirant l'optimisation des réseaux informatiques et routiers. On parle également de *biomimétisme*.

d'éviter les trop grands chocs. Multiplier les marges dans le paysage ou au jardin, c'est à la fois augmenter la biodiversité, y intégrer une dynamique puissamment génératrice de vie, et réduire les risques d'évènements problématiques d'ampleur globale.

Pour constituer ces marges si utiles, ces écotones, on peut multiplier les divers habitats ou milieux du jardin. On y parvient par exemple en jouant sur les volumes (tas de terre, fossés, murets…), les expositions (plein soleil, ombre, vent, pluie…), le découpage (haies, ambiances, matériaux) ou les fonctions (verger, massifs fleuris, prairie, bosquets…). Ainsi, l'allée de calcaire concassé qui mène au potager constitue un milieu à part entière, aride et minérale, tandis que le potager en est un autre, et les pelouses ou massifs environnants ombragés par de grands arbres également. À leur intersection, les marges cumulent les espèces inféodées à chacun de ces milieux. Plus ces marges seront multiples et géographiquement ou topographiquement importantes, plus elles seront riches et diverses, et donc susceptibles d'engendrer les avantages décrits plus haut.

La marginalité, objet central de la sociologie

Chaque écosystème social peut similairement être abordé par ses marges. Au niveau le plus abstrait, remarquons que les sciences sociales modernes se sont particulièrement construites sur des espaces perçus comme marginaux. Ainsi, Michel Foucault va révolutionner la sociologie en explorant les institutions à la marge, tels l'asile ou la prison, et y révéler des mondes à part entière. La richesse de ces microsociétés à la marge révèle la logique de la société en général ; en miroir, la société pouvant alors être elle-même décrite comme un asile. Fascinante méthode consistant à ne réussir à comprendre la *normalité* qu'en observant la *marginalité*...

Similairement, plus en amont encore, Claude Lévi-Strauss ne réussit à s'extraire de ses représentations sociales qu'en voyageant auprès de tribus d'Amazonie. Il y explore des microsociétés en apparence fort en marge de son habitus occidental, mais qui vont pourtant lui révéler des structures universelles à toutes les sociétés humaines. Il va y élaborer des concepts aussi importants que les systèmes d'échanges à travers les mariages, systèmes incompréhensibles si l'on reste dans la normalité de sa culture habituelle.

De manière plus intrigante, Lévi-Strauss va observer les travaux manuels des peuples de la forêt, lui permettant alors de comprendre l'impressionnante capacité humaine au *bricolage*, à prendre des chemins de traverse dans ses pratiques et à inlassablement recombiner les artéfacts qui nous entourent. Par contraste avec une modernité qui a tant célébré la science rationnelle, Lévi-Strauss identifie l'importance pour l'humain de réarranger inlassablement les objets et leurs usages, et de maintenir des approches non intuitives et non usuelles de nos pratiques dominantes.

Le renouvellement organisationnel par les marges

La marginalité est par conséquent centrale pour les chercheurs en sciences sociales contemporaines. Par contre, c'est un concept peu usité en général, et encore moins dans les domaines industriels ou politiques, chez les gestionnaires. En effet, dans la standardisation des processus, la marginalité est perçue comme un frein à l'efficacité. Les gestionnaires apprennent tôt à se focaliser sur de grands agrégats – tels la vision, les grandes fonctions de l'organisation, les plans d'action – plutôt que sur des microphénomènes. Dans ces contextes, *marginal* prend sémantiquement le sens de *négligeable*.

Sur ces bases, considérons comment ces acteurs appréhendent la créativité et l'innovation de leurs organisations, sachant que ce sont des capacités cruciales pour leur évolution et donc leur survie. De manière cohérente avec la logique taylorienne, la créativité et l'innovation sont souvent assignées à des spécialistes fonctionnels, et mises en œuvre dans des processus à vocation prédictive. Ainsi, les organisations parient sur des *consultants* et autres spécialistes de la *stratégie* pour imaginer leur futur ; ils confient la mise en œuvre de ces explorations à des équipes dédiées de *Recherche et Développement* (R & D).

Sans nier l'utilité de ces approches, l'histoire industrielle démontre néanmoins que souvent les nouvelles opportunités émergent moins par une stratégie venant du haut qu'en évolution *à la marge* des processus principaux de l'organisation. Ce phénomène d'émergence en *décalage* latéral par rapport à une normalité dominante, une *exaptation*, est si important qu'un chapitre ultérieur (*Avancer lentement et en crabe*) y est consacré.

Ainsi, une étude célèbre a exploré dans le détail comment une grande entreprise de l'électronique (Intel) s'est transformée pour devenir un leader des microprocesseurs. L'intuition usuelle, y compris des acteurs qui y avaient participé, serait que ceci a dérivé de la vision de son dirigeant et de la réflexion de stratèges professionnels. Néanmoins, une analyse poussée des archives de l'entreprise a démontré que cette transition n'avait pu avoir lieu que grâce à des expérimentations non planifiées, qui se sont déroulées à la marge de son métier d'origine[1].

1. Nous approfondirons cette anecdote dans le chapitre *Planifier moins, métaplanifier plus*. Voilà l'article rapportant les

On y comprend que le rôle du dirigeant n'est donc pas tant d'avoir une vision – prétendument de lire le futur – mais bien de créer les conditions pour qu'un futur désirable puisse émerger, puisse s'offrir en option ultérieurement. La préservation de la marginalité, sa promotion discrète, va alors jouer un rôle crucial, car ces interstices organisationnels contiennent les éléments qui vont permettre le renouvellement permanent de l'organisation.

Les gestionnaires d'organisations aiment imaginer leurs processus comme d'immenses usines sous leur contrôle. Quel triste malentendu lorsque l'on comprend que ce sont justement des anomalies et des bricolages dans les recoins sombres de l'organisation qui font si souvent émerger les innovations menant à de nouvelles activités ! Des employés qui essaient de répondre – hors de toute procédure – à une demande étrange d'un client, des techniciens qui modifient une machine pour des usages non autorisés : autant de situations considérées comme à la marge de ces organisations, et qui sont pourtant une source importante de renouvellement.

Ces phénomènes ont été documentés dans l'industrie, avec les études du chercheur du MIT Eric von Hippel qui démontrent que la R & D classique constitue moins la source d'innovation qu'une myriade d'autres phénomènes telles l'innovation inattendue en provenance des clients ou tout simplement la sérendipité organisationnelle[1]. On retrouve cet argument dans l'histoire des sciences, quand Thomas Kuhn démontre que la science progresse lentement durant ses périodes « normales »

résultats de cette étude : « Fading memories: A process theory of strategic business exit in dynamic environments », Robert A. Burgelman, *Administrative Science Quarterly, 39*(1), 24, 1994.

1. E. Fauchart, *Eric A. Von Hippel – L'innovation par les utilisateurs*, Caen, EMS, 2023.

(par exemple, celles où on développe la *mécanique classique*), mais énormément durant des périodes chaotiques courtes et imprévisibles (par exemple lors de la découverte de la *mécanique quantique*), ce qu'il appelle un changement de paradigme[1].

De l'avantage compétitif des intermédiaires

Le parallélisme entre les organisations et le domaine agricole va se retrouver dans l'expression de « silos » organisationnels, ces zones bien délimitées et fonctionnellement pures sur lesquelles reposent nombre d'organisations. Par exemple, une entreprise va distinguer le service marketing du service de la production ; ou un système politique va distinguer les élus, de l'administration, et des citoyens. Ces arrangements sont optimisés selon la *division du travail* taylorienne, permettant à chaque groupe social de se spécialiser et d'atteindre une masse critique d'efficacité.

Cette mise en silo crée malheureusement de nombreux problèmes, par manque de communication et d'échange de ressources. Cela ouvre d'ailleurs de nombreuses opportunités pour les acteurs qui savent se positionner à la marge de ces silos, et permettent la circulation de ces informations et ressources. Tout un pan de la sociologie organisationnelle, mené par Ronald Burt[2], s'est focalisé sur ces *intermédiaires* des structures sociales. On y démontre les nombreux avantages dont bénéficient les acteurs qui font la connexion entre des

---

1. Thomas S. Kuhn, *La structure des révolutions scientifiques*, Paris, Flammarion, 1972.
2. Ronald S. Burt, *Structural holes: the social structure of competition*, Cambridge, Harvard University Press, 1992.

groupes sociaux homogènes : de meilleurs salaires, plus de promotions, etc.

Ces analyses n'ont pas été effectuées seulement pour les individus connectant des groupes d'individus ; elles ont porté aussi sur des équipes connectant des groupes d'équipes, ou même des entreprises connectant des groupes d'entreprises. À chaque fois, les mêmes résultats apparaissent : les intermédiaires, à la marge entre groupes sociaux, créent de la valeur… au point d'en tirer eux-mêmes des bénéfices mesurables. Par exemple, en politique, une personne étant capable de joindre les points de vue de groupes opposés a plus de chances de mettre en place une majorité de pouvoir. Dans une entreprise, les individus qui sont connectés à des groupes disparates tendent à avoir accès à de meilleures informations, et donc à avoir des salaires plus élevés. Dans l'activité économique, le simple fait d'organiser un commerce entre deux zones isolées l'une de l'autre ouvre la possibilité de bénéfices.

Si les zones marginales entre groupes sociaux sont *a priori* productives – car permettant des échanges –, leur existence ou la mise en œuvre de ces bénéfices n'est pas toujours évidente. Dans la majorité des systèmes sociaux, le mécanisme de catégorisation de l'endogroupe (voir chapitre précédent) vis-à-vis du reste du monde, combiné à l'émergence de normes qui définissent le groupe, donne alors automatiquement une image négative à toute marginalité. Le marginal est par définition un briseur de normes du point de vue du plus grand nombre.

L'un des mécanismes d'ostracisation est l'association à des attributs *archétypaux* de la marginalité. Par exemple, certains associent la marginalité socio-économique des sans-domiciles fixes à la violence ou à la saleté. S'il n'est pas socialement illégitime de réprimer ce type de caractéristiques, l'erreur porte sur la nature des liens de causalité et sur l'essentialisation de cette catégorie : statistiquement, l'individu marginal à la rue n'est pas intrinsèquement sale ou violent, c'est bien sa situation socio-économique qui l'y amène. Cet individu peut avoir des caractéristiques considérées à la marge du système social – tels des troubles psychiatriques, ou le refus ou l'incapacité à s'insérer dans le système productif tel qu'il fonctionne. Ces caractéristiques ne sont pas intrinsèquement problématiques, elles pourraient même être des opportunités. Mais le système va désormais l'entraîner puis l'associer à l'archétype réprimé du sale et du violent. La littérature de réalisme social n'a cessé, de Zola à Steinbeck, de déconstruire ces logiques d'association[1].

Les acteurs opérant à la marge peuvent alors être pénalisés, étant en effet essentialisés comme externes au groupe de référence : à la marge des familles, à la marge des villages, à la marge des organisations. Pour chaque intermédiaire qui réussit dans des interstices d'un système social, il existe malheureusement trop d'individus ostracisés et trop de zones de marges non développées faute d'individu prêt à en affronter les affres.

Quel dommage qu'il soit si difficile de démêler cet écheveau au quotidien ! Notre culture a souvent associé la marginalité et l'état de folie à une forme de liberté et à la capacité à faire preuve de créativité ou d'expression artistique. Beau paradoxe, car si les deux premières paraissent souvent dispensables et négatives, les deux secondes sont indéniablement indispensables et positives.

---

1. Émile Zola, *L'Assommoir*, Paris, G. Charpentier, 1877. John Steinbeck, *Les Raisins de la colère*, Paris, Gallimard, 1939 [1947].

À la ville comme dans nos jardins, la sagesse serait de reconnaître que toute dominance se doit de promouvoir et de valoriser les marginalités plutôt que de se satisfaire d'elle-même : non seulement les marges rendent le système plus sain, mais surtout elles permettent son évolution harmonieuse.

Compter avec l'évolution

Depuis les débuts de l'agriculture, aux tréfonds de la préhistoire, l'humain a joué avec la sélection des espèces. Cela a reposé sur des pratiques simples telles que privilégier la reproduction des meilleurs animaux et des meilleures plantes pour satisfaire à ses besoins. Cette vieille intuition va être formalisée par Darwin, ouvrant la voie à l'idée que les (éco)systèmes évoluent par sélection naturelle. Le mécanisme *évolutionniste* est généralement compris comme étant relativement long, c'est-à-dire qu'on ne s'attend pas à l'observer durant une vie humaine, hormis pour des espèces « petites » tels les microbes ou les drosophiles.

De la temporalité des changements : évolution, écologie, évologie

Pourtant, nos environnements naturels changent relativement vite. On peut ainsi voir un paysage ou une population d'animaux changer radicalement en quelques années, remplacés par d'autres espèces. Ces changements sont attribués non pas à une évolution génétique, mais à un changement de mix entre des espèces déjà existantes : ainsi la disparition des moineaux en zone urbaine, remplacés par l'envahissant pigeon, n'est pas due à l'émergence de la nouvelle espèce de pigeon qui remplace l'espèce moineau. Les deux espèces, pigeons et moineaux, étaient déjà présentes, mais leur densité relative change selon les circonstances, dans ce cas sous la pression de l'activité humaine. Ce mécanisme est appelé *écologique*.

L'évolution est donc traditionnellement considérée comme lente, là où l'écologie est perçue comme relativement rapide notamment sous l'effet de l'activité humaine. C'est bien le changement écologique – le changement du mix d'espèces dans les paysages – qui a captivé l'imagination et le débat de nos contemporains. Cela a relégué les changements dus à l'évolution – par modification de la génétique des espèces – à l'analyse des temps longs, ou à la rigueur à certaines pratiques d'amélioration des espèces pratiquées depuis longtemps par les agriculteurs.

Pourtant, cette dichotomie entre les temps courts et les temps longs, entre l'écologie et l'évolution, n'a probablement pas lieu d'être. En effet, les scientifiques contemporains découvrent que l'évolution peut agir beaucoup plus rapidement qu'on l'avait imaginé. À mesure que l'on observe l'ampleur des modifications brutales d'origine anthropique apportées aux écosystèmes et à leurs composantes, on constate dans certains cas une promptitude des espèces à évoluer qui n'avait jusqu'alors pas été observée, en particulier dans le règne animal.

À tel point que des chercheurs ont donné un nom à la science de cette évolution à grande vitesse : l'évologie, un terme qui mélange évolution et écologie[1]. Différentes

1. « How warp-speed evolution is transforming ecology », Rachael Lallensack, *Nature, 554*, 19+, 2018. « Rapid morphological change of a top predator with the invasion of a novel prey », Christopher E. Cattau, *et al.*, *Nature Ecology & Evolution, 2*(1), 108-115, 2018.

études ont démontré chez plusieurs espèces des modifications d'ordre génétiques apparaissant en seulement quelques années. Une plante bulbeuse chinoise, la Fritillaria delavayi, sous la pression excessive de la récolte commerciale en pleine nature, a par exemple fait évoluer sa coloration habituelle en très peu de générations, ce qui a eu pour effet d'accroître son mimétisme et de lui permettre d'échapper plus efficacement aux cueilleurs. En Floride, un oiseau de proie, le Milan des Everglades, se nourrit presque exclusivement d'escargots aquatiques auxquels son bec est parfaitement adapté. Suite au remplacement massif de l'espèce d'escargots aquatiques indigène dont il dépend par une espèce asiatique invasive introduite par les aquariophiles, beaucoup plus massive, l'oiseau était menacé de disparition. Pourtant, en l'espace d'une décennie à peine, la plasticité phénotypique[1] a permis des modifications morphologiques importantes, renforcées par la sélection naturelle : longueur et solidité du bec, longueur des tarses, corpulence ont évolué plus vite que la théorie ne le prévoyait sous l'effet de facteurs génétiques et environnementaux.

1. « La plasticité phénotypique se définit comme la capacité pour une cellule ou un individu, à partir d'une séquence génétique unique (appelée un génotype) présente dans son génome, d'exprimer une à plusieurs caractéristiques (appelées des phénotypes) selon différents contextes. Ces variations phénotypiques peuvent toucher aussi bien la morphologie (ex. : maturation de la reine chez le rat-taupe nu, pousse de la barbe et du clitoris chez les sportives sous testostérones, etc.) que le métabolisme (ex. : malgré la différenciation cellulaire, toutes les cellules d'un même individu partagent en principe le même génome – à l'exception des chimères). » (Extrait de Wikipédia, 2024).

L'extraordinaire capacité d'adaptation de la vie

D'autres cas d'adaptation et de transformation extrêmement rapides – qui ont en commun de se produire en réaction à des pressions ou à des dégradations environnementales d'origine humaine ou cataclysmique – sont documentés ou font l'objet de recherches. Qu'il s'agisse d'animaux portant des trophées moins attractifs – éléphants aux défenses moins longues ou absentes, bouquetins aux cornes plus courtes –, de prédateurs s'adaptant à de nouvelles proies – Milan des Everglades –, de puces d'eau dont la taille fluctue en fonction des nutriments disponibles – y compris à partir d'œufs en dormance depuis de longues périodes –, de plantes devenues hyper résistantes aux désherbants agricoles, telle la Vergerette du Canada, le Vivant montre une étonnante capacité à autoproduire des solutions pour garantir sa survie, même dans des cas d'hyperspécialisation ou de bouleversement brutal du milieu.

Par ailleurs, on constate un retour surprenant d'aptitudes ou d'adaptations passées et un apprentissage parfois très rapide, sans qu'il soit toujours possible de différencier les unes des autres. L'exemple des abeilles domestiques européennes face au frelon asiatique en est une illustration saisissante. En Asie, le frelon asiatique Vespa velutina coexiste depuis des milliers d'années avec les espèces d'abeilles locales, qui ont su se protéger de ses attaques par une technique complexe consistant à le submerger en nombre – ce dernier étant beaucoup plus gros et fort que les abeilles – et de vibrer collectivement contre lui jusqu'à ce que sa température corporelle augmente au point de le tuer. Quand ce frelon a débarqué d'un bateau en Europe il y a une quinzaine d'années, il a très vite causé des ravages sur nos abeilles domestiques locales qui ne pratiquaient pas cette technique. Pourtant, depuis, des essaims d'abeilles domestiques européennes ont développé la même technique que leurs cousines asiatiques avec un certain succès.

Il aura en parallèle fallu un peu plus d'un siècle et demi pour que les renards et les sangliers comprennent comment s'attaquer aux puissants ragondins importés pour les élevages et désormais présents dans toute l'Europe méridionale. Cette adaptation est remarquable, car elle n'a pas procédé de modifications morphologiques transmises génétiquement. Ces animaux ont les moyens physiques, encore faut-il découvrir la modalité d'action efficace. Un animal isolé peut tomber dessus par hasard. Par contre, ceci ne va s'installer dans la population que si la méthode se met à passer d'un individu à l'autre, un cas d'apprentissage interindividuel à l'échelle d'une communauté qui s'apparente alors à l'émergence d'une culture[1].

Des difficultés à intervenir sur l'évolution

Ces capacités d'adaptation complexifient nos méthodes d'intervention sur le vivant. Chez certaines plantes et certains insectes, ce sont des gènes de résistance à certains pesticides que l'on a vus se développer, que ces espèces pérennisent dans leur descendance même lorsqu'elles ne sont plus soumises à ces pesticides. Cette résistance pose des problèmes considérables en agriculture conventionnelle, puisque des pratiques très prometteuses ou très employées sont de fait de moins en moins efficaces.

---

1. Au sujet des cultures animales, on peut lire en guise d'introduction : M. de Pracontal, *Kaluchua : Cultures, techniques et traditions des sociétés animales*, Paris, Seuil, 2010.

La recherche agronomique a aussi pu constater le revers de la médaille avec certains OGM (organismes génétiquement modifiés) qui avaient pourtant passé tous les tests durant des années avant leur mise sur le marché et leur culture. Par cette manipulation, des variétés de plantes cultivées sont rendues artificiellement résistantes aux herbicides, ou rendues toxiques ou repoussantes pour leurs prédateurs. Ce qui n'avait pas été prévu, c'est que ces végétaux mutants puissent effectuer ce que l'on appelle désormais un transfert *horizontal* de gènes[1]. Leur matériel génétique est transféré par divers vecteurs – pollinisation, piqûre d'insecte, etc. – à d'autres espèces, leur faisant développer à leur tour ces mutations. Ceci ne suit pas le modèle commun considérant que l'évolution s'effectue par transmission verticale des parents aux enfants. Ainsi, d'autres espèces peuvent alors acquérir ces éléments de résistance, au grand dam des cultivateurs et, dans certains cas, au grand détriment de la biodiversité. On découvre actuellement que ce type d'échanges est relativement courant au sein du vivant.[2]

De nombreuses évolutions imprévisibles ont ainsi lieu en permanence, conséquences d'évènements naturels ou d'actions humaines. Qu'un arbre tombe, et ce sont des graines enterrées parfois depuis des siècles qui germeront, une clairière ensoleillée qui se créera, susceptible d'accueillir un cortège d'espèces qui n'avait pas été envisagé, faisant réapparaître des fleurs qu'on aurait crues perdues. Là où les racines se sont arrachées au

---

1. « Horizontal gene transfer: building the web of life », Shannon M. Soucy, *et al.*, *Nature Reviews Genetics, 16*(8), 472-482, 2015.

2. Des insectes, tel l'Aleurode du tabac, ont même fini par intégrer à leurs génomes des gènes de plantes pour leurrer leurs défenses naturelles en passant inaperçus. On tente actuellement de déterminer à quel moment de leur évolution ce transfert a pu avoir lieu.

sol, c'est un petit trou d'eau que l'on trouvera peut-être, où de discrets amphibiens viendront se reproduire au printemps pendant quelques années, jusqu'à ce que de nouveaux arbres aient à leur tour investi les lieux. Le remplacement de certains plastiques de synthèse par des matières plastiques d'origine végétale dans l'automobile s'avère quant à lui une formidable opportunité pour les rongeurs et petits mammifères qui trouvent dorénavant le gîte et le couvert sous les capots, engendrant quantité de désagréments pour les automobilistes sans que cette situation ait été envisagée.

Ainsi, les mécanismes évolutionnistes (changement des gènes des espèces) et écologiques (changement de la répartition des espèces) se combinent avec l'épigénétique et l'apprentissage culturel pour fournir une étonnante plasticité à la nature. Si cela est indéniablement un sujet d'émerveillement, c'est aussi une complexité supplémentaire pour l'acteur, car ces mécanismes rendent difficilement prévisible le résultat d'une action. Le nœud de l'affaire est qu'un mécanisme adaptatif d'un système implique souvent une réponse non linéaire – c'est-à-dire non proportionnelle à l'acte initial.

Les choses seraient simples si le rendement était linéairement lié à l'injection d'intrants, par exemple l'eau, le soleil et les engrais. Néanmoins, le jardin ne réagit pas à long terme avec une telle logique, car les espèces végétales et animales changent dans leur nature et dans leur diversité.

Les conséquences de ces adaptations peuvent parfois être positives. Mais l'histoire de notre civilisation éco-industrielle se construit en négligeant les conséquences inattendues et toxiques de nos actions, très souvent sous forme de dégradation du milieu et de perte de biodiversité. La remise en cause de l'ancienne distinction entre évolution et écologie rend les choses passionnantes, mais encore plus complexes. L'acteur se doit maintenant de surveiller non seulement l'équilibrage au sein des espèces connues, mais aussi la possibilité d'émergence rapide de nouvelles variations aux effets *a priori* inconnus.

Les objets sociaux évoluent aussi, même si l'encodage est flou

La complexité due aux mécanismes d'adaptation va se retrouver à la ville. Dans le domaine social, la distinction entre un mécanisme évolutionniste et un mécanisme écologique est historiquement moins marquée. En effet, cette distinction ne tient que dans la mesure où on peut identifier un *encodage* de l'action sociale, encodage qui pourrait alors changer et donc donner lieu à spéciation (distinction entre espèces) et donc évolution.

Contrairement au monde biologique – où il existe un tel codage matériellement observable, l'ADN –, rien de tel n'existe pour les entités sociales : les organisations, les idées, les professions, ou les rumeurs sont autant d'objets sociaux qui ne sont pas définis par un code strict équivalent à l'ADN pour la biologie.

Dans le domaine social, l'évolution a lieu quand un objet social subit une altération de sa définition sociale, celle-ci étant encodée de différentes manières telles que les croyances, les normes, les pratiques répétées, le langage, ou les médias. Les changements évolutifs sur les définitions sociales sont consubstantiels au changement de ces objets sociaux, de la même manière que l'altération des codes génétiques est consubstantielle au changement évolutif des espèces. Et comme dans le domaine biologique, l'évolution a lieu sous pression adaptative, à savoir dans le sens qui favorise la persistance de l'objet.

Même si leur encodage a une matérialité floue et limitée, les entités sociales ont bien des trajectoires évolutives, et donc peuvent acquérir de fortes complexités. Par exemple, on peut considérer des formes organisationnelles – telle que la restauration traditionnelle (les relais routiers) et la restauration rapide (les McDonald et autres Burger King) – comme des espèces sociales, et observer comment elles apparaissent, disparaissent ou s'équilibrent à travers le temps. Sous l'influence des pratiques, des modes, on remarquera qu'une forme se met à décroître, puis rebondit avec l'émergence d'un nouvel attribut, similairement à la dynamique des espèces dans une prairie.

De l'évolution des mèmes : la mue du concept de liberté

Les mécanismes évolutionnistes sont à l'œuvre en permanence, à toutes les échelles des objets sociaux, des plus grands (par exemple, les institutions telles que l'Église ou l'État) aux plus petits (par exemple, les idées telles que la liberté). Commençons à un niveau bas : les idées sont des espèces sociales de base et qui changent dans leur nature sous des pressions évolutionnistes. Une première version émerge à un endroit, puis elle se propage après avoir légèrement muté, puis elle s'impose sous une forme assez différente, et à la fin on peut ne même plus reconnaître l'idée d'origine. Ceci est étudié sous le concept de « mème », terme inventé par le biologiste évolutionniste Dawkins[1]. Le terme est rentré dans le langage courant par l'émergence massive des mèmes sur les réseaux sociaux.

Un bon exemple de mème est ainsi le concept de *liberté*, celui-ci ayant rapidement évolué à l'époque

---

1. Richard Dawkins *et al.*, *Le gène égoiste*, Paris, Mengès, 1976 [1978].

moderne, sous nos yeux presque, à une vitesse élevée permise par la fluidité et la masse des informations échangées sur les réseaux sociaux.

Dans le monde des idées, la liberté est classiquement associée aux principes édictés au siècle des Lumières, pour lentement se métamorphoser au gré de l'histoire intellectuelle et politique. Durant le XXe siècle, cette évolution débouche sur la doctrine du *libertarisme* qui prétend mettre la liberté au centre du système politique, en s'opposant à toute imposition à commencer par celles de l'État[1]. D'un système philosophiquement et intellectuellement intéressant, ce libertarisme va ensuite devenir l'idéologie d'une coalition politique hétéroclite composée de *Tea party* (l'ancêtre du Trumpisme), de cadres de la Silicon Valley et autres *crypbros*[2], se métamorphosant en obsession anti-État et anti-taxe servant surtout à rendre naïvement romantique... la *loi de la jungle*. Ce libertarisme va recevoir le soutien actif d'acteurs – tel le milliardaire Peter Thiel – prêts à dépenser des fortunes pour

1. Cette philosophie a été développée entre autres autour d'une philosophe américaine, Ayn Rand, qu'elle a popularisée par des fictions à clé, qu'on peut encourager le lecteur à lire, ne serait-ce que par curiosité. La personnalité originale de Ayn Rand, son insertion dans le système politique américain, jusqu'à son influence sur les évolutions récentes du néolibéralisme sont facilement accessibles grâce à une excellente bande dessinée consacrée à sa vie : Ayn Rand et S. Bastide-Foltz, *La grève*, Les Belles Lettres, 1957 [2011]. D. Cunningham *et al.*, *L'Ère de l'égoïsme : Comment le néolibéralisme l'a emporté*, Bussy-Saint-Georges, Çà et là, 2014.

2. Ce terme, combinant le mot « crypto » et « brother », désigne la population principalement masculine et relativement jeune qui milite depuis des années pour la prétendue libération que des cryptomonnaies telles que le bitcoin devraient apporter au monde, et en attendant gagne de l'argent en spéculant contre M. Tout-le-Monde sur les fluctuations de ces actifs sulfureux.

convaincre de l'incompatibilité des différentes interventions sociales de l'État, et même de la démocratie, avec l'idéal de liberté[1].

Comme dans le vivant, les évolutions du social s'appuient aussi sur des recombinaisons d'éléments disparates. Les mutations récentes sur le concept de liberté sont soutenues par l'apparition dans les années 1960 d'une école sociologique, le *post-modernisme* de Derrida, Deleuze, Foucault, qui fournit une grille pour déconstruire les systèmes oppressifs. Partant d'intuitions saines et légitimes, les concepts post-modernes vont se répandre pour fournir la base à une contestation systématique de toute notion de vérité.

Cette évolution anti-vérité – qui va permettre de remettre en cause l'essence même de nombreuses institutions telles que la science, la justice ou la presse – donne toujours plus de poids à la loi du plus fort et du plus loufoque, l'un allant de plus en plus souvent avec l'autre. En effet, notre société évolue par des mécanismes médiatiques – les médias sociaux textuels ou à base de vidéos – qui récompensent disproportionnément tout ce qui choque, ce qui émeut, ce qui met en colère, ou ce qui semble constituer une vengeance à des souffrances économiques et sociales bien réelles.

Le libertarisme – idéologie de liberté – et le post-modernisme – grille anti-oppression et critique de la vérité – se fusionnent étonnamment dans notre monde, donnant lieu à un corpus de croyances et de pratiques politiques qui peuvent tristement amener les masses

---

1. Les mouvements libertarien et libertaire doivent être absolument distingués, le premier promouvant la liberté permettant la distinction individuelle et se basant sur le respect de la propriété privée, le second étant d'obédience anarchiste et donc plutôt égalitaire et anti-propriété privée accumulatrice.

à soutenir la loi du plus fort, et en cela principalement des politiques dictatoriales.

Ainsi, la liberté est l'exemple typique d'un concept qui se métamorphose au fil de son évolution. Au point qu'il n'a plus aujourd'hui un grand rapport philosophique entre son sens à un moment donné, par exemple chez Voltaire, et son nouvel usage qui émerge aujourd'hui. Chez Elon Musk, il s'agit de la liberté à laisser tout dire sur son réseau social X, chez Donald Trump de la liberté pour tous à porter des armes et chez certains citoyens, de la liberté à acheter de grosses voitures très polluantes et à les conduire sans limitation de vitesse. Musk, Trump et ces consommateurs peuvent rhétoriquement se prévaloir de Voltaire en se drapant dans le droit fondamental à la liberté.

Néanmoins, un monde où toutes les haines peuvent s'exprimer à grande échelle, où chacun porte son arme pour sa défense individuelle, et où l'on asphyxie la planète avec des comportements irresponsables, ce monde-là n'est sûrement pas celui que Voltaire semblait promouvoir dans ses textes sur la liberté.

Depuis son humanisme initial, le concept de liberté a beaucoup évolué, et il s'impose dans l'écosystème des idées du débat public actuel, rendant le monde plus difficile à gouverner, car empêchant de trouver des consensus sains sur les grands défis de la planète tels que le changement climatique ou l'inégalité sociale.

De la complexité causale de nos sociétés : le phénomène du leadership

Les dynamiques évolutionnistes dans le domaine social fournissent une grille analytique indispensable à une bonne compréhension des phénomènes, loin d'explications simplistes et mécanistes. Considérons de nouveau le phénomène de *leadership*, à savoir l'accompagnement *d'autres humains* (le terme a été défini plus haut). Les groupes humains, comme chez beaucoup d'animaux, ont toujours donné lieu à l'émergence de diverses formes de direction. Dans les tribus de chasseurs-cueilleurs, les villages, les grandes religions, les États, les mouvements d'action collective, ou même la gouvernance partagée, ce rôle est partout.

Une des questions sociales les plus prégnantes a donc été de savoir qui pourrait, qui devrait, et qui finalement dirigera le groupe social. Si ce doit être un unique individu (mais il existe de nombreuses formes de leadership sans tête, ou inversement partagé entre plusieurs individus), nous avons vu que la réponse naïve, à savoir que les leaders ont des qualités spécifiques, est contredite par la science.

Même si certaines qualités jouent effectivement un rôle – telle l'intelligence – le phénomène résiste à une telle analyse. La question devient plus facile à traiter si on la considère d'un point de vue *évolutionniste*. En effet, on peut observer que les leaders suivent une trajectoire au fil de leur vie, et que l'éventuelle accession à une position de leadership découle plus d'une série de mises en situation où l'individu expérimente dans le rôle, réussit ou échoue, puis recommence, etc. Par exemple, une employée se voit proposer une promotion ; puis une autre ; puis peut-être va-t-elle partir monter son entreprise ; puis peut-être, être rachetée par son employeur d'origine et se voir proposer de diriger toute une division ; et peut-être qu'in fine cette personne dirigera toute l'organisation.

Dans un tel modèle, le résultat final – le fait de se retrouver à diriger tel ou tel groupe humain – ne dépend plus simplement des caractéristiques initiales de l'individu, mais aussi des circonstances, de réponses de l'individu à ces chances ou malchances. Dérivant des *interactions réciproques entre l'individu et son environnement*[1], le phénomène est alors complexe, car évolutionniste et contextuel.

MLK ou la coévolution du leader et de sa cause

On va retrouver ceci dans de nombreuses analyses de situations sociales. Par exemple, un débat philosophique existe dans les analyses sur l'entrepreneuriat, concernant *l'opportunité*. Une vision simpliste suppose que les entrepreneurs la découvrent et qu'ensuite ils l'exploitent. Néanmoins, souvent il n'est pas clair que celle-ci existait vraiment avant que l'entrepreneur existe, ou l'inverse.

Par exemple, considérons le domaine de l'entrepreneuriat social, et prenons un activiste tel Martin Luther King (MLK), qui s'est attaqué à un problème clair – les droits civiques des noirs américains – auquel il a contribué en obtenant de grandes avancées par une action principalement non violente. Dans cette manière de présenter les choses, l'opportunité de trouver cette forme de paix existait objectivement ex ante.

Mais on pourrait se questionner alternativement, de savoir si ces avancées pourraient être liées au parcours de MLK, individu spécifique qui va interagir avec ce problème de tension raciale ? Dans cette perspective, MLK découvre une bonne manière de faire progresser relativement rapidement la cause *qui lui est spécifique*. Dans ce cas-là, l'opportunité de progrès a été *créée* par MLK, elle dérive de lui et surtout de son interaction avec la situation. D'une certaine manière c'est MLK qui a créé l'opportunité, plutôt que l'inverse.

---

1. Jeffrey Pfeffer, *New directions for organization theory: problems and prospects*, Cambridge, Oxford University Press, 1997.

Les deux explications sont possibles, et la réalité est évidemment un mélange des deux. Ainsi, il est difficile de juger la part préexistante, de l'opportunité ou du leader. Le meilleur modèle consiste en une interaction de la situation et de l'individu, qu'il existait donc une multitude de futurs possibles. Cette analyse ne remet pas en cause le fait abstrait qu'une approche par la non-violence existait indépendamment de MLK. Elle suggère que – dans un univers parallèle sans MLK – un autre leader aurait peut-être fait aboutir une autre approche qui aurait encore mieux servi la communauté noire.

Ce système social a évolué par un phénomène connu en biologie sous le terme de *coévolution*, quand deux espèces évoluent chacune répondant successivement aux pressions évolutives des changements chez l'autre. Typiquement, entre une proie et son prédateur, chacun s'adapte aux améliorations de l'autre et c'est l'ensemble proie-prédateur qui évolue, pas l'une des espèces de manière isolée. Ce phénomène se produit également dans les systèmes sociaux[1] : ici, le leader (MLK) semble émerger par l'existence d'une cause (droits civiques des noirs américains) en recherche de leader, tout autant que la cause avance par le hasard qu'un leader de qualité soit apparu.

Similairement, une idée telle que la liberté, ou un objectif, comme se libérer du joug social, peut se métamorphoser en permanence et être finalement utilisé par toutes les parties d'un conflit social, chaque partie métabolisant l'autre à sa manière, l'intégrant dans sa logique propre.

À la ville comme au jardin, il faut compter avec l'évolution. Au bout du compte, ce sont bien des dynamiques

1. « Bridging ecological and social systems coevolution: A review and proposal », Miguel A. Gual et Richard B. Norgaard, *Ecological Economics, 69*(4), 707-717, 2010.

évolutionnistes qui capturent l'énergie d'un écosystème, pour le faire se renouveler en permanence. Parfois, cette évolution peut nous servir, nous pouvons d'ailleurs essayer de l'orienter dans ce sens-là. Parfois, elle nous dessert. Souvent, malgré tous les efforts de l'acteur, les dynamiques ne sont pas déterminables ni contrôlables, limitant notre rôle au seul accompagnement...

Coexister en interaction

Souvent perçue uniquement comme un monde d'âpre compétition, la nature est aussi le siège d'alliances magnifiques omniprésentes et qui échappent généralement au regard.

L'un des mécanismes majeurs de la coopération est la symbiose, l'association étroite réciproquement profitable – voire indispensable – de deux ou plusieurs organismes différents. Les bactéries vivant dans les nodosités[1] racinaires des plantes de la famille des fabacées, par exemple, transforment l'azote de l'air en ammoniac assimilable par les végétaux qui les hébergent, qui en échange leur fournissent des composés carbonés issus de la photosynthèse. Parmi ces fabacées, qu'on appelait autrefois « légumineuses », on trouve des plantes aussi courantes que l'ajonc, les pois et haricots, le robinier faux-acacia ou encore le soja.

Les symbioses, mécanisme clé du monde végétal

Cette symbiose en particulier est très bien connue des agronomes et des agriculteurs qui, depuis des siècles, ont compris en quoi cela pouvait leur faire économiser une

---

1. Nodosité racinaire : renflement des racines dans lequel des bactéries vivent en symbiose avec les plantes.

partie de la fertilisation de leurs cultures. L'azote, autrefois principalement issu des différents types de fumiers, boues urbaines ou purins, et désormais majoritairement issu de la chimie industrielle, peut donc arriver directement du ciel jusqu'aux racines de certaines plantes cultivées. Certaines d'entre elles ne le sont d'ailleurs que pour devenir l'engrais qui nourrira la culture suivante une fois qu'elles seront enterrées.

Les symbioses sont extrêmement présentes dans le Vivant, sous des formes très diverses. Le lichen peut ainsi coloniser des milieux apparemment impossibles à habiter pour une plante (roches, ciment, acier, écorce...) parce qu'ils sont issus de l'association entre un champignon et une algue microscopique, le premier étant capable de produire des enzymes pour extraire les nutriments d'une surface *a priori* stérile ou inerte et collecter de l'eau, tandis que la seconde tirera de l'énergie du soleil par la photosynthèse et produira des sucres, bien abritée par le corps créé par le champignon. Mais cela ne s'arrête pas là : chacune des quelque 20 000 espèces de lichen recensées est la manifestation d'une symbiose qui lui est propre, dans laquelle interviennent également virus, bactéries, levure ou protistes[1]. Mieux encore : l'inverse du lichen existe, sous le nom barbare de *mycophycobiose*. Dans ce cas, ce n'est plus le champignon qui héberge une algue, mais une algue qui héberge un champignon, celui-ci bénéficiant de son abri et des productions issues de la photosynthèse en échange de l'assimilation de nutriments inaccessibles à l'algue sans son aide.

1. Cela amènera à évoquer plus tard dans l'ouvrage la notion *d'holobionte*.

Des multiples formes de coopération et d'interaction

La frontière est étroite entre symbiose et simple coopération. Certains scientifiques réfutent d'ailleurs l'idée de coopération telle qu'elle est souvent vulgarisée dans les médias ou certains ouvrages. Ils considèrent qu'il ne s'agit souvent que de la résultante d'un cumul d'opportunités profitables et de facteurs contraignants. En d'autres termes, pour certains scientifiques la coopération n'existe pas : pour eux, chaque espèce concernée en apparence par des formes de coopération n'aurait fait que s'adapter à son milieu, pour au final se retrouver au même endroit qu'une autre, leurs interactions n'étant que la résultante de leur propre chemin évolutif et nourricier sans lien biologique fidèle, étroit ou définitif entre elles. Ainsi, le rôle des réseaux mycorhiziens du sol – les « racines » des champignons –, très valorisé autour de la notion de communication entre les arbres, a récemment été réévalué à l'aune de nouveaux protocoles expérimentaux, qui concluent à des interactions parfois positives, parfois négatives, et en réalité majoritairement neutres. Il n'y a donc rien de systématique dans les relations champignons mycorhiziens/arbres qui puisse conduire à penser que les uns sont toujours au service des autres.

Ceci oblige donc à la prudence lorsque l'on cherche à envisager les interactions fines entre espèces, et à ne surtout pas idéaliser leur nature par un biais anthropomorphe plaisant. En l'état actuel des connaissances, on ne peut pas y voir uniquement des liens absolument équitables ni systématiques, et encore moins une intention. Pourtant, il serait satisfaisant d'y voir une forme de « bienveillance » de la nature vis-à-vis d'elle-même, qu'il suffirait de projeter comme un fondement du Vivant en toute occasion.

Certains champignons vivent en symbiose avec des arbres, desquels ils sont le plus souvent spécifiques. Les bénéfices pour les arbres sont divers et variables selon les champignons et les essences. Si les chênes truffiers sont reconnaissables à leur aspect souvent rabougri et aux herbes d'aspect brûlé qui les entourent, au point qu'on considérait que la truffe vivait à leurs dépens, comme un parasite, il apparaît au contraire que « l'or noir » est un allié de choix. Le précieux champignon agit bien en colon, mais uniquement à l'encontre de la végétation herbacée qui entoure l'arbre, en tirant azote et phosphate et en faisant profiter son arbre-hôte, dont l'activité photosynthétique est alors renforcée, dans des milieux d'une nature pourtant plutôt difficile. L'arbre peut bien alors partager une partie de ses ressources énergétiques avec la truffe, quitte à paraître un peu rabougri.

On a également constaté que l'Aulne – ou Verne – glutineux s'associe à différents champignons selon la nature du sol dans lequel il s'établit, en fonction de son inondabilité, de son acidité, ou encore de l'eutrophisation[1] du milieu humide qui l'accueille. En outre, les bactéries qu'il accueille dans ses racines lui permettent d'avoir une croissance extrêmement rapide. D'autres plantes herbacées parmi les plus spectaculaires sur la planète, les Gunneras, croissent aussi avec une vivacité remarquable en abritant des cyanobactéries au sein de leurs tissus.

Le monde animal n'est pas exempt de symbioses non plus, du poisson-clown associé à son anémone de mer, aux hérons gardes-bœufs débarrassant les grands herbivores de leurs parasites, aux bactéries-venin dans

1. Eutrophisation : surabondance de matière organique dans l'eau, et toute la chaîne de conséquences liée à la décomposition de cette matière, dont un effondrement de l'oxygène disponible, et donc des espèces qui en dépendent.

la gueule du dragon de Komodo, en passant par notre propre microbiote intestinal.

Les interactions, indispensables pour appréhender l'écosystème

Ce court florilège des innombrables modes de coopération entre espèces ne peut qu'être profondément inspirant. Mais, dans le même temps, il impose une grande humilité dans notre façon d'appréhender l'écosystème que l'on observe, que l'on habite ou que l'on gère.

Trouver sa place en tant qu'usager, concepteur ou administrateur d'un paysage, d'un territoire, implique de considérer qu'on s'insère dans un agencement d'interdépendances déjà complexe. Il est assez facile d'identifier les bénéfices directs qui peuvent nous concerner – ombre portée par un arbre, production agricole, protection par une haie, médecine par les plantes, etc.

Pour le paysagiste ou le jardinier, la possibilité de symbiose se manifeste aussi par une recherche permanente de réciprocité dans les interactions qu'on a avec les divers éléments de l'écosystème en question. Cette démarche implique nombre de questionnements avant toute intervention destinée à satisfaire ses propres besoins : quel bénéfice l'écosystème tire-t-il de la taille de ma haie ? Est-ce que j'aide réellement cet arbre en abattant l'arbre voisin ? Si je fauche ces herbes malingres autour de mon chêne truffier, comment les truffes et l'arbre vont-ils devoir compenser leur absence ? Quel est le seuil au-delà duquel la surface tondue pour mon agrément apporte plus d'inconvénients que de bénéfices à l'ensemble de l'écosystème jardin ?

Il est toutefois plus délicat de reconnaître des bénéfices plus indirects, surtout s'ils s'accompagnent de contraintes qui donnent l'impression d'une transaction peu avantageuse : ombre portée, mais feuilles qui remplissent la gouttière ; plantes toxiques adventices accueillant des auxiliaires nécessaires à la production ; comportement invasif d'une plante particulièrement utile ; oiseaux qui mangent les chenilles et les déchets verts, mais laissent des déjections… Ces interactions, si elles ne sont pas réellement symbiotiques, sont des manifestations d'autres manières dont des espèces peuvent être profitables à d'autres. La réciprocité n'y est pas absolue, mais les bénéfices réels si l'on sait tirer parti de ces cohabitations.

Les coopérations plus présentes qu'on l'imagine

Les coopérations sont tellement importantes dans le vivant qu'il est parfois difficile de trouver des relations qui n'en seraient pas. Certes, nombre de relations reposent sur des bases matérielles simples : l'énergie vient souvent du soleil, l'eau diffuse dans tous les milieux, et les substrats minéraux sont disponibles pratiquement partout. Les rapports de ces formes de vie à ces éléments ne sont pas symbiotiques, car le soleil, l'eau et les substrats minéraux ne dépendent pas des espèces qui en profitent.

Néanmoins, même ces cas en apparence simples pourraient être un jour réinterprétés. En effet, les paléontologues établissent de plus en plus que les premières formes de vies ont influencé le milieu géophysique, à tel point qu'on pourrait considérer un jour que notre monde est le résultat d'une coévolution entre des caractéristiques géophysiques (taux d'oxygène dans l'air, rétention de l'atmosphère, etc.) d'une part, et des formes de vies biologiques (en particulier microbienne) de l'autre.

Si la symbiose ne saute pas toujours aux yeux, la question doit se poser dès qu'une forme de vie interagit avec une autre forme de vie. Prenons un simple rapport de prédation comme celui d'un ruminant à sa prairie. Une vision simpliste peut voir ceci comme rapport de consommation vertical, de prédateur (le bison) à proie (l'herbe). Cet équilibre ne constitue pas une symbiose au sens propre, car ce terme est réservé à un mutualisme plus intime – requérant notamment qu'une espèce soit indispensable à l'autre.

Mais ces deux espèces sont en équilibre écologique par leurs interactions, car trop de bisons détruiraient la prairie, et pas assez de prairie affaiblirait la population de bisons. De même, sans les bisons pour sélectionner ou favoriser certaines plantes tout en fertilisant le sol par leurs déjections, la prairie elle-même n'aurait pas la même constitution, voire n'existerait plus. Ainsi il existe tout un continuum de coopérations, allant des formes très intimes (symbioses) à de simples formes interactionnelles de coexistence, en passant par des alliances récurrentes plus ou moins établies.

Omniprésence des interactions symbiotiques à la ville

Si les symbioses sont omniprésentes dans le domaine du vivant, elles sont aussi la règle dans les systèmes sociaux. Considérons divers objets sociaux tels qu'organisations et croyances, ou des catégories sociales comme les professions : hormis de rares exceptions, ces objets n'existent qu'en symbiose avec d'autres objets sociaux. Par exemple, une catégorie sociale comme *la profession de médecin* n'existe qu'en rapport à l'idée de la maladie d'un côté, et en rapport à l'existence d'une institution de validation de la qualité de médecin.

Il serait difficile d'imaginer un objet social qui ne soit pas en symbiose avec nombres d'autres objets sociaux. Les symbioses sont à la base des analyses systémiques des systèmes sociaux, par exemple sous le terme d'*autopoïèse* chez Niklas Luhmann[1]. C'est aussi un concept central dans l'approche de la complexité chez Edgar Morin, sous le terme d'*interdépendance*[2].

Celles-ci constituent d'ailleurs les fondements de ce que l'on appelle la *construction sociale*, à savoir que la vie sociale est principalement le résultat d'interactions et de dépendances complexes entre des objets sociaux. Cela lui donne donc sa nature subjective et incite à hésiter avant de considérer qu'un objet social aurait une nature absolue, matérielle.

Une symbiose entre l'entrepreneuriat social et l'idée de l'état allégé ?

Un des domaines où l'acteur se doit de considérer les symbioses est l'entrepreneuriat. Considérons un entrepreneur social qui penserait avoir une grande idée pour essayer de résoudre un problème humain donné. Ce pourrait être par exemple de lancer une association pour aider les enfants à la sortie de l'école. Au-delà de cet objectif légitime, une opportunité entrepreneuriale dérive souvent de la possibilité de relations

---

1. Niklas Luhmann et Lukas Kekeli Sosoe, *Systèmes sociaux : esquisse d'une théorie générale*, Presses de l'Université Laval, 1995 [2011].

2. Edgar Morin, *La Méthode : La nature de la nature. La vie de la vie*, Paris, Seuil, 1977.

symbiotiques dans le système socio-économique. En l'espèce, en France, aider des populations en difficulté va souvent dépendre de la présence de collectivités – l'État, les régions et les communes – prêtes à payer pour des prestations sociales telles que l'école, les transports, la santé, etc. Dans ce domaine social, l'entrepreneur peut faire émerger un modèle économique en se mettant en interaction avec ces collectivités. D'ailleurs, lorsque l'on voit émerger un géant de l'action sociale tel le *Groupe SOS*, intervenant sur tout le territoire et dans tout le spectre des services sociaux, alors il ne faut pas attendre longtemps pour que ses liens avec l'État soient questionnés[1].

Par ailleurs, ces entreprises sociales ne se contentent pas de simple fourniture de services contre rémunération. En effet, les collectivités ont progressivement fait évoluer leur modèle en s'appuyant sur la disponibilité de tels entrepreneurs sociaux. Cela peut leur permettre de réduire leurs prestations en propre, ainsi que de limiter la taille des corps administratifs. L'entrepreneuriat social et un État allégé sont donc deux objets sociaux en *coévolution symbiotique*.

Une telle possibilité ne disqualifie pas l'entrepreneuriat social en général, et ne veut pas dire que tout entrepreneuriat social serait mécaniquement responsable de la diminution des services publics. Et l'État fort n'est pas la seule solution à tous les maux. Néanmoins, les actions de ces entrepreneurs ne sont pas simplement une nécessité pour faire face à un problème dans l'absolu. Elles s'inscrivent dans une boucle symbiotique préoccupante : l'allégement de l'État crée la nécessité de faire intervenir ces entrepreneurs, dont l'existence peut réciproquement

1. Margot Hemmerich et Clémentine Méténier, « Groupe SOS, l'ogre qui dévore le monde associatif », *Le Monde diplomatique*, 2023.

favoriser le désengagement de l'État et donc son allégement potentiel.

Les symbioses, mécanismes de la complexité en économie

La symbiose n'a pas eu pour l'instant la part belle en science économique[1]. En effet, l'économie continue à être conceptualisée principalement comme une somme de productions sur bases d'intrants. Les symbioses y sont pourtant très fréquentes, mais elles requièrent d'analyser le bouclage des échanges, c'est-à-dire de modéliser autant l'influence d'une entité A sur l'entité B que l'influence de B sur A, au risque que l'équation n'ait plus de solution simple.

Ainsi, la science économique conceptualise principalement des phénomènes économiques mono directionnels, constituant ce qu'on appelle usuellement la pensée « orthodoxe ». De rares écoles économiques considèrent des phénomènes plus *complexes*, ou plus *socialisés*, ou plus *bouclés*, donc plus à même d'identifier les symbioses. Elles sont rassemblées sous le terme d'économie « hétérodoxe »[2].

---

1. De manière intéressante, un des livres appelant de ses vœux le développement d'une pensée complexe en économie se retrouve à promouvoir fortement l'entrepreneuriat social, validant l'idée ci-dessus que cette pratique se développe par co-évolution avec les structures étatiques : D. C. Colander et R. Kupers, *Complexity and the Art of Public Policy: Solving Society's Problems from the Bottom Up*, Princeton, Princeton University Press, 2014.

2. Des pans de l'économie classiques ont certes été obligés de basculer sur des modèles complexes, à commencer en macro-économie pour les problématiques d'équilibre général. Pour une critique des limites de l'économie classique, voir par

Certains pans de l'économie étudient les écosystèmes de manière descriptive, et ils ont depuis longtemps mis en évidence des systèmes d'interactions complexes. Un exemple typique est l'analyse des *clusters industriels*, ces régions qui se spécialisent avec succès dans une gamme spécifique d'activités, telles la Silicon Valley avec l'électronique, ou l'Italie du Nord avec la confection de vêtements. Sur ces territoires, il existe un fort bouclage entre la production, la vente, la marque, les systèmes de formation, etc., et donc de nombreuses relations symbiotiques.

L'aspect symbiotique entre tous ces éléments du système socio-économique rend d'ailleurs l'interprétation difficile aux praticiens. Par exemple, nombre de pays dans le monde clament leur désir de faire émerger leur propre Silicon Valley. Mais beaucoup semblent ignorer la complexité symbiotique qui existe entre les éléments constitutifs d'un tel écosystème : le système de formation des grandes universités californienne ; l'achat de technologie d'armement par le gouvernement américain ; la liberté sociétale ; etc.

Nombre de gouvernements se focalisent sur quelques-uns de ces aspects – typiquement, le système de financement – et ignorent qu'un tel système a émergé par une coévolution symbiotique globale entre tous ces éléments, et sur des durées relativement longues. Malheureusement, l'absence – ne serait-ce que d'un de ces éléments, par exemple, la liberté sociétale ou l'argent de l'armée – empêche l'émergence de cluster similaire à la Silicon Valley dans un autre contexte. Par ailleurs, une telle émergence n'est souvent possible qu'en passant par des étapes successives où chacun des facteurs évolue

exemple : André Orlean, *À quoi servent les économistes s'ils disent tous la même chose ? : Manifeste pour une économie pluraliste*, Les Liens qui Libèrent, 2015.

en symbiose à la présence des autres : par exemple, l'argent de l'armée fournit des budgets aux universités qui fournissent alors une main-d'œuvre qualifiée en grande quantité, dans des cycles qui s'étalent sur des décennies.

Pour le dire simplement, nombre de gouvernements gaspillent malheureusement leur argent par ignorance ou méconnaissance des dynamiques symbiotiques, par naïveté à essayer de les reproduire rapidement sans en connaître tous les facteurs, ou tout simplement pour le bénéfice populiste d'annoncer telle ou telle mesure isolée qui semble logique au court terme.

Ostrom et l'interaction symbiotique totale, de l'écologie au social

Les interactions et autres symbioses jouent des rôles fondamentaux tant à la ville qu'au jardin. Mais la sagesse ultime est de reconnaître qu'elles existent aussi à l'échelle la plus large, entre le système écologique et le système social. Ceci constitue un champ de réflexion important, initié par Elinor Ostrom[1] dans de nombreux travaux qui ont contribué à ce qu'on lui attribue le prix Nobel d'économie en 2009. Dans son étude de terrain emblématique, elle analyse comment les systèmes d'irrigation dans la région de Valencia vont évoluer efficacement et respectueusement au fil des siècles, démontrant là la possibilité d'une gestion harmonieuse de *communs* (le sujet du prochain chapitre) à la fois écologiques et sociaux.

Ostrom y démontre que ces systèmes s'appuient sur des symbioses articulées par des mécanismes de

1. « A General Framework for Analyzing Sustainability of Social-Ecological Systems », Elinor Ostrom, *Science, 325*(5939), 419, 2009.

gouvernance polycentriques. Elle insiste sur la nécessité que les règles et les institutions émergent au niveau local pour gérer les ressources naturelles de manière collaborative. Elle met aussi en évidence l'importance de la coopération, la confiance et l'auto-organisation pour créer des relations mutuellement bénéfiques entre les communautés humaines et leur environnement naturel, favorisant ainsi une résilience et une durabilité accrues.

Au vivant comme à la ville, l'acteur doit se prémunir de voir les éléments de son environnement comme isolés et en compétition les uns avec les autres. Souvent, gérer des systèmes complexes requiert de comprendre le bouclage entre les éléments qui les constituent. Le monde étant vraiment compliqué, ces relations sont souvent difficiles à percevoir, l'acteur se doit alors – a minima – de faire preuve de modestie, et de toujours se méfier de l'apparence simple de relations toujours complexes.

Imbriquer dans les communs

Il y a bien longtemps – douze ans précisément, mais dire « il y a bien longtemps » romantise un peu l'anecdote –, des arbres fruitiers furent plantés sur une parcelle agricole en jachère depuis plusieurs années, afin d'en faire un verger. Au printemps, les arbres plantés à l'automne se sont vus attaqués par des hordes de chenilles. Le jardinier s'étonna de la quasi-absence de prédation animale sur ces larves de papillons, qui grignotaient goulûment et consciencieusement les jeunes feuilles des pommiers, poiriers, cerisiers sans aucun frein.

Il constata alors un fait pourtant évident qui lui avait échappé : les nombreux passereaux présents sur la jachère étaient inféodés aux prairies, pas aux arbres, aussi petits soient-ils. Le tarier-pâtre, vorace insectivore, se nourrit sur chardons et carottes sauvages, mais pas sur les arbres d'un verger. Ce qui manquait, c'étaient les verdiers, mésanges, pinsons qui auraient probablement été présents si une vieille haie avait bordé les plantations. Or, en son absence, ils n'avaient aucune raison d'être là.

L'allégorie de la disparition des mésanges

Le jardinier, qui s'interdisait l'emploi de tout traitement, choisit alors une stratégie radicale : il ne fit rien.

Plutôt que de lutter sans fin contre les nombreuses chenilles qui dénudaient les arbres simultanément, il partit du principe simple que celles-ci apparaissent en grand nombre au printemps précisément au moment où naissent les oisillons, et que leur abondance pourrait avoir un effet attractif pour des mésanges et autres passereaux arboricoles de passage. Le feuillage de l'ensemble des jeunes arbres fut intégralement dévoré, puis les chenilles disparurent, faute de nourriture, parce qu'elles avaient fini leur cycle, et parce qu'elles avaient également été en partie mangées.

Si cette année-là, les arbres durent refaire une seconde série de feuilles pour survivre, les années suivantes il n'y eut plus jamais d'invasions de ce type, les prédateurs des papillons et chenilles des arbres ayant trouvé en ce lieu le gîte et le couvert. En envisageant les interactions fines entre les espèces en présence – ou absentes –, le jardinier a résolu durablement une problématique qui aurait été récurrente s'il était frontalement entré en lutte contre ce qui était simplement en train d'émerger.

Du fonctionnement en holobionte

Aménager un jardin consiste à transformer un milieu préexistant de fond en comble. Qu'il soit friche, prairie, terrain vague, parking… ou jardin avant qu'on intervienne, ce qu'on va effectuer va modifier un état écologique provisoire issu d'un ensemble de facteurs. Ces différents facteurs peuvent être de divers ordres, mais principalement de deux types : conjoncturels, tels les usages, l'artificialisation, la mise en place d'une clôture ou d'un bâtiment ; et biologiques, telles l'introduction d'une nouvelle espèce, la destruction d'une autre ou encore la libre évolution d'arbres autrefois taillés. Agir interfère, qu'on le veuille ou non, sur les équilibres en place. Pour autant, il existe des façons de faire moins nuisibles ou périlleuses que d'autres.

La première d'entre elles – qui a ouvert cet ouvrage – consiste à *ne pas se précipiter pour agir*. Cette temporisation va alors permettre de se consacrer à la compréhension de l'*holobionte* auquel on prend part. Ce mot étrange venu du grec (*holo*, « tout », et *bios*, « vie »), inventé par la théoricienne évolutionniste américaine Lynn Margulis, définit un *supraorganisme* constitué par un être vivant hôte et l'ensemble des êtres vivants qu'il héberge.

Un être vivant et son microbiote, par exemple un chien, ses vers intestinaux et ses puces est un holobionte ; ou encore la communauté de polypes et les nombreux autres micro-organismes qui constituent le corail. Si les relations symbiotiques sont une des formes d'holobiontes, ce terme[1] concerne également les associations plus passives ou parasitaires comme on peut l'imaginer sans mal quand on considère un arbre et les très nombreux habitants qu'il accueille en permanence.

Pour le paysagiste, le jardinier ou le paysan, considérer chaque élément constitutif du paysage comme un holobionte à part entière, intégré à une autre échelle d'holobionte qui devient écosystème, est aussi utile que vertigineux. Si cela peut servir à rendre son approche la moins nuisible possible, à tirer un maximum de bénéfices des petits travailleurs du vivant qu'on trouve dans tous les ordres de grandeur, cela peut également s'avérer

1. Les définitions du terme Holobionte diffèrent selon les auteurs, et n'intègrent pas toujours les espèces hébergées au-delà de l'échelle microscopique. Voir notamment : « Holobionts and the ecology of organisms: Multi-species communities or integrated individuals? », Derek Skillings, *Biology & Philosophy, 31*(6), 875-892, 2016.

paralysant : on ne sait plus par où commencer lorsqu'il faut analyser une situation aussi complexe.

Le domaine socio-économique se structure aussi en holobionte

Cette complexité – et sa difficulté pour l'acteur de l'appréhender – se retrouve similairement à la ville. De manière intéressante, l'holobionte ne va pas obligatoirement impliquer des *espèces* distinctes, mais par exemple des interactions sociales entre divers groupes d'humains. Il comprendra aussi leurs échanges non seulement matériels, mais aussi symboliques. In fine, cet holobionte interagit avec le milieu naturel aussi.

Reprenons comme exemple d'objet social un entrepreneur, l'acteur qui crée de nouvelles activités dans le système économique et social. Une vision naïve tend à le présenter comme un héros individuel qui créerait de la valeur principalement par son génie. La réalité est bien évidemment beaucoup plus complexe, et revient à reconnaître une imbrication de cet acteur dans le système sociétal, ce que l'on doit alors considérer aussi comme un holobionte.

La meilleure manière d'appréhender concrètement les mécanismes sous-jacents à un holobionte socio-économique est le concept en économie *des externalités*. En général, on désigne par ce terme le fait qu'une activité économique produit un effet indirect, positif ou négatif, au-delà de ce qui est échangé entre le producteur et l'acheteur : par exemple, une activité manufacturière basée sur le pétrole peut induire une pollution dont l'impact sur l'environnement n'est pas pris en compte dans les coûts. On parle alors d'externalité négative.

Un autre exemple classique dans la littérature économique est une liaison de transport qui permet de connecter deux régions déconnectées, typiquement par un car-ferry, une autoroute, une ligne de train, etc. Une telle connexion va produire de la richesse en reliant les deux régions, bien au-delà de la valeur qu'elle peut extraire en vendant des billets aux individus qui l'utilisent. On parle alors d'externalité positive.

Pour bien apprécier la complexité des politiques d'infrastructure, il faut reconnaître que si l'ajout d'une liaison de transport est classiquement vu comme générant des externalités économiques positives, il peut aussi perturber l'environnement ou uniformiser les écosystèmes sociaux, générant ainsi également des externalités négatives.

Les externalités entrantes cruciales à l'entrepreneuriat

L'usage du terme externalité porte généralement sur l'aval, la sortie, d'un processus économique : classiquement, la construction d'une ligne de train, ou la vente d'hydrocarbures produisent des externalités sortantes, à savoir de la potentialité (positive) de transport ou le rejet (négatif) de pollution. Ces externalités ne se limitent néanmoins pas à l'aval du système de production. En effet, l'amont des processus est tout aussi intéressant, à savoir la possibilité d'externalités sur les éléments *entrants*, ce qu'on appelle aussi parfois des externalités de production[1]. Ce sont des facteurs qui ne sont pas non plus reflétés dans l'échange économique (prix d'achat

1. « The role of production factor quality and technology diffusion in twentieth-century productivity growth », Antonin Bergeaud, *et al.*, *Cliometrica*, *12*(1), 61-97, 2018.

et de vente), mais qui jouent pourtant un rôle dans la chaîne de valeur.

Revenons maintenant à notre réflexion sur l'entrepreneur. Certains pourraient considérer que sa réussite dépend simplement de son génie d'une part, et des simples facteurs de production pris en compte dans sa structure de coûts. Et pourtant, la situation est plus complexe. En effet, de nombreux éléments cachés concourent à l'émergence de l'activité, au-delà de ces facteurs explicitement mobilisés par l'entrepreneure. Par exemple, le simple fait d'avoir accès à du personnel qualifié, éduqué et en bonne santé, le tout à un coût raisonnable, fournit un avantage compétitif majeur. Savoir produire – à un niveau professionnel – un usinage de précision, une couture de luxe, un logiciel complexe ou une création artistique, toutes ces compétences sont *indisponibles* dans la plupart des endroits de la planète et dans la majeure partie de l'Histoire. La disponibilité de telles compétences tient du miracle, souvent sous-estimé par cet entrepreneur.

On peut ne voir qu'un acte de dépense quand il embauche du personnel présent dans son écosystème. En cela, on sous-estime alors la chance d'évoluer dans un contexte où ce type de ressource est juste... disponible ! À cet endroit précis, le travailleur a un prix « de marché », mais pour la plupart des autres entrepreneurs à d'autres endroits dans le monde, ou à d'autres moments, le coût pourrait être exorbitant, ou l'embauche juste impossible. Il faudrait en effet transporter ces personnes, ou, pire, créer une filière de formation et d'apprentissage. Le simple fait d'avoir la disponibilité de cette ressource humaine constitue une ressource en soi, une externalité entrante dont la pleine valeur n'est pas obligatoirement reflétée dans le prix de marché de ce travailleur.

Les districts industriels, holobionte de l'entrepreneuriat

Dans un environnement donné, telle une région agricole ou industrielle, ce raisonnement va porter sur de nombreuses ressources : par exemple, l'existence d'un état de droit, d'une infrastructure de transports, de système de santé ou de validation de la réputation des productions locales, etc. Toutes ces choses vont constituer des externalités entrantes, qui rendent une activité viable – ou même profitable – bien au-delà de l'équation économique officielle, qui ne se base que sur les coûts de production payants.

Ces miracles de l'environnement économique et social apparaissent systématiquement dans les *districts industriels* et expliquent pourquoi tant d'entreprises d'un certain type réussissent à un endroit et un moment, et pas ailleurs : pourquoi la Silicon Valley réussit-elle dans les technologies d'information à la fin du XXe siècle et fait émerger Google, et pourquoi dans la même période l'Italie du Nord produit-elle tant d'entreprises de mode à succès telles que Benetton ?

Ce sont bien les externalités entourant les entrepreneurs qui expliquent leur réussite collective au sein de leur cluster, avantagés par des facteurs qui résident au niveau de l'écosystème – l'éducation, la santé, les transports, etc. – et sont non explicitement pris en compte dans l'équation de production. Bien entendu, l'entrepreneur a une influence personnelle, ce qui est reflété par les variabilités de succès des individus dans un écosystème donné. Un écosystème qui réussit est ainsi un holobionte : une somme de contributions individuelles qui se combinent aux facteurs de l'écosystème, dans une boucle vertueuse. La reconnaissance de ces facteurs constitue les fondements de ce qu'on appelle l'approche *institutionnelle* de l'économie[1].

Le dilemme social de l'acteur dans son holobionte

Reconnaître l'holobionte socio-économique requiert une approche *holistique*, c'est-à-dire prenant en compte l'ensemble des interactions et des interconnexions entre les différentes parties d'un système, reconnaissant que chaque élément, aussi petit soit-il, contribue à la dynamique et à l'équilibre de l'ensemble. Dans les domaines socio-économiques, ceci est aussi difficile à appréhender cognitivement que moralement. Certes, les externalités sont parfois masquées par manque d'information. Mais souvent, elles sont ignorées par négligence volontaire, par manque de normes sociales pour inciter l'acteur à prendre en compte l'intérêt collectif.

Par exemple, considérons combien les politiques de délocalisation vers des pays à coûts faibles recèlent d'externalités négatives. En décidant de ne plus s'appuyer sur son tissu de fournisseurs proches, l'industriel contribue au délitement de son écosystème local. De plus, la délocalisation augmente la fragilité du système de production et la perte de souveraineté de la communauté nationale, avec l'augmentation du risque de décrochements massifs en cas de rupture des chaînes d'approvisionnement à cause de pandémies, évènements climatiques ou encore crises géopolitiques. Enfin, les chaînes d'approvisionnement tendent à générer des

1. Ronald H. Coase, « 1991 Nobel Lecture: The Institutional Structure of Production », *In* Winter et Williamson (dir.), *The Nature of the Firm: Origin, Evolution and Meaning*, Oxford, Oxford University Press, 1993.

pollutions dont les coûts environnementaux ne sont pas incorporés dans les prix des transports, faute d'accords internationaux.

Un industriel peut avoir des raisons légitimes de délocaliser, par exemple si ceci est requis spécifiquement pour servir un marché d'exportation, ou si la pression des coûts met en danger sa survie. Néanmoins, le système économique peut aussi inciter à des politiques de délocalisation basées principalement sur un profit personnel (des dirigeants, de l'actionnaire), sans que la situation l'ait réellement imposé, et au risque d'affaiblir tout l'écosystème dans lequel l'entreprise opère. Cette situation où l'acteur peut arbitrer entre son intérêt personnel et celui de sa collectivité constitue ce qu'on appelle un *dilemme social*.

Les communs, suspects chez Hardin

L'imbrication des multiples niveaux d'un système à travers de tels dilemmes (sociaux) est typique de la complexité. On la retrouve aussi dans les systèmes biologiques comme on l'a vu avec le comportement social des abeilles. Par évolution naturelle, le comportement individuel des abeilles a été modelé pour privilégier l'intérêt collectif de la ruche dans sa défense contre les prédateurs, et cela est parfaitement adaptatif.

Il ne s'agit pas ici de prôner une société humaine sur le modèle de la ruche. Mais, cet exemple biologique permet d'illustrer que les dilemmes sociaux se résolvent au bénéfice du bien commun de manière naturelle et fort répandue.

Il nous signale donc que certaines idées simplistes sont infondées. Tout d'abord, l'exemple de l'abeille contredit l'idée que l'évolution naturelle reviendrait toujours à privilégier *l'individu* le plus fort. Dans la réalité, un niveau holistique au-dessus de l'individu constitue tout autant un niveau d'adaptation évolutive[1]. Un système où les individus sont sélectionnés principalement pour leur capacité à contribuer au collectif, d'une manière ou d'une autre, peut être fort adaptatif.

Comme les abeilles, les humains sont capables aussi de mettre en œuvre de telles stratégies collectives. La transmission d'une telle capacité à choisir le bien commun – par exemple par le trait de caractère intitulé *prosocial* – résulte probablement à la fois d'un encodage génétique, d'une construction sociale, et de l'interaction de la génétique et de la culture[2]. D'ailleurs, comme on le verra plus en détail au chapitre *Résister à la tentation de surexploiter*, l'égoïsme n'est pas autant une caractéristique donnée de l'humain que certains aimeraient le croire[3]. C'est la capacité de comportements sociaux sophistiqués qui est d'ailleurs soupçonnée d'être un des

1. Dawkins s'est rendu célèbre en cherchant à savoir si c'est l'individu qui est optimisé ou si c'est chacun de ses gènes. La bonne réponse est que l'évolution opère à tous les niveaux, depuis le gène, jusqu'à l'individu et enfin au groupe social. L'évolution d'une espèce répond aux pressions évolutionnistes, parfois contradictoires : Richard Dawkins *et al.*, *Le Gène égoïste*, Caen, Mengès, 1976 [1978].

2. « Genetic and environmental contributions to children's prosocial behavior: brief review and new evidence from a reanalysis of experimental twin data », Ariel Knafo-Noam, *et al.*, *Current Opinion in Psychology, 20*, 60-65, 2018.

3. Il est démontré que la croyance en l'égoïsme est autoréalisatrice, à savoir qu'on devient plus égoïste quand on est exposé à la logique de l'égoïsme, par exemple quand on apprend les axiomes de la théorie économique classique : « Economics language and assumptions: how theories can become self-fulfilling », Fabrizio Ferraro, *et al.*, *Academy of Management Review, 30*(1), 8-24, 2005.

traits distinctifs d'*Homo sapiens* par rapport aux espèces d'hominidés précédentes.

Le présupposé de l'égoïsme et la difficulté à l'intégrer dans la vie sociale sont cristallisés par un concept proposé par Hardin en 1968, la *tragédie des communs*[1]. Le texte y expose une métaphore : celle d'une communauté qui laisserait un pâturage commun être utilisé par tous et qui verrait alors automatiquement celui-ci être épuisé par le comportement individualiste de chacun, abusant tous de cette ressource de manière égoïste. La préoccupation exprimée par Hardin va être récupérée d'un bout à l'autre du spectre politique. Certains le citeront pour insister sur l'idée qu'on ne peut faire confiance à une gestion collective, et donc que seule la *propriété privée* peut permettre un usage équilibré des ressources.

Les communs, centraux à la civilisation chez Ostrom

Pour les autres, l'interprétation est de remarquer que c'est bien l'absence *de gestion communale* de la ressource qui pose problème, que le fractionnement de l'espace par la privatisation n'est pas la seule solution. Ceci se décline pour la gestion de nos grands écosystèmes modernes, écologiques comme sociaux, qui tendent à être fractionnés par la privatisation. Ces écosystèmes complexes sont fondamentalement des biens communs, où chaque acteur bénéficie et génère des externalités.

La gestion des communs devrait alors y apparaître comme incontournable. Elinor Ostrom, présentée au chapitre précédent, poursuit cette ligne de pensée, suivant une longue tradition (Locke, Rousseau, etc.)

1. Garrett Hardin, *La Tragédie des communs*, Paris, PUF/Humensis, 1968 [2018].

qui promeut l'idée de politique et de culture des communs en particulier concernant notre interaction avec la nature[1]. Elle y explore comment gérer ces ressources collectivement et les mécanismes sociétaux à établir par la communauté afin d'atteindre une utilisation équitable et durable. Ses études suggèrent qu'une approche par les *communs* doit donner la primauté à la gouvernance de terrain et participative, plus à même d'en prendre en compte la complexité. Cela requiert évidemment aussi éducation, socialisation, mises en place de normes ou de conventions.

Dans cette perspective, considérer la vie sociale comme un holobionte fournit un modèle mental particulièrement réaliste. De plus, une telle conceptualisation garde à l'esprit la nature sociale de nos sociétés et donc le difficile impératif moral d'équilibrer l'intérêt individuel et l'intérêt collectif. Ceci est infiniment précieux si l'on souhaite gérer un écosystème, ou juste comprendre comment s'y inscrire au mieux.

À la ville tout comme au jardin, notre civilisation a survalorisé l'intervention causale des individus, masquant leur imbrication dans des holobiontes biologiques, puis socio-économiques, et finalement sociaux-écologiques. Pourtant, c'est bien par la combinaison lente, discrète et circulaire de facteurs que ces

---

1. Dans son développement d'une philosophie basée sur la gestion des communs, Olstrom promeut une troisième voie à la dichotomie idéologique du milieu du XXe siècle, entre l'économie de marché de l'école de Chicago d'une part et le communisme pratiqué en Union soviétique d'autre part. Son approche se distingue du communisme par la gouvernance locale, en ne rejetant ni le marché ni la propriété, et en favorisant l'expérimentation et la diversité des approches. Elinor Ostrom, *Governing the Commons: The Evolution of Institutions for Collective Action*, Cambridge, Cambridge University Press, 1990.

écosystèmes fonctionnent, et nous devrions élever les jeunes humains à aborder le monde ainsi...

Nous arrivons à la conclusion de cette partie portant sur la nature complexe de nos écosystèmes. Les concepts évoqués – pragmatisme, variété, marges, évolution, interactions, imbrications – ne sont pas si compliqués et chacun a pu déjà être exposé à leur richesse. Néanmoins, on constate qu'ils sont régulièrement ignorés par les acteurs, ces derniers privilégiant instinctivement des conceptions simplistes et linéaires, probablement plus confortables, au moins en apparence. Tout semble se passer comme si des forces psychiques ou culturelles empêchent l'acteur d'agir avec respect pour les complexités des écosystèmes. Dans la prochaine partie, nous allons nous intéresser à ce type de freins.

II

ÉCLAIRER (NOS ZONES D'OMBRE)

Avec quelque peine qu'on prendrait, l'ortie serait utile ;
on la néglige, elle devient nuisible. Alors on la tue.
Que d'hommes ressemblent à l'ortie !
Il ajouta après un silence : mes amis, retenez ceci,
il n'y a ni mauvaises herbes ni mauvais hommes.
Il n'y a que de mauvais cultivateurs.
Victor Hugo, *Les Misérables*

En tant qu'activistes, scientifiques, bricoleurs et ingénieurs de nos écosystèmes, nous sommes – l'un comme l'autre – formés à reconnaître et explorer la complexité, qu'elle soit biologique ou sociale. Lorsque nous intervenons sur de tels écosystèmes, nous sommes chacun régulièrement confrontés à une observation fascinante : lorsqu'ils agissent sur l'écosystème, les acteurs y amènent leur compréhension, mais surtout leurs peurs, ces limitations pragmatiques, atavismes, travers dont nous ne sommes pas nous-mêmes exempts.

En écologie, les acteurs sont les jardiniers, les agriculteurs, les urbanistes, les politiques, les chasseurs, les naturalistes, etc. Dans le domaine social, ce sont les gestionnaires, les entrepreneurs, les activistes, les responsables politiques, les entraîneurs, les parents, etc. Leurs réactions sont souvent étonnantes et parfois toxiques.

Celles-ci procèdent de logiques assez prévisibles, spécifiques non plus à l'écosystème, mais au seul fait d'être acteur, dans sa grandeur et ses limitations. Que ce soit au jardin ou à la ville, ces limitations vont constituer des zones d'ombre que l'acteur se doit de surmonter sous peine de dégrader son écosystème.

De nombreuses traditions philosophiques insistent sur ce type de démarche, depuis les stoïciens de l'Antiquité, à l'existentialisme de Sartre en passant par le confucianisme asiatique. Cette partie vise ainsi à ne pas occulter les nœuds possibles de notre rapport au monde, et à donner la possibilité de s'y confronter : à savoir que la sagesse vient d'abord de la reconnaissance de nos limitations !

Ainsi, ces prochains chapitres appellent à réfléchir à nos postures, à développer la capacité à reconnaître ces zones d'ombre, et à éclairer les fonds sombres de notre rapport au monde. Ceci nous sera indispensable ensuite, dans la dernière partie, lorsque l'on évoquera les modalités d'action positives.

Fuir les catégorisations en nuisibles et parasites

On a vu précédemment, au jardin, que les ravageurs (par ex., les larves de papillons) co-évoluent avec nos auxiliaires pour s'en défendre (par ex., les mésanges). Pour être fonctionnel, un écosystème doit accueillir aussi bien les espèces susceptibles de lui nuire que celles qui les régulent.

Au-delà des simples apparences, idées préconçues et connaissances potentiellement incomplètes, reconsidérons donc notre regard sur chaque espèce. Rares sont celles qui nous sont strictement nuisibles – si tant est qu'on puisse qualifier de « nuisible » une espèce au prétexte qu'elle nuit à la satisfaction de nos besoins ou envies, ou encore à notre idée d'un monde idéal. Par chance, les jardiniers sont de plus en plus nombreux à reconsidérer l'idée de *nuisance*, et à faire varier le curseur de leur tolérance vis-à-vis des dégâts ou des pertes causés par des espèces tierces.

Nuisibles ou pas ? Taupes, chauves-souris, limaces et géranium

Depuis de nombreuses années, la taupe, par exemple, ne fait plus l'objet de « destruction » – le terme cynégétique consacré pour la chasse et l'abattage des espèces dites « nuisibles » – systématique sous prétexte qu'elle détruit les rangs de légumes ou les gazons propres. Désormais, cet insectivore est aussi considéré pour son rôle de régulateur des invertébrés du sol, tels les vers blancs ou gris grands consommateurs de racines, qu'elles soient destinées à la cuisine comme les carottes et les navets, ou non. On lui reconnaît aussi, dans certains cas, une capacité à aérer des sols compacts, augmentant par là même la diversité bactérienne et la capacité à absorber les pluies et, d'une façon générale, à dynamiser la vie du sol.

Les chiroptères – les chauves-souris –, autrefois pourchassés pour leur aspect et parce que leurs déjections posaient des problèmes, sont quant à eux des chasseurs hors pair, éliminant des papillons nocturnes aux chenilles voraces, et autres désagréables moustiques. Selon l'INRAE[1], ces mammifères jouent dans les vignobles bordelais et bourguignons un rôle important dans le contrôle biologique des tordeuses de la vigne (eudémis, pyrale, cochylis). Ils contribuent aussi à la régulation de Drosophila suzukii, une espèce de moucheron asiatique apparue en Europe au début du siècle et considérée aujourd'hui comme très problématique pour de nombreuses cultures. À raison de 1500 à 3000 insectes consommés chaque nuit par une seule chauve-souris, on peut comprendre l'intérêt d'en tolérer les déjections dans les entrepôts, granges et greniers, et ce malgré le risque sanitaire inhérent.

Les limaces, mangeuses de feuilles très tendres de début de saison, sont pour beaucoup propagatrices des champignons « utiles » du sol, et consomment en parallèle des champignons pathogènes – tel

1. Institut national de recherche pour l'agriculture, l'alimentation et l'environnement.

l'oïdium, le « blanc » des rosiers – sans contribuer à leur diffusion.

Il en va de même pour les plantes, et nombreuses sont celles qui ont injustement fait l'objet de campagnes de destruction systématique avant que l'on comprenne comment tirer bénéfice de leur présence. Le Géranium Herbe-à-Robert en est un bon exemple. Cette plante annuelle s'installe dans tous les recoins nus du jardin, les interstices entre les pavés, les bordures, dans les pots, et se ressème avec une grande efficacité pour conquérir tous les sols exempts de végétation. De fait, pour « faire propre », le jardinier avait coutume de l'arracher sans relâche, d'autant plus que ses fruits se transforment en minuscules catapultes qui projettent ses graines à plusieurs mètres de distance quand on effleure ses fins fruits mûrs. Or, c'est une plante résistant très bien à la sécheresse et dont les besoins en nutriments sont négligeables ; elle n'est donc pas une grande concurrente pour tout ce qui se développe plus haut qu'elle. Mieux : elle protège le sol de l'échauffement et de la sécheresse, le nourrit en fin de saison en s'y décomposant, et orne le jardin de ses jolies fleurs roses et de son feuillage marqué de grenat aux vertus médicinales.

Les vrais dommages dérivent des déséquilibres de l'écosystème

Il ne s'agit pas d'idéaliser la relation que le jardinier peut avoir avec les diverses espèces non désirées ni de nier les nuisances réelles que peuvent subir un jardin, un élevage ou des cultures. Les dommages sont réels lorsqu'arrive une nuée de criquets, un loup dans un troupeau de moutons ou une famille de mulots dans des semis de fèves ou de haricots supposés nourrir une famille d'humains. Mentionnons également les populations de sanglier, dont les effectifs ont explosé en cinquante ans à la faveur d'une gestion cynégétique catastrophique (la régulation revendiquée par les chasseurs ayant plutôt consisté en un élevage à ciel ouvert) et de l'agriculture industrielle et ses parcelles immenses. Ces facteurs ont contribué à ce que les sangliers fassent des dégâts parfois considérables sur les cultures, mais également à ce qu'ils nuisent au renouvellement forestier et même directement à une partie de la faune sauvage[1].

La culture, l'élevage, le jardinage étant des ruptures dans le continuum naturel de la succession et de la régulation des espèces, certaines sont empêchées d'y jouer leur rôle habituel.

Pourtant chaque espèce a vocation à jouer un rôle dans l'écosystème, rôle qu'il est parfois difficile d'apprécier : pour le loup, cela consiste à prélever les animaux vieux, très jeunes, faibles ou malades, et ainsi limiter la diffusion des maladies et réguler le nombre d'herbivores ; pour le mulot, c'est d'ensevelir des graines qui germeront et diversifier le peuplement végétal ; même les nuées de criquets pèlerins jouent leur rôle, en empêchant l'accroissement de la végétation dans la savane et en fournissant une manne alimentaire exceptionnelle pour les oiseaux insectivores. Que dire encore du renard, et ses quelque trois mille petits vertébrés dévorés par an, dont la majeure

1. Avec une population qui est passée d'environ 50 000 à 1 000 000 depuis 1970 (soit une multiplication par 20 à l'échelle de la France, avec des disparités selon les territoires), en ayant colonisé des espaces où autrefois on ne le trouvait pas, comme des altitudes supérieures à 3 000 m et des parcs publics, on peut comprendre que cela impacte négativement l'ensemble des milieux, où l'animal était jusqu'à un passé récent rare et discret. Pour une synthèse de la situation, lire : « L'humain a créé les conditions de la surpopulation de sangliers », Laure Cailloce, *CNRS, le journal*, 2023.

partie est constituée de rongeurs… considérés comme nuisibles à l'agriculture ou susceptibles de propager les tiques diffusant la maladie de Lyme, par exemple ?

Ainsi recontextualisés, les dommages subis peuvent n'être lus que comme la démonstration que l'intervention humaine sur le milieu est d'autant plus vulnérable qu'elle est étendue et uniforme. Et qu'elle a pour conséquence de transformer des interactions fluctuantes non problématiques en problèmes qui ne sont généralement que ceux de l'espèce humaine, piégée par la dépendance aux aménagements qu'elle a créés.

Des précautions à évoquer les nuisibles sociaux

Le jardinier a donc un rejet instinctif de ce qui va être appelé de manière péjorative des « nuisibles », des « parasites », ou de la « vermine ». Cette pulsion est mal placée, et constitue ainsi une ombre que l'acteur doit réussir à surmonter pour mieux apprécier son écosystème. Fort heureusement, les perceptions et pratiques évoluent constamment, cette pulsion ayant été un peu rééquilibrée par une meilleure compréhension du rôle de toutes ces espèces qui étaient traditionnellement vues comme nuisibles, tels le renard, les rapaces, le loup, le requin et, plus récemment, le castor et son rôle d'ingénieur hydrologue réduisant les risques de sécheresses et d'inondations graves, plutôt que de saboteur de cours d'eau et de boisements[1].

Si l'on décale le regard vers les acteurs du système social, la bascule métaphorique requiert d'infinies

1. « Dam builders and their works : Beaver influences on the structure and function of river corridor hydrology, geomorphology, biogeochemistry and ecosystems », Annegret Larsen, *et al.*, *Earth-Science Reviews, 218*, 103623, 2021.

précautions, car de tels mots (nuisible, parasite, etc.) y sont automatiquement beaucoup plus lourds de sens. Néanmoins, cette exploration est nécessaire, car les acteurs y ont similairement de mauvais réflexes. Fort heureusement, ces expressions apparaissent peu, ne serait-ce parce que la bienséance impose de masquer les mots qui trahissent de la défiance ou du mépris.

Soyons donc très clairs : étendre au social le difficile rapport du jardinier à ses nuisibles vise à identifier des pulsions instinctives qui pourraient exister dans le domaine social, à les reconnaître, à les dénoncer et à ainsi contribuer à les dominer. Idéalement, on viserait à les faire évoluer jusqu'à la bienveillance, si ceci était possible.

Le fait que certains groupes sociaux puissent en percevoir d'autres comme des nuisibles – avec tout ce que cela peut comporter de mépris dangereux – est justement ce sur quoi l'acteur doit travailler. Une telle réflexion a vocation à faire évoluer des représentations souvent instinctives, d'autant plus toxiques qu'elles tendent à se camoufler derrière un langage de convenance…

Dans les contextes sociaux, le cas le plus évident d'une telle pulsion est de considérer l'étranger à une société comme étant un parasite, en particulier dans sa phase d'arrivée, le migrant. Une telle *xénophobie* est malheureusement omniprésente dans les groupes humains, sous différentes formes, tout au long de ce qu'on connaît de l'histoire humaine. Nous ne nous y attarderons pas, au regard de l'immense littérature de sociologie politique qui documente extensivement ce phénomène et les arguments pour s'y opposer. D'ailleurs, nombre d'autres catégorisations sociales déclenchent la perception d'un parasitisme social, par exemple envers les chômeurs, les bénéficiaires d'aides sociales ou encore les sans-domiciles fixes, ces phénomènes de rejet instinctif étant eux aussi fort documentés par ailleurs.[1]

De la perception de parasitisme au sein d'organisations : les syndicats

Dans un but de simplification, et pour ne pas stigmatiser une population en particulier, focalisons-nous plutôt ici sur une telle pulsion de parasitisme dans un contexte moins évident, celui de la relation entre les dirigeants d'entreprises et les représentants du personnel, les syndicats. Cet exemple est, de plus, facile à transposer dans les autres strates et situations de la société, sans avoir à beaucoup pousser l'allégorie ni la métaphore.

En France, les syndicats sont non seulement requis par la loi, mais supposés participer à une forme de cogestion. Aux États-Unis, cette cogestion n'existe pas dans l'esprit de la loi, alors qu'en Allemagne, la cogestion est centrale à la culture industrielle moderne.

Le concept de syndicat déclenche des réactions variées selon les interlocuteurs. Officiellement, les dirigeants ont appris à reconnaître publiquement l'utilité des syndicats. Et de nombreuses entreprises et de nombreux cadres ont effectivement une attitude constructive et moderne vis-à-vis des syndicats. Mais au tréfonds de nos cultures managériales, la chose reste compliquée.

Très vite, en privé, beaucoup avouent qu'ils voient les syndicats principalement comme un problème, comme des empêcheurs de tourner en rond. Ceci se concrétise sous des formes variées, y compris par des verbalisations où les syndicats sont labélisés comme du parasitisme

---

1. Andreas Musolff, *Immigrants and Parasites: The History of a Bio-social Metaphor*, In Messer *et al.* (Eds.), Migrations: Interdisciplinary Perspectives, Vienne, Springer Vienna, 2012.

social inutile, qu'un monde idéal aurait éliminé. Qu'une bonne situation de gestion serait une situation sans syndicat, d'une manière aussi ingénue que de considérer qu'un bon jardin serait débarrassé de ses pucerons !

Parfois, la réticence vis-à-vis des syndicats est subtilement exprimée, se drapant dans une argumentation juridique où l'on s'en tient aux multiples *obligations* d'information et de consultation, que l'on va faire a minima... et on en oublie que ces mécanismes avaient vocation à réellement impliquer les représentants du personnel dans la gestion de l'entreprise. Le chef d'entreprise traite son Conseil social et économique (le CSE[1]) parfois comme un agriculteur un peu hypocrite qui vanterait les mérites de ses abeilles butineuses, mais ne remettrait pas en cause sa politique phytosanitaire et ne se préoccuperait pas de l'absence d'un large spectre d'insectes sur son territoire.

Ainsi, la plupart du temps, le malaise des dirigeants se camoufle dans un discours récurrent sur les lourdeurs du droit du travail, et par le juridisme de la relation au CSE. Même si c'est discret, la perception des syndicats comme étant nuisibles à la vie économique est prononcée dans l'encadrement en France[2]. Certains suggéreront légitimement de se questionner sur les préjugés ou même les idéologies qui peuvent aussi exister chez les

1. Le CSE est l'organe de cogestion d'une entreprise, prévu par la loi. Il résulte de la fusion de l'ancien Comité d'Entreprise (CE), connu pour ses prestations sociales et son rôle consultatif dans les grandes décisions de l'entreprise, le Comité Hygiène et Sécurité (CHSCT) et les délégués du personnel (DP).

2. On pourra consulter par exemple l'article suivant, qui analyse précisément combien les cadres peuvent avoir une opinion beaucoup plus négative des syndicats que le reste de la population. « Diversité et évolutions des attitudes des salariés à l'égard des syndicats en France », Tristan Haute, *Travail et emploi*(164-165), 137-160, 2021.

syndicalistes envers les patrons. Ceci est d'autant plus vrai qu'une fois dégradée, une relation peut donner lieu à des *a priori* négatifs des deux côtés d'un conflit.

Par simplicité d'exposition, et parce que l'un d'entre nous a l'habitude de travailler avec des dirigeants – et spécifiquement sur ces sujets – nous nous focalisons ici plutôt sur cette population. Intellectuellement, la démarche inverse (se questionner sur la posture des syndicats vis-à-vis du patronat) serait probablement fertile aussi, et certains syndicats se prévalent plus que d'autres d'en avoir fait un point de méthode, ce qui mériterait une réflexion tout aussi fouillée.

Performativité de la défiance

Abordons donc le problème du préjugé que le patronat peut avoir vis-à-vis des syndicats, les voyant potentiellement comme des adversaires, voire des ennemis. Malgré l'esprit de cogestion de la loi française, le problème perdure, étant ancré dans les instincts tout autant que la culture et les pratiques. Tout comme au jardin, la négativité vis-à-vis de ce qu'on perçoit comme des nuisibles devient alors *performative*, c'est-à-dire qu'elle va tendre à se réaliser. Aborder une partie prenante d'une organisation dans un présupposé de conflictualité tend évidemment à… créer de la conflictualité.

De manière plus précise, dans le bestiaire des idées à combattre, on observe souvent une croyance par laquelle les syndicalistes seraient incapables de comprendre les besoins de l'entreprise, ou carrément hostile à son intérêt – souvent exprimée en termes à peine voilés dans certains journaux économiques et conservateurs. Ceux-ci ne cachent pas leur mépris vis-à-vis de certaines grandes centrales syndicales, ou encore ils s'extasient sur la proverbiale *sous-représentativité* des syndicats en France.

La réponse aigre-douce est évidemment qu'on a les syndicats et les interactions qu'on mérite...

En effet, il y a une conséquence perverse à traiter les syndicalistes comme un obstacle à la vie de l'entreprise et à ne pas leur donner l'espace qu'ils devraient avoir. L'image de syndicaliste est dans ce cas ternie, associée à la chicane, ce qui mécaniquement diminue les candidatures d'individus de qualité qui pourraient avoir juste envie d'améliorer la vie de l'entreprise. Faute d'un nombre suffisant de candidatures suffisamment diversifiées ou qualifiées, on accroît le risque que certains se fassent élire avec comme seule motivation celle de profiter individuellement de la protection accordée par la loi. Ceci peut ainsi avoir pour conséquence l'augmentation de la part des élus syndicaux qui se désintéressent de l'intérêt commun et la diminution de ceux qui sont formés et motivés à assumer un rôle collectif complexe et de qualité...

À court terme et dans une entreprise en bonne santé, le problème est mineur. Mais cette situation devient dramatique quand l'entreprise traverse des périodes difficiles, car le patron a alors besoin de consulter, d'obtenir des accords, de faire émerger des solutions en remettant en question l'organisation. Le stress de la situation implique évidemment une conflictualité, qui mériterait alors d'être bien structurée. Avoir discrédité la représentation syndicale va alors contribuer à des grèves dures, ou à l'incapacité pour l'organisation de se renouveler, faute de mobiliser l'intelligence et la motivation du personnel. À la fin, chaque partie perd, par le dépôt de bilan pour les uns et par le chômage provisoire ou la perte d'emploi pour les autres.

Dépasser la perception de nuisance en acceptant la complexité

Cet exemple illustre, dans le contexte social, l'émergence d'une perception de nuisance, ici par la crainte d'un contre-pouvoir. Dans l'autre exemple canonique, vis-à-vis de l'étranger ou du migrant, la perception de nuisance émerge par la crainte d'un parasitisme ou de la peur d'être envahi.

Ainsi, on retrouve à la ville les mêmes motifs fondamentaux que ceux qui crispent l'humain au jardin : le fantasme de contrôle et de productivité, impliquant un antagonisme instinctif vers toute entité pouvant perturber ou amoindrir les bénéfices attendus de l'écosystème. Dans de nombreux autres domaines, on va retrouver cette zone d'ombre chez les acteurs en charge d'un écosystème social, par exemple en politique, entre un parti au pouvoir et son opposition, ou à l'école, entre les enseignants et les parents.

Pourtant, l'Histoire, la loi, la culture nationale ou la morale suggèrent d'accueillir les contre-pouvoirs et de partager la richesse avec beaucoup plus de bienveillance, au point de l'inscrire dans la Déclaration des Droits de l'Homme et du Citoyen, ou aux frontispices des mairies.

Au jardin comme à la ville, la source de ce biais, de cette ombre, est similaire. L'acteur aborde son domaine (un jardin, une entreprise, etc.) comme un processus de production où l'on injecte de bons intrants (de l'eau, des nutriments, du capital, etc.) afin d'accomplir linéairement un objectif productif ou constamment satisfaisant (enrichissement, confort, sécurité, esthétique, productivité alimentaire…). Toute *perturbation apparente* de ce processus est alors perçue comme nécessitant une action correctrice, si ce n'est une action punitive. Dans ce modèle, l'acteur est *impatient*, peu curieux des complexités, et va donc régulièrement développer une réaction d'agacement face à des phénomènes ressentis ou injustement identifiés comme nuisibles, car apparemment non directement productifs pour satisfaire ses objectifs réels ou fantasmés.

Le remède de fond à cette zone d'ombre est d'aborder son système non plus instrumentalement, linéairement et par le contrôle, mais plutôt de développer une appréciation réelle pour la complexité du système dont on accepte la charge. En écologie, on parlera d'approche *holistique*, dans les systèmes sociaux de *gouvernance*, dans les deux cas signalant le besoin de naviguer la multiplicité des pouvoirs.

Cela ne signifie pas que l'acteur n'a pas de légitimité à atteindre des objectifs. L'instrumentalité du rapport au jardin, du rapport à un groupe social, est légitime tant qu'elle n'est pas envahissante. Il s'agit juste de trouver un équilibre respectueux entre les objectifs productifs et l'appréciation holistique de l'écosystème.

À la ville comme au jardin, il convient donc de ne pas confondre altérité des besoins, déprédation, parasitisme et ravage. L'individu ou l'entité qui vient en apparence contrevenir à notre productivité, à nos objectifs précis quels qu'ils soient, n'est pas systématiquement un ennemi dont l'objectif est l'éradication d'autres espèces. Dans un milieu équilibré, même fluctuant, il n'a, *a priori*, aucun avantage à voir disparaître ce qui le nourrit, ou ce qui héberge ce qui le nourrit. Là comme ailleurs, il s'agit une fois de plus pour l'acteur d'adopter une posture plus empreinte d'humilité, et plus encline au partage des ressources, du pouvoir, des bénéfices.

Accepter l'échec et la mort

Machiavel avait bien observé un fait qu'il avait exprimé par ces mots : « Je conclus donc que la nature change et que les hommes sont entêtés ; quand leur comportement s'accorde avec les nécessités du moment, ils sont heureux en affaires ; sinon c'est le désastre »[1]. Cette sagesse observée à la ville s'applique aussi bien au jardin.

Perdre et reculer en Champagne crayeuse

La Champagne pouilleuse (ou crayeuse), dans le département de la Marne, était jusqu'au milieu du XXe siècle une région agricole peu prospère, où la lande se disputait le territoire avec les vergers et les forêts de pins noirs plantées sous l'impulsion de Napoléon III. On y vivait principalement de l'élevage du mouton et du pastoralisme, de l'arboriculture fruitière – et du cidre – et des métiers de la forêt. Le Plan Marshall qui suivit la Seconde Guerre mondiale apporta des solutions techniques nouvelles qui permirent de rendre ces sols secs et pauvres plus fertiles grâce à des apports massifs d'engrais et d'argile et à la mécanisation arrivée d'outre-Atlantique.

---

1. Niccolo Machiavelli, *Le Prince*, Paris, Univers Poche, 1553 [2019].

Petit à petit, tout ce qui faisait les spécificités de ce territoire, avec des modes de vie adaptés au milieu, disparut. On arracha les vergers, on vendit les derniers moutons, on exploita les forêts de pins peu rentables, majoritairement sans renouveler le massif, et l'on convertit la lande, peuplée de sa flore typique et adaptée, en de vastes étendues de céréales qui permirent aux agriculteurs de considérablement améliorer leurs conditions de vie. Le paysage, simplifié à outrance, devint l'un des plus productifs de France, puis l'archétype du désert agricole d'où disparurent en même temps une multitude d'espèces sauvages indigènes et la majorité des paysans au profit d'exploitations très étendues[1].

En matière de Nature, la facture se paye en différé. À l'aube du XXIe siècle, le territoire subit les conséquences de sa transformation drastique plusieurs décennies plus tôt. Celles-ci sont nombreuses : rivières et nappes polluées se rechargeant mal, grande vulnérabilité aux effets du dérèglement climatique et de l'érosion de la biodiversité, stagnation puis baisse constante des rendements, exode rural, érosion de la matière organique, choc du coût des matières premières agricoles, soumission aux marchés mondialisés sont une partie de l'héritage de ce changement.

À ce stade, la sagesse supposerait de faire machine arrière, en renouant avec des pratiques strictement en adéquation avec le milieu. Pour autant, parce que cette décision aurait dû être prise il y a bien longtemps, les difficultés pour y parvenir sont beaucoup plus grandes, notamment plus coûteuses, et les solutions d'autant plus rares que le milieu d'origine est désormais dégradé.

1. À ce sujet, voir le documentaire *Tu nourriras le monde*, réalisé par les agronomes Floris Schruijer et Nathan Pirard (2022).

Savoir perdre à temps et apprendre de ses erreurs est prépondérant lorsqu'on travaille avec le Vivant. L'échec est un enseignement précieux, un indice de la pertinence de nos choix et un rappel à l'indispensable humilité dont doit faire preuve tout jardinier, paysagiste ou gestionnaire d'espaces verts, de réserves naturelles ou de parcellaires agricoles.

Perdre pour avancer grâce aux scolytes

Parfois, il peut être nécessaire d'aller encore plus loin dans l'acceptation de la défaite, et savoir là aussi y trouver un avantage de long terme.

La monoculture d'arbres a abouti à une vulnérabilité inouïe des massifs forestiers, largement aggravée par les effets du réchauffement climatique et l'érosion de la biodiversité. Ces larges plantations d'une unique essence, voire d'une unique variété, diffèrent autant de la forêt qu'un gazon anglais diffère d'une prairie sauvage.

L'une des espèces les plus plantées, l'épicéa commun, subit de plein fouet ces fléaux. Un tout petit insecte – le scolyte – décime les arbres de cette essence et d'autres conifères par millions dans le pays[1]. Favorisé par le réchauffement climatique qui affaiblit les arbres et les monocultures forestières, il s'est répandu comme une traînée de poudre. Entre 2019 et 2022, pour le seul département du Jura, environ 80 % des arbres exploités étaient déjà morts au moment de leur abattage. Ceci constitue une hécatombe dramatique et un énorme

1. Pour plus de détails, lire : « Situation et gestion de la crise liée aux scolytes de l'Épicéa commun fin 2021 dans l'est de la France, en Suisse et en Wallonie », François-Xavier Saintonge, *et al.*, *Revue forestière française,* 73(6), 619-641, 2022.

manque à gagner pour les exploitants, tout le monde étant perdant dans cette affaire.

Dans le même temps, les mégafeux – néologisme qualifiant les gigantesques incendies accompagnant le réchauffement climatique et l'industrialisation de la sylviculture – ravagent les boisements de nombreuses régions forestières, la sécheresse de l'air étant le facteur principal de leur survenue et de leur expansion. À la différence des feux de forêt « traditionnels », qui pour beaucoup font partie du cycle du vivant depuis la nuit des temps dans certaines régions, ces mégafeux ont des dimensions dantesques, et donc des conséquences bien plus graves qu'un incendie qui se propagera tout au plus sur quelques dizaines d'hectares avant d'être limité par des facteurs environnementaux tels que rivières, marais, changements de végétation. Par leur ampleur, ils peuvent transformer durablement une région entière, la soumettant à une forte érosion des sols, à la chaleur et à la sécheresse tout en y détruisant une biodiversité qui mettra des années, voire des siècles, à se reconstituer. Et ils mettent en danger les populations humaines, par les intoxications liées aux fumées, les effets du feu lui-même, et la destruction de l'habitat, des infrastructures et des conditions d'habitabilité. Ce sont également autant de précieux puits de carbone qui se volatilisent, avec des conséquences impitoyables en matière de climat.

Revenons maintenant sur la dévastation par les scolytes des conifères plantés massivement pour la sylviculture industrielle et tentons d'y trouver des vertus. Car si le bois mort est un combustible de choix, un arbre mort est également en mesure de stocker énormément d'humidité sur un temps très long pouvant largement dépasser plusieurs mois. À la faveur des champignons, des invertébrés, des micro-organismes et de tout un cortège d'espèces propres à chaque secteur, le bois va progressivement devenir poreux, puis se comporter comme une éponge, voire comme un réservoir. Chargé d'eau, de champignons et de mousses eux-mêmes chargés d'eau, le bois mort va également contribuer au refroidissement et à l'humidification de l'air, modifiant le climat local comme le sol par la restitution progressive de l'eau. Mais ceci n'est possible que si la proportion de bois mort dépasse les 20 % du volume total de bois présent dans le boisement. En deçà, il sera avant tout un combustible : petites branches, rameaux secs, et fragments sont de véritables mèches ou allume-feux, les morceaux de bois mort plus gros alimentent le brasier, mais de grandes quantités de bois mort humide vont au contraire atténuer l'embrasement, envoyer de la vapeur d'eau dans l'air lorsqu'elles sont chauffées, mal ou ne pas se consumer. Le tout en contribuant à rendre le milieu lui-même plus humide[1]. Par chance, une bonne partie des épicéas morts ne pourront pas être exploités, et participent à approcher de cette proportion salvatrice.

Dans la forêt des Landes, les incendies ont récemment fait des ravages terribles parmi les pins plantés en rangs d'oignons – issus là encore des programmes d'enforestation de Napoléon III, poursuivis ensuite en sylviculture. Leur destruction par le feu laisse la place à certains endroits à un reboisement spontané beaucoup plus diversifié et comportant une part non négligeable de feuillus de moindre valeur économique – en tout cas dans le cadre de la sylviculture industrielle et de l'industrie du bois actuelles.

En remplacement d'un boisement habituellement constitué uniquement de résineux, ces cortèges d'essences plus variés sont susceptibles d'être de bien

1. Au sujet des dynamiques des mégafeux et de l'importance de la biomasse, lire : « The Proximal Drivers of Large Fires: A Pyrogeographic Study », Hamish Clarke *et al.*, *8*, 2020.

meilleurs freins face aux incendies en produisant quantité de bois mort par la succession des espèces à mesure que la forêt se crée. Les essences nobles succédant aux pionnières, les espèces d'ombre à celles de soleil jusqu'à ce qu'un arbre tombe, et ainsi de suite, réduisant température et sécheresse au sein du milieu et produisant par la même occasion le précieux humus forestier propre à accueillir les arbres suivants. Après un incendie, si le sol n'a pas été trop dégradé par le feu lui-même ou l'érosion par les pluies, ces nouveaux peuplements bénéficieront de plus des cendres fertiles de leurs prédécesseurs.

Comme le dit l'expression populaire, « mourir fait partie de la vie ». Ce n'est nulle part plus vrai qu'en forêt. Cette idée peut être séduisante et évidente philosophiquement. Encore faut-il que le jardinier apprenne à l'accepter. En effet, son rapport pragmatique et instrumental au monde lui fait souvent croire qu'il a un mandat à accomplir en une seule étape, rapidement, sans anicroche, vers le résultat attendu.

De la difficile acceptation de la mort dans les cultures humaines

La mort, l'échec, qu'ils nous soient imposés par l'adversité ou le temps, constituent culturellement et émotionnellement une charge pour presque tous, que l'on soit au jardin ou à la ville. Dans le domaine social, si les disparitions peuvent avoir des implications bénéfiques – telles la possibilité d'expérimentations et l'évolution par itérations successives[1] comme on le verra dans des chapitres ultérieurs – elles déclenchent de prime abord des résistances importantes.

1. L'itération est une répétition d'un type particulier, conçue pour améliorer progressivement quelque chose.

Certes, de nombreuses spiritualités et philosophies acceptent la perte de l'humain, l'insérant dans un grand cycle de la vie comparable à celui d'un jardin. Les religions abrahamiques (judaïsme, christianisme, islam) ont une acceptation conditionnelle de la mort, la voyant comme une transition nécessaire, mais souvent associée à une forme d'épreuve spirituelle signalant un attachement à la vie terrestre. L'acceptation de la mort est parfois plus forte encore dans certaines traditions asiatiques, tels le bouddhisme ou le Tao, ou dans des traditions indigènes africaines ou amérindiennes. Souvent, les rites funéraires associent même de la joie au départ d'humains vers l'autre monde.

Néanmoins, nombre de cultures conçoivent un distinguo fort entre la disparition de l'humain et la disparition des éléments du monde qui l'entoure : le fait même de sanctifier la mort des humains, par exemple par l'existence de sépultures, est d'ailleurs considéré en paléontologie comme un marqueur de l'émergence de l'humanité.

Dans les cultures occidentales, la perte de l'être humain est un tabou, fortement associé à la tristesse, tabou millénaire renforcé depuis deux siècles par l'esprit des lumières et ses notions étendues de *droits humains*. Si nous devons nous réjouir de la sanctification de la vie humaine, la peur de la disparition peut avoir néanmoins des conséquences problématiques.

De l'échec en psychologie et sociologie

Les systèmes sociaux se nourrissent tout autant de dynamiques d'échecs que les écosystèmes biologiques. La centralité de cette dynamique est telle que l'on peut construire un cours entier de management sur ce thème de l'échec, recouvrant des problématiques de psychologie humaine, de leadership, de dynamiques industrielles, etc., toutes illuminées par la reconnaissance du rôle important de l'échec[1]. La difficulté à former sur un tel thème n'est pas dans la compréhension intellectuelle, mais dans la gestion des réactions émotionnelles qu'il implique sur le terrain. Les praticiens des systèmes sociaux - les gestionnaires, politiciens, activistes, etc. - comprennent tous l'échec, mais sa possibilité déclenche une pulsion négative, une hésitation, un rejet, une peur du regard de l'autre ou de l'incapacité à s'en remettre.

L'évitement de l'échec et de la perte procède de mélange d'instinct et de culture. Pour ce qui est d'instinct concernant la perte, considérons les enseignements de l'économie comportementale, la science popularisée par le prix Nobel attribué à Daniel Kahneman en 2002. Elle repose sur une série d'études dont un des piliers est la *théorie des perspectives*[2] qui identifie que l'on ne réagit pas de la même manière à un problème selon qu'il est présenté comme une perte ou comme un gain. Comme dans la métaphore du verre *à moitié vide* ou du verre *à moitié plein*, une même situation sera perçue différemment selon sa présentation en négatif ou en positif. Et de manière assez étonnante, le cerveau va souvent ne pas reconnaître l'équivalence entre les deux présentations, et agir de manière différentiée selon qu'il perçoit la situation en perte plutôt qu'en gain, avec des conséquences différentielles importantes et pourtant injustifiées.

---

1. Un tel cours sur l'échec a été expérimentalement donné par Fabrice Cavarretta à l'ESSEC dans les années 2010. On en retiendra que, en parfaite application des principes qui y étaient enseignés, l'expérimentation a été pragmatiquement terminée quand il est apparu que ce cours n'était pas un succès.

2. « Prospect Theory: An Analysis of Decision under Risk », Daniel Kahneman et Amos Tversky, *Econometrica, 47*, 263-291, 1979.

Pour ce qui est de l'influence de la culture, remarquons que la théorie de la perspective illustre combien on peut facilement manipuler l'humain pour lui faire voir une chose en perte plutôt qu'en gain, pour une même situation donnée. La vie humaine procède de ce qu'on appelle une *construction sociale*[1], c'est-à-dire qu'une bonne part de nos perceptions du monde, en particulier dans le domaine social, n'ont pas de base objective, mais dérivent plutôt d'une compréhension partagée et plutôt subjective. Les notions de gain ou de perte, d'efficacité ou d'inefficacité sont souvent socialement construites, car la plupart des performances des humains modernes sont jugées par le système social qui les entoure (diplôme, emploi, objectifs professionnels, patrimoine, etc.).

Ainsi, nous vivons dans un monde où la notion de gain/perte nous est suggérée par la culture, avec des conséquences différentielles importantes. Par ailleurs, de telles asymétries ont aussi des bases psychologiques instinctives[2] qui contribuent à ce qu'on appelle la *rationalité limitée* de l'humain[3].

Cette limitation de la rationalité va significativement gêner l'acteur, créant des problèmes cognitifs, émotionnels et organisationnels, car il aura souvent tendance à éviter des situations perçues en perte… là où cela ne

---

1. Peter L. Berger *et al.*, *La Construction sociale de la réalité*, Paris, Méridiens Klincksieck, 1966 [1994].

2. Ces phénomènes sont très présents dans la littérature sur les cognitions sociales, par exemple ce qu'on appelle *l'erreur fondamentale d'attribution*, quand le cerveau attribue à un phénomène des explications différentiées selon qu'il s'applique à moi ou à un autre, et selon que la situation constitue une perte ou un gain. Voir : Susan T. Fiske et Shelley E. Taylor, *Social Cognition*, New York, McGraw-Hill, 1991.

3. Herbert A. Simon, *Administrative Behavior: A Study of Decision-Making Processes in Administrative Organizations* (3e ed.), Free Press ; London, Collier Macmillan, 1947.

se justifierait pas. Nous allons illustrer ce problème en considérant les différentes manières d'aborder *l'innovation*, un mécanisme présent non seulement dans les organisations industrielles et commerciales, mais aussi dans différentes institutions humaines telles que l'administration, l'armée, ou la société civile.

L'innovation se construit sur des échecs

Le phénomène d'innovation a été beaucoup étudié, car il est central au progrès technologique si prégnant dans notre modèle industriel. L'innovation est souvent naïvement conceptualisée comme un acte héroïque d'un acteur bien identifié, comme quand le grand public imagine les ruptures apportées par Thomas Edison ou par Steve Jobs, les emblématiques fondateurs d'Edison et d'Apple, associés respectivement à l'avènement de l'ampoule électrique et de l'iPhone. Se basant sur de telles représentations, ceux qui cherchent à innover vont imaginer qu'on doit identifier un problème important et travailler à le résoudre par des attributs « disruptifs » qui mènent alors au succès.

La réalité des processus d'innovation est totalement différente, certains détails des histoires emblématiques d'innovation suggérant un tout autre processus. Par exemple, Dyson, l'inventeur d'un nouveau type d'aspirateur à tourbillon, a débouché sur son innovation en produisant et testant... 5 000 prototypes. Cette information peut sembler valider l'héroïsme obstiné de l'inventeur.

Ceci signale en fait que le processus a surtout impliqué 4 999 échecs ! Et que la réussite n'était donc qu'une goutte d'eau dans un océan d'échecs. Cette anecdote démontre que l'innovation se construit de manière itérative par une succession d'étapes qui progressivement permettent de converger vers le résultat final.

Dans l'histoire de Dyson, il n'apparaît qu'un innovateur, alors qu'en général, c'est toute une population qui travaille ainsi en parallèle, pour qu'une invention finalement s'impose. Par exemple, l'émergence rapide de l'automobile moderne au début du XXe siècle est cristallisée autour de quelques noms comme Ford, Packard, ou Renault. En réalité, elle a dérivé de l'accumulation collective d'inventions et d'expérimentations commerciales et industrielles qui se sont étalées sur plusieurs décennies et sur plusieurs continents.

Ces processus ont été bien étudiés et théorisés. On sait aujourd'hui que la réussite isolée socialement et temporellement est un mythe, et que les innovations émergent dans un tissu dense de pratiques et d'innovations marginales[1]. Ainsi, un acteur désirant s'engager dans un processus d'innovation devrait d'abord se préparer à des années d'échec. En effet, la contribution moyenne de la majorité des acteurs sera d'avoir essayé diverses choses, choses qui ont statistiquement toutes les chances de ne pas marcher soit immédiatement, soit à moyen terme.

Paradoxalement, c'est exactement à l'inverse que nombre d'acteurs contemporains aspirent : ils passent des mois à défendre *une* unique idée qui n'est même pas encore correctement prototypée ; ils pensent qu'elle va s'imposer *rapidement* et de manière *majeure* ; et cette anticipation serait justifiée par un processus de *planification* fétichisé autour de leur plan, défendable grâce à leur hypothétique *vision*.

Leur ignorance – ou leur peur – du rôle fondamental de l'échec les entraîne dans un processus cérémonial et le plus souvent improductif. Dans le meilleur des cas,

---

1. « L'innovation technologique et ses mythes », Michel Callon, *Gérer et comprendre, 94*(4), 5-17, 1994.

leur échec à venir pourrait alors être le début d'un réel parcours d'innovateur, en supposant qu'ils acceptent enfin ces phases d'échec comme consubstantielles au parcours d'innovation.

Accompagner l'humain requiert d'accepter ses échecs

La peur ou l'ignorance de l'échec existe dans un domaine fort différent de l'action sociale, à savoir le leadership. Là aussi, comme en innovation technologique, on présente l'acteur par un mythe où ses qualités – tels la vision et le charisme – entraînent inéluctablement l'équipe vers la réussite.

La réalité est de nouveau moins grandiose, car elle requiert surtout la maturité à accepter l'échec comme essentiel à l'accompagnement des humains. En effet, tout le monde peut comprendre que le leader n'accomplit sa tâche qu'à travers les autres, et que les autres ont besoin d'être motivés, et de sentir qu'ils peuvent apporter non seulement leur force de travail, mais aussi leur créativité et leur initiative. Ceci implique donc d'être capable de mettre en place les conditions permettant à ce groupe social de se sentir légitime à expérimenter réellement… au point d'échouer de temps en temps.[1]

Cette manière d'aborder l'action pose énormément de difficulté à la plupart des apprentis leaders. Non seulement l'idée de l'échec est rarement valorisée, mais surtout la plupart des personnes appelées en position de leadership ont généralement précédemment eu un début de carrière réussi dans un domaine technique étroit. Ceci implique que leur identité s'est construite autour de la

1. Fabrice Cavarretta, « Les Leaders émergents », Ladn.eu, Paris, 2019b.

maîtrise du savoir, et l'évitement de l'échec. Lorsque ces personnes se retrouvent finalement à mener ou accompagner des groupes humains, elles sont alors souvent terrorisées par les risques d'erreurs de leur équipe. Comme avec des enfants qu'on ne laisserait pas assez libres, pour jouer, bricoler, tomber, s'ennuyer, l'équipe est alors mise sous une pression permanente et anxiogène, et devient incapable d'expérimenter, de prendre des initiatives.

Pour une politique ouverte aux risques raisonnés

Cette préoccupation se retrouve dans la plupart des sphères sociales, et notamment dans la société civile, où il convient de développer l'évaluation et l'acceptation de niveau de risque raisonnable, afin de libérer l'expérimentation. Ceci ne consiste pas en une liberté aveugle, absolue et mortifère, telle qu'évoquée dans un chapitre précédent. En particulier, la liberté d'action de chacun est limitée à ne pas impacter les autres et l'environnement. Il peut même être moral de protéger les individus contre eux même si des comportements ont des conséquences massivement néfastes, par exemple la conduite en voiture à haute vitesse ou sous alcoolémie.

Hormis ces cas clairs et significatifs, attention à une société où – pour se prémunir du risque – de grands et petits choix, et de grandes et petites injonctions arbitrent la vie de tous les jours au point d'infantiliser la population. Dans une telle société, on craint tellement la blessure et l'échec qu'un système normatif surprotecteur peut tendre à limiter tout risque. On empêche les enfants de jouer dans la rue ou dans la boue, on crée des codes, des permis de faire, des parcours contraints pour encadrer des pratiques, limitant le libre arbitre, l'inventivité, créant un cadre certes sécurisant, mais également trop étroit pour laisser l'ouverture à la créativité via l'échec, la chute, la tentative déraisonnable ou hasardeuse.

Au jardin comme à la ville, la peur de l'échec empêche de concevoir son système comme un tissu continu d'expérimentations donnant lieu à des réussites ponctuelles au milieu d'une somme d'échecs. L'illusion consistant à croire qu'on pourrait avancer sans échouer est l'une des plus perverses dans ses conséquences profondes. Elle allonge inutilement des séquences vénéneuses en amont comme en aval : en enflant les phases de préparation, à la place desquelles on aurait pu se consacrer à de l'expérimentation ; en prolongeant pour rien des phases de développement où l'on hésite à reconnaître nos pertes et nos erreurs, informations cruciales pour identifier les fausses routes.

La peur de l'échec incite à aborder le monde de manière linéaire, prévisible, là où nos écosystèmes sont principalement des spirales cumulatives faites de multiples tentatives. La recherche de la performance prévisible et à tout prix est aussi vaine que dangereuse, nous l'évoquerons à nouveau plus tard.

Relativiser la part de l'effort

Tout jardinier devrait se vanter d'être paresseux !

Au-delà de la provocation, il y a dans cette injonction une part de vérité incontestable qui s'étend bien au-delà des seuls jardiniers. Dans le règne du Vivant, tout ou presque tourne autour d'un principe fondamental : pour survivre, il ne faut pas dépenser plus d'énergie qu'on en reçoit.

L'économie de moyens, pilier du vivant

Ainsi, la recherche de la nourriture ne devra pas être plus coûteuse en calories que ce que les aliments rapporteront après qu'ils auront été intégralement assimilés. On comprend aisément cette notion lorsqu'on visualise le guépard épuisé après sa course ratée pour tenter de saisir une première, puis une deuxième, puis une troisième gazelle. Capturer un animal après trop d'efforts ou d'essais infructueux, ou n'avoir qu'une proie trop petite pourrait ne pas suffire à compenser ces courses épuisantes et à satisfaire les besoins physiologiques essentiels du félin.

Ainsi en va-t-il de toutes les espèces, dont l'ensemble des processus vitaux ont un coût qui ne doit pas être supérieur à ce qui les alimente. L'apparente placidité du dromadaire est une réponse typique à l'absence de nutriments dans le désert. L'animal, dont la bosse stocke eau et énergie sous forme de graisses, a développé au fil de l'évolution une physiologie et une physionomie lui permettant une économie très stricte de ses réserves.

L'agitation inutile n'est pas très fréquente chez les animaux ou les plantes, sinon pour accompagner la réussite d'une reproduction – ou d'une propagation – qui, elle aussi, constitue l'un des piliers du vivant. Ainsi n'est-il pas rare de voir un représentant d'une espèce se condamner pour mener cet objectif à terme : araignée se laissant dévorer par sa progéniture, épuisée de toute façon de leur avoir donné naissance ; pieuvre protégeant ses œufs sans se nourrir durant plusieurs mois – et même quatre ans pour *Graneledone boreopacifica* – jusqu'à leur éclosion ; mâle de la souris marsupiale succombant à quatorze heures de copulation ; et nombre de plantes éphémères accomplissant tout leur cycle de vie en une fois, généralement dans des conditions de faibles ressources ou d'urgence. Pour le dire autrement : quand un être vivant bouge, ce n'est pas sans une raison valable, c'est généralement parce que son existence en dépend.

Un jardin peut se gérer à effort minimal

Le développement de l'intelligence est une réponse au principe universel du moindre effort. La technologie est l'une de ses manifestations. Car l'humain est bien évidemment soumis à cette même règle, et il a cherché depuis toujours à réduire ses efforts (énergie, temps, etc.) dans tout ce qu'il fait ou projette de faire.

Au jardin, on peut obtenir d'excellents résultats en faisant appel aux autres espèces, en mettant à son propre service l'écosystème tout entier. Pourquoi labourer puisque les lombrics travaillent le sol de façon quasi équivalente en sept ans ? Pourquoi construire une treille si la vigne peut grimper dans un arbre ? Pourquoi pourchasser sans relâche un ravageur spécifique quand il suffirait de créer des barrières à son expansion en multipliant les variétés cultivées, et de susciter la présence de ses prédateurs ?

De ces observations de bon sens, chaque jardinier pourra choisir celles qui lui permettront au mieux de s'économiser. Mais pour cela, il lui faudra mettre en adéquation ces pratiques avec la résolution de ses besoins. La vigne très haute enchevêtrée dans les branches d'un grand chêne produira certainement des grains plus petits, moins sucrés. Sont-ils les plus adaptés à faire du vin, ou bien ne sont-ils bons qu'à être consommés tels quels ? Le mélange de variétés cultivées pour éviter le ravageur en question est-il aussi nutritif ou rémunérateur que la monoculture si vulnérable qu'il faut la soigner sans fin ?

Plusieurs tactiques permettent d'éviter certains travaux, soins et intrants à condition d'accepter de perdre un peu en productivité : par exemple, consacrer une partie de la surface agricole à des « plantes écrans » qui trompent les ravageurs ou les attirent ; ou mélanger dans un même champ plusieurs variétés de blé aux caractéristiques différentes – sensibilité aux maladies, hauteur, ou taille du grain – pour limiter la propagation de pathogènes ou de prédateurs. Pour autant, cette faible perte de rendement peut être largement compensée par le moindre effort consacré à ces cultures pour les produire, par la robustesse de celles-ci face à certains périls et par les économies réalisées par la suppression d'intrants.

Comme vous le comprenez déjà, pour réduire sa dépense énergétique, il faut également au jardinier réévaluer ses besoins, et donc adapter ses choix à ces deux objectifs parfois convergents, mais souvent contradictoires : obtenir la plus grande satisfaction de sa demande, tout en réduisant au maximum les dépenses de toute sorte (énergie, matériel, argent, temps…) pour y parvenir. La révision des besoins à la baisse et la redéfinition des fonctions d'un jardin au regard des conditions préalables sont en mesure de rendre l'écosystème jardiné extrêmement performant et productif à moindre effort. Pourvu qu'on n'en exige pas ce qu'il ne peut donner. L'énergie qu'on n'y dépense pas est autant d'énergie qu'il ne sera pas nécessaire de produire ou de financer.

Au jardin comme ailleurs, la recherche de productivité est probablement un peu nécessaire, mais l'objectif d'une optimisation constante, d'une rationalisation maximale a mené à des excès qui ont érodé aussi bien la biodiversité que les moyens de parvenir à des profits acceptables sans devenir les esclaves de la performance. Traitements contre les maladies, sélection génétique de variétés très productives et donc très demandeuses (en soins, en nutriments, en protection, en eau), mécanisation démesurée : tous ces efforts montrent leurs limites aujourd'hui alors que les ressources qui les permettent se font plus rares.

L'effort, consubstantiel à notre modèle industriel de croissance

Remettre en cause l'effort est tout autant un impératif au jardin qu'à la ville. Ceci questionne la doxa en la croissance, au rôle si central dans la société contemporaine occidentale, et dont on pourrait débattre de la nécessité de notre modèle. Mettre en perspective la fétichisation de l'effort par rapport au culte de la croissance apparaît dans d'autres textes, mentionnons par exemple le dialogue sur la *paresse* promue par un écrivain, Hadrien Klent, et la décroissance promue par un économiste, Timothée Parrique[1].

1. Le débat apparaît sur le blog : https://timotheeparrique.com/reponse-a-hadrien-klent-paresse-et-decroissance/

Un débat sur la croissance mériterait un traitement élargi bien au-delà de la simple économie, dans de nombreuses autres sphères sociétales. La croissance a par exemple permis pendant les deux à trois derniers siècles à l'Occident d'établir une domination dans les espaces écologiques autant que politiques, sociaux et économiques, et sur toutes les autres sociétés avec qui il partageait la planète. Cette domination est en train de basculer désormais vers l'Asie, bénéficiaire elle aussi d'une croissance immodérée.

Le réflexe du *toujours plus*, qui a tant été (ab)usé géopolitiquement, en est devenu une doxa sociétale. Le problème est qu'un tel système atteint ses limites dans de nombreuses dimensions, et ce n'est pas faute d'avoir été prévenus depuis des décennies, au moins depuis le rapport Meadows[1] des années 1970. À l'échelle planétaire, le problème se pose maintenant comme dans une simple parcelle agricole qu'on aurait surexploitée : on manque

H. Klent, *Paresse pour tous*, Paris, Le Tripode, 2021.

T. Parrique, *Ralentir ou périr : L'économie de la décroissance*, Paris, Seuil, 2022.

1. Le rapport Meadows a été réalisé par des chercheurs du Massachusetts Institute of Technology (MIT) en 1970 sur commande du Club de Rome (un groupe de réflexion réunissant des scientifiques, des économistes, des fonctionnaires nationaux et internationaux, ainsi que des industriels de cinquante-deux pays). Publié en 1972, il propose plusieurs scénarios de conséquences écologiques de la croissance économique, en y intégrant la limitation des ressources et l'évolution démographique. Révisé et mis à jour en 1992, 2004 et 2012, il confirme la fiabilité des projections initiales du modèle « *Business as usual* » (« les affaires comme d'habitude ») lorsqu'on les compare aux données contemporaines. Mauvaise nouvelle : les projections liées à ce scénario aboutissent dans un avenir prochain à un effondrement extrêmement brutal dans tous les domaines étudiés. Donella H. Meadows, *et al.*, *Les Limites à la croissance (dans un monde fini) : le rapport Meadows, 30 ans après*, Paris, Rue de l'échiquier, 2012 [1977].

d'eau, on a fait disparaître la diversité écologique, la capacité de résilience s'amenuise dramatiquement, et les productions s'effondrent.

L'effort, concept sous-jacent à de nombreuses philosophies politiques

La fétichisation de l'effort va ainsi se manifester sur tout le spectre de nos comportements, depuis la géopolitique jusqu'au niveau de l'individu – du macro au micro. Ce rôle central mérite d'être déconstruit afin de pouvoir être mis à distance.

L'effort bénéficie de son association – dans le système sociétal occidental – à la croyance en l'idée de l'*agentivité*, à savoir la capacité de l'individu à faire des choix et influencer sa trajectoire de vie. Ceci s'oppose à des conceptions sociétales qui reconnaissent principalement le rôle de la *structure*, l'individu étant conditionné par un champ social et matériel qui détermine sa trajectoire. Une telle conception structuraliste joue un rôle dominant dans des systèmes tels que le marxisme politique ou les systèmes philosophiques asiatiques comme le confucianisme ou le bouddhisme.

Dans la pratique, les deux mécanismes ne sont pas exclusifs l'un de l'autre, l'agentivité et la structure interagissent évidemment à des degrés divers dans chaque situation, ce qui a d'ailleurs été bien pris en compte par la sociologie contemporaine.[1]

---

1. Pour l'agentivité par rapport au structuralisme, voir le débat à distance entre Boudon et Bourdieu, par exemple dans le domaine éducatif : Raymond Boudon, *L'inégalité des chances : la mobilité sociale dans les sociétés industrielles*, Paris, Armand Colin, 1973 ; Pierre Bourdieu et Jean-Claude Passeron, *La reproduction : Éléments pour une théorie du système d'enseignement*, Paris, Minuit, 1970.

Mais c'est l'obsession pour l'effort et notre compréhension défaillante de son rôle exact qui peuvent être problématiques. L'effort est souvent perçu comme une cause première, une caractéristique innée qui déterminerait la performance et le succès d'un individu ou d'une société. Cette conception de l'effort comme moteur originel du succès est profondément ancrée dans notre culture, influencée par diverses écoles de pensée. Elle s'est largement répandue et on la retrouve par exemple dans l'éthique protestante de Max Weber, qui lie la capacité de travail au mérite moral ; dans les théories du capital humain de Gary Becker, qui supposent une capacité productive inhérente ; et jusqu'à l'objectivisme d'Ayn Rand, qui glorifie la capacité à l'effort des personnes qui réussissent.[1]

Ainsi, la population est conditionnée par des idéologies de la méritocratie suggérant que le travail acharné et la réussite vont de pair : le fondateur de Microsoft, Bill Gates, déclarant qu'il n'a jamais pris un jour de congé pendant de nombreuses années ; des parents qui, dans le monde entier, demandent à leurs enfants de *faire des efforts* à l'école pour réussir et obtenir un bon emploi. Selon cette idéologie, les performances dérivent donc de cela : la capacité à faire des efforts.

Une fétichisation de l'effort pourtant infondée

Cependant, cette vision de l'effort comme cause première est remise en question par la science du

1. Max Weber, *L'éthique protestante et l'esprit du capitalisme, suivi de Les sectes protestantes et l'esprit du capitalisme*, Paris, Plon, 1904 [1967] ; Gary S. Becker, *Human Capital: A Theoretical and Empirical Analysis, with Special Reference to Education*, Columbia University Press, 1964 ; Ayn Rand et S. Bastide-Foltz, *La Grève*, Paris, Les Belles Lettres, 1957 [2011].

comportement. Contrairement à la croyance populaire, la recherche montre que l'effort n'est pas tant le moteur de la réussite que le résultat d'autres facteurs, notamment la motivation. En d'autres termes, l'effort significatif et soutenu est plus souvent la conséquence d'un engagement profond et d'une satisfaction intrinsèque dans une tâche, plutôt que la cause première du succès.

La question n'est donc pas de savoir si l'effort joue un rôle ; car, il va effectivement conditionner l'obtention de résultats[1]. Mais c'est plutôt que le développement de la motivation devrait être mis en avant, comme cause déterminant le niveau d'effort. L'effort est ainsi souvent beaucoup moins une *cause* (l'individu étant mû par une capacité donnée à l'effort) qu'une *conséquence* (l'individu appréciant la tâche, et la satisfaction qu'elle apporte, et donc faisant des efforts).

On se doit donc d'adopter une autre perspective, où l'effort s'inscrit dans une boucle de rétroaction : motivation – effort – performance – plaisir – motivation[2]. La construction d'un système d'action devrait viser d'abord à mettre en place cette boucle, à savoir déclencher la motivation, s'assurer que les efforts donnent des résultats, et qu'ils donnent lieu à satisfaction. Ceci constitue le cœur de la recherche pragmatique sur la motivation dans les années 1970, autour des travaux de Victor Vroom sur la *théorie des attentes*[3].

Étonnamment, ce bouclage a une forte similitude avec les mécanismes observés dans les comportements

---

1. Malcolm Gladwell et M. Saint-Germain, *Tous winners: comprendre les logiques du succès*, Paris, Flammarion, 2018.

2. Cet argument est pleinement développé dans : « Effort is Dead, Long Live Effort: Performance as 'Planning for a Good Trip' », Fabrice Cavarretta, *Organizational Dynamics, 49*(4), 2019a.

3. Victor H. Vroom, *Work and motivation*, In Ott, Classic readings in organizational behavior (1996, 5), Belmont, Wadsworth Pub. Co., 1964.

compulsifs et addictifs. Certaines boucles comportementales seront considérées comme toxiques – par exemple, la consommation de drogues – lorsque d'autres sont vues comme désirables – par exemple la passion pour la musique ou pour un sport.

La fétichisation de l'effort est donc infondée : il convient de ne plus l'interpréter comme un élément donné et causal, mais sa vraie place est bien souvent d'être une simple conséquence d'une situation sociale où son lien avec la motivation, la performance et les récompenses fonctionnent. Si l'effort était effectivement la principale ressource actionnable menant à la performance, il mériterait peut-être sa mise en exergue. Mais ce statut est immérité, l'effort ne faisant que participer à des boucles addictives, dont la valeur – bénéfique ou toxique – dépend du contexte[1].

Au jardin, comme à la ville, l'esthétique de la débauche de moyens typiquement associée à l'envie irrépréhensible de croissance devrait laisser place à une esthétique de sobriété d'efforts et de besoins. De nombreuses philosophies ont promu une telle sagesse, que ce soit dans le Taoïsme chinois et sa recherche de la Voie, ou dans l'épicurisme grec et sa recherche de la tranquillité de l'âme (ataraxie). Nous revisiterons ces questions et en particulier la sobriété et son association à l'esthétique, dans la dernière partie.

1. Notez que le terme « workaholic » (« dépendant au travail ») fait bien état d'un rapport potentiellement pathologique au labeur.

Se méfier des solutions simplistes

La pyrale du buis, espèce de papillon exotique considérée comme invasive venue il y a quelques années d'Asie, dévaste actuellement tous les buis d'Europe sur son passage, en un temps record et avec une brutalité inédite. Il apparaît comme un enjeu majeur évident de sauver de ce ravage ces précieux arbustes. Quelques dizaines de milliers ornent les plus beaux jardins à la française sous la forme de broderies ou de topiaires délicatement taillées ; d'autres, plus nombreux encore, peuplent des régions entières. Or, la faune sauvage s'intéresse peu à la pyrale – leurs chenilles sont de plus en plus indigestes et amères à mesure qu'elles emmagasinent certains alcaloïdes du buis – et les traitements chimiques ont mauvaise presse, à juste titre.

Même biologique, une solution peut être toxique

Heureusement, la solution écologique semble toute trouvée : Bacillus thuringiensis (*BT*, dans l'une de ses appellations commerciales), une bactérie déjà largement employée dans la lutte biologique contre diverses espèces d'insectes ravageurs des cultures. Après un peu de travail de recherche pour isoler une souche particulièrement efficace contre la pyrale du buis, on a retrouvé très vite sur le marché – de la grande surface de bricolage à la coopérative agricole – ce produit miracle censé régler le problème.

Malheureusement, le BT n'est pas sélectif, et son large spectre d'action élimine aussi la quasi-totalité des autres larves d'insectes. Cette contribution supplémentaire à l'érosion de la biodiversité prive donc les oiseaux insectivores et les chiroptères (chauve-souris) – ainsi que les autres prédateurs potentiels de la pyrale tels que musaraignes, lézards et insectes – d'une bonne part de leurs autres ressources alimentaires.

Ceci est d'autant plus dommageable que parmi toutes ces espèces de prédateurs potentiels, certaines commencent à trouver la pyrale comestible. Autant dire que le remède, efficace en apparence, accroît la menace d'une problématique de long terme, nous éloignant d'une régulation douce et durable de cette espèce invasive et ravageuse.

La possibilité de régulation naturelle a déjà pu s'observer lors des attaques de Bupreste qui anéantissait les haies de Thuya. La raréfaction de la plante-hôte et la perte de densité de ses peuplements ont mécaniquement mené à une forte diminution des effectifs des ravageurs, jusqu'à atteindre un seuil tout à fait tolérable, régulé par une déprédation naturelle plus que par les traitements. C'est d'ailleurs ce que l'on commence à observer dans les régions d'où les buis ont presque totalement disparu, avec une réapparition sporadique de l'espèce désormais moins soumise aux attaques de la pyrale, raréfiée ou ayant déserté le territoire concerné. Des oiseaux, les mésanges en tête, trouvent d'ailleurs désormais l'insecte à leur goût, limitant ainsi conjointement son expansion.

« Patience et longueur de temps font plus que force ni que rage », dit l'adage. On le vérifie ô combien dans le rapport au vivant et à sa complexité, y compris dans un jardin.

L'intrant miracle masque la complexité : du paillage en permaculture

Les exemples pullulent de ces solutions toutes faites qui négligent à la fois la complexité du vivant et les spécificités des divers milieux. Impatience, ignorance, duperie, croyance aveugle, avidité sont souvent des vecteurs importants de ces *intrants miracles* supposés régler tous les problèmes, sans se soucier des interdépendances, ni de ce qui préexiste, ni des conséquences à long terme de leur emploi.

Combien de jardiniers n'ont, par exemple, pas vu récemment dans la permaculture[1] – ou plutôt ce qu'ils en ont compris par le biais d'informations souvent parcellaires ou erronées – la résolution de l'ensemble des problèmes de la planète à l'échelle de leur jardin en associant correctement les plantes ?

La permaculture a été théorisée dans les années 1970 par les Australiens Bill Mollison et David Holmgren, notamment à partir des travaux du japonais Masanobu Fukuoka et son livre manifeste *La révolution d'un seul brin de paille*. Le terme « permaculture » signifiait initialement « agriculture permanente » et faisait explicitement référence à la conception de systèmes agricoles. À partir des années 1990, il a été progressivement étendu pour signifier « culture de ce qui est permanent » dans le sens de pérenne ou viable d'un point de vue sociologique et environnemental. Avec ce sens, la permaculture est désormais étendue à d'autres domaines que le jardin, dans une vision beaucoup plus holistique, globale. Elle considère en outre le jardin productif au cœur d'un tout, et tend à s'affranchir des intrants extérieurs afin d'être en plus grande harmonie avec le territoire occupé, en

---

1. B. Mollison *et al.*, *Introduction à la permaculture*, Passerelle Eco, 2012.

faisant en sorte d'y trouver les moyens d'un maximum d'autonomie, y compris si elle intègre une inévitable part d'interdépendance avec l'extérieur.

Pourtant, les méthodes permacoles vantées par certains comme des panacées ne sont pas toujours les mieux adaptées. Sorties de leur contexte, certaines pratiques perdent toute leur pertinence. Si le paillage, cette technique consistant à recouvrir le sol de débris végétaux, de paille, de feuilles ou d'une autre matière est très souvent efficace pour limiter les besoins en arrosage, il peut aussi présenter des défauts. La consommation de grandes quantités d'azote pour se décomposer, l'échauffement du sol dû à la fermentation, l'empêchement des plus petites pluies de toucher directement le sol, ou encore l'accueil de rongeurs ou gastéropodes indésirables sont quelques exemples de problématiques liées au paillage qu'on considère pourtant comme adapté à tous les cas, généralement à tort.

Appliquer des méthodes permacoles dans un jardin n'a de sens que si tout ce jardin et parfois ses alentours ont été pensés selon ce prisme, et au regard des fonctions du jardin comme des conditions propres au milieu où il est aménagé, au terroir, à ceux qui l'habitent. Et même dans un tel contexte, ces solutions ne seront pas forcément universelles ni les plus pertinentes.

Le jardin idéal, promoteur d'une esthétique solutionniste

Dans un jardin idéal, tel que la culture orientale l'a conçu de longue date en développant le concept de paradis, tout est maîtrisé dans une forme de miracle. Notre vision collective du jardin idéal est empreinte de l'idée même de l'Éden, qui lui-même était clos pour se préserver des imperfections et des dangers du monde. Chaque problème y a sa solution, qu'il suffit d'appliquer pour éradiquer ce problème. De la même manière qu'on traite les symptômes d'une maladie par les médicaments, on applique tour à tour les « médecines » adaptées à chaque problématique rencontrée : on dresse des murs pour éviter le vent et les prédateurs, on irrigue pour compenser la soif, on traite pour éliminer les insectes, on chasse pour éliminer les nuisibles.

Dans une forme de réductionnisme un peu absurde, on en est venu à imaginer qu'en éliminant un à un les symptômes, toute forme de mal disparaîtrait, la principale – et peut-être unique – mesure préventive consistant à élever des remparts tout autour de soi pour se donner l'illusion d'un espace parfaitement maîtrisé, où l'Humain seul saurait décider ce qui doit et peut vivre, et comment. Le jardin, tel qu'il a été imaginé et idéalisé depuis longtemps dans l'inconscient collectif, est donc fondé sur une méprise. Alors qu'on pense y soigner les maux en empilant des solutions-intrants, on en vient à y faire émerger de nouveaux maux, faute d'avoir considéré l'ensemble vivant, évolutif, organique où il est impossible qu'une seule réponse isolée puisse régler réellement un problème sans en déclencher un autre.

Pas de miracle hors contexte : de la forêt « Miyawaki »

Dans un tel cadre, simplifié à outrance, il ne faut pas s'étonner de voir apparaître à un rythme à peu près constant des colporteurs de solutions miracles empruntées à des situations très précises pour les proposer en toutes circonstances ou presque.

L'engouement pour la méthode de plantation dite « Miyawaki » est particulièrement illustratif. Tirant son nom du botaniste japonais Akira Miyawaki qui l'a proposée dès les années 1970, elle consiste notamment en la plantation très dense d'une large gamme de jeunes plants d'arbres, arbustes, et plantes herbacées dans un sol fortement amélioré par divers apports – humus, terre végétale de bonne qualité agronomique, matière organique… – dans le but d'un reboisement rapide et d'une « rénovation écologique » intégrant l'amélioration de la biodiversité.

Nombre de « microforêts » urbaines sont créées de toutes pièces sur ce principe avec succès. Toutefois, les études sur lesquelles s'appuient les promoteurs de ce dispositif sont de plus en plus contestées : la forte augmentation de la biodiversité invoquée semble en réalité beaucoup plus liée au fait qu'un nouveau milieu apparaît sur un secteur où il n'existait pas qu'à la méthode elle-même. Le très jeune boisement constitue un écotone (voir chapitre *Bricoler à la marge*) très attractif, qui plus est généralement protégé par une clôture et surveillé, ce qui augmente considérablement les chances d'accueil.

La diversité initiale tend à disparaître par la suite, comme le revendiquait Miyawaki lui-même, puisque ce milieu aux confluences de la prairie et du boisement finit par ne plus être qu'un boisement d'où beaucoup d'espèces plantées au départ auront naturellement disparu, le résultat au bout de quelques années étant finalement très proche de celui obtenu avec un reboisement spontané, mais après avoir coûté beaucoup plus cher du fait d'un fort interventionnisme, sans que ce soit nécessairement justifié – sauf dans quelques rares situations et à des fins extrêmement précises.

Cet « intrant miracle » dans l'espace urbain n'est finalement pas aussi formidable qu'il se revendique, bien moins compétitif en matière d'efforts et de dépense que le serait, par exemple, une simple sanctuarisation provisoire renforcée par quelques semis ou plantations d'espèces que l'on souhaiterait à tout prix. L'intérêt des microforêts Miyawaki réside en réalité beaucoup plus dans sa capacité à rassembler des citoyens autour d'une action participative de reverdissement – malheureusement souvent exploitée pour le greenwashing local, mais c'est fréquemment le prix à payer pour reverdir certains espaces, quelle que soit la méthode – qu'en ses vertus purement écologiques ni même pédagogiques[1].

Ainsi, depuis les méthodes de Miyawaki à la permaculture, en passant par l'insecticide universel qui élimine tous les ravageurs – et malheureusement les moyens de les réguler naturellement –, un vaste commerce s'engouffre dans ces failles laissées par les faiblesses des modèles solutionnistes, en s'appuyant sur des réussites non généralisables ou des constats malencontreusement incomplets ou purement malhonnêtes, lorsqu'il s'agit de vendre des remèdes inutiles voire nuisibles en toute connaissance de cause.

De tels modèles d'écologie contemporains, centrés sur des intrants miracles, supposent un lien causal entre des éléments facilement manipulables et un résultat désiré, dans une relation linéaire séduisante pour l'esprit impatient ou stressé. Précédemment, les intrants miracles de l'agriculture avaient été des flux d'engrais,

1. Le bilan carbone de telles plantations, fortement demandeuses en intrants extérieurs (substrats, plants, paillage issu ou non de broyage...), préparation préalable du terrain, entretien, etc., est loin d'être neutre. D'un point de vue pédagogique, elles diffusent des idées et notions potentiellement problématiques, « la nature a besoin qu'on la plante pour exister », « ceci est un écosystème forestier », qui sont d'autant plus fausses que l'aménagement est petit. On devrait parler de « bosquet planté en commun pour créer un îlot de fraîcheur et de biodiversité », et ne surtout pas laisser supposer qu'il s'agit d'autre chose. Ce n'est déjà pas rien, mais sans être pour autant une panacée.

d'origine animale locale dans les sociétés traditionnelles, puis industrielles de nos jours. Encore avant, dans les temps immémoriaux, l'eau était déjà l'intrant miracle à apporter aux cultures, dès lors que l'on s'était éloigné de zones naturellement irriguées tels les deltas des rivières.

Logiquement et malheureusement, la croyance dans des intrants miracles sévit tout autant à la ville qu'au jardin, entraînant autant de contresens regrettables.

De la malédiction des ressources *en politiques publiques*

Le modèle classique de la science économique est basé sur des intrants – des ressources et de la technologie – qui se combinent pour donner lieu à de la production. L'abondance de ressources semble automatiquement favorable, car impliquant plus de production. Pourtant, de nombreuses études d'économie politique ont démontré qu'il existe principalement l'effet inverse, un système économique se reposant sur une abondance de ressources faciles à exploiter devenant in fine bien peu productif.

Ces études ont été faites principalement sur la ressource canonique de notre système industriel du XXe siècle, à savoir l'énergie sous forme de pétrole, et elles se sont focalisées sur les pays qui ont beaucoup de pétrole facile à extraire. Hormis des exceptions intéressantes et fort débattues – par exemple la Norvège –, ces économies à abondance de ressources – par exemple, le Gabon et l'Algérie – ont une performance économique et sociale telle qu'on en est venu à faire l'hypothèse d'une *malédiction des ressources*.

Le mécanisme en est simple : l'abondance des ressources et leur facilité d'extraction n'incitent pas le gouvernement à développer des infrastructures, de l'éducation, et des institutions, tous ces mécanismes qui permettent à une économie riche et complexe d'émerger. En effet, cette économie peut se permettre de vivre sur d'énormes contrats d'exportation de la ressource en question. Et les revenus des ressources peuvent être facilement détournés vers les comptes des gouvernants dans des paradis fiscaux. Cette combinaison mine la performance économique et sociale de ces pays, elle en devient ce que la littérature économique a finalement appelé une *malédiction*[1]. Fort à propos, souvenons-nous que la colonisation par les nations occidentales a bien souvent été motivée par l'exploitation de ce type de ressources. Elle a donc été fondamentalement, au sens littéral, exploiteuse.

Néanmoins, au fil du temps, souvent sous pression des opinions publiques et des églises[2], les puissances coloniales ont mis en place des politiques sociales non négligeables même si le rapport de colonisateurs à colonisés restait empreint de paternalisme. À la décolonisation dans les années 1960, le retrait (apparent) des

---

1. « Why do some resource-abundant countries succeed while others do not? », Ragnar Torvik, *Oxford Review of Economic Policy, 25*(2), 241-256, 2009.

2. L'exemple le plus frappant est la prise de conscience de la nation belge, à la fin du XIXe siècle, des dégâts immoraux accomplis par leur roi au Congo belge, le forçant à abandonner son emprise sur ces territoires. Ceci est magnifiquement illustré au Musée Royal de l'Afrique Centrale à Tervuren dans la région de Bruxelles, où l'aspect descriptif du continent se déploie en parallèle d'une critique acerbe de la politique qui y a été pratiquée. C'est une visite tout aussi indispensable pour comprendre les parts sombres de notre rapport à l'Afrique que peut l'être une visite à Yad Vashem (Jérusalem, Israël) concernant le rapport européen à la judaïté.

puissances occidentales va aggraver la situation, en éliminant souvent cette prétention morale, et en permettant à des juntes (familiales, militaires) de capturer les fruits de ces richesses phénoménales, basculant alors leurs économies dans cet état de totale malédiction.

Le bilan honnête des prétendus « bienfaits » de la colonisation reste décidément encore à faire...

On peut illustrer la logique de la malédiction de la ressource sur des exemples concrets, en comparant par exemple la Tunisie à l'Algérie et au Gabon durant la période postcoloniale. Le système économique et politique de la Tunisie a pendant fort longtemps été harmonieux, car son manque de ressources naturelles l'obligeait à développer ses institutions, des activités de services tels que le tourisme, ou à éduquer sa population. Ce manque de ressources a été pendant cette période-là une quasi-bénédiction pour sa population.

Le contraste est clair si l'on compare avec l'Algérie et le Gabon, deux pays aux idéologies politiques en apparence éloignées : la première était, à la décolonisation, un régime militaire prétendument marxiste, le deuxième fut prétendument une démocratie et aligné à l'Ouest. Mais ils ont en commun de bénéficier de ressources naturelles importantes, en particulier de massives réserves de pétrole. L'extraction du pétrole est relativement facile, il suffit de forer un trou dans le sol, pour ensuite le transporter efficacement pour le raffiner et le distribuer. Les bénéfices retombent sur les compagnies pétrolières et les États, sans avoir grand besoin de redistribuer à la population. Une telle manne génère en général une forte corruption induite par les revenus de cette mono ressource, tellement faciles à rediriger vers des comptes en Suisse ou de l'immobilier sur la Côte d'Azur ou ailleurs, au bénéfice des juntes étatiques. Ainsi, malgré leurs différences, et à cause du pétrole, à la décolonisation, ces deux pays ont convergé vers une sociologie politique similaire : des régimes appelés à être cités répétitivement dans des affaires de « biens mal acquis » impliquant leurs dirigeants, et leurs populations souffrant d'une claire *malédiction de la ressource*.

De l'intrant miracle « capital » dans l'entrepreneuriat

Ainsi, au niveau macro-économique, se reposer sur un intrant abondant et précieux a exactement l'effet inverse de celui attendu, cela dégrade l'économie. Le malentendu sur un intrant miracle apparaît aussi si on considère l'intrant fondamental du capitalisme, à savoir le capital et son rôle dans la création des entreprises.

L'entrepreneuriat est devenu un sujet majeur du monde contemporain depuis l'essor d'Internet durant les années 1990. Dès lors, le discours des milieux économiques et politiques s'est focalisé sur le rôle prétendument fondamental du capital, celui-ci devenant l'intrant miracle dont le flux devrait être dynamisé afin d'atteindre l'état de « start-up nation ». Les apprentis entrepreneurs sont endoctrinés à considérer l'acte de la levée de fonds comme fondamental à l'émergence de leur entreprise.

Pourtant, tout indique que l'intrant « capital » n'est pas central à l'entrepreneuriat. Retournons à l'origine de l'expression même de « start-up nation », qui se réfère à un ouvrage éponyme décrivant l'écosystème entrepreneurial israélien[1]. Dans ce texte, la qualité entrepreneuriale d'Israël y est attribuée fortement à la mentalité qui est transmise aux jeunes israéliens lors de leur passage à

1. Dan Senor et Paul Singer, *Israël, la nation start-up : Les ressorts du miracle économique israélien*, Paris, Maxima, 2011.

l'armée : *se débrouiller pour survivre quoi qu'il arrive*. La nature de l'argument est donc paradoxalement de faire juste avec ce que l'on a, bien loin de l'idée naïve que l'entrepreneuriat procèderait à de grosses levées de fonds.

De manière moins anecdotique, des études scientifiques sérieuses ont identifié les principes d'action des vrais entrepreneurs, rassemblés sous le terme de *théorie de l'effectuation*. Celle-ci décrit l'entrepreneuriat comme une activité pragmatique résumable en cinq principes, auxquels leur découvreuse, la chercheuse Saras Sarasvathy, a donné des intitulés imagés dont on retrouvera l'explication ailleurs[1] : l'entrepreneur commence par utiliser les moyens dont il dispose (principe des *moyens*), limite ses risques en ne dépensant que ce qu'il peut perdre (principe de *perte acceptable*), construit son projet de manière flexible avec les parties prenantes (principe du *patchwork fou*), considère les imprévus comme des opportunités (principe de la *limonade*), et se concentre sur la création de l'avenir plutôt que sa prédiction (principe du *pilote dans l'avion*). Cette méthode privilégie l'action et l'adaptation plutôt que la planification rigide, soulignant la nature émergente et sociale de l'entrepreneuriat.

Ces principes sont confirmés par la doctrine entrepreneuriale très populaire du *Lean Startup*[2] qui ramène l'entrepreneuriat simplement à la capacité à produire inlassablement des prototypes et à essayer de les vendre à des clients.

Ainsi, dans toutes ces perspectives modernes, que ce soit la « Startup Nation » de D. Senor, « l'effectuation » de S. Sarasvathy ou le « Lean » de E. Ries, l'intrant

1. Philippe Silberzahn, *Effectuation : Les principes de l'entrepreneuriat pour tous*, Paris, Pearson, 2014.
2. Eric Ries, *Lean Startup : Adoptez l'innovation continue*, Paris, Pearson, 2011 [2012].

capital joue un rôle secondaire, preuve qu'il ne peut se voir attribuer un rôle central dans le phénomène entrepreneurial[1]. Cela ne veut pas dire qu'il soit inutile, les levées de fonds ont effectivement bien lieu partout et en particulier dans les aventures emblématiques de la Silicon Valley. Mais celles-ci ne sont pas universelles, et elles sont la plupart du temps la *conséquence* d'un processus entrepreneurial par lequel l'entreprise réussit d'abord à démontrer une capacité à fournir un produit qui motive des clients. La réalité est donc beaucoup plus complexe que de penser que le capital serait un intrant fondateur de l'entrepreneuriat.

L'argent : solution miracle, mais perverse, au manque de motivation

Le malentendu sur le rôle miracle de l'argent est prévalent dans notre culture. Il ne sévit pas qu'au niveau économique. Par exemple, en management, les acteurs responsables d'humains se reposent souvent instinctivement sur un système de punitions et de récompenses.

Par contraste, ceux qui ont été formés au modèle correct savent que l'humain cherche d'abord à *s'accomplir*. Le facteur principal y est alors de motiver l'individu par la nature de la tâche, donc de fournir ce qu'on appelle la *motivation intrinsèque*.

Par contre, même correctement formé et sélectionné, l'acteur va souvent ignorer ces prescriptions, par impatience ou sous stress ou par fatigue. Ainsi, le rapport au monde simpliste réapparaît très fréquemment, celui où

---

1. Pour un développement complet, voir : Scott A. Shane, *The Illusions of Entrepreneurship: The Costly Myths that Entrepreneurs, Investors and Policy Makers Live by*, New Heaven, Yale University Press, 2008.

l'on conçoit l'individu comme principalement motivé par des *récompenses extrinsèques,* typiquement monétaires, et s'il le faut, la menace de punition.

La nuance entre motivation intrinsèque et extrinsèque reflète deux modèles du monde. Le premier modèle est *complexe,* celui où la performance dérive d'une boucle où l'humain et la tâche entrent en interaction, où l'on prend la peine et le temps que l'humain s'approprie le projet dont il fait partie, sa contribution au sein de celui-ci, qu'il la fasse sienne, qu'il perçoive comment elle pourrait lui permettre de s'accomplir.

Le second modèle est *simpliste,* celui où la performance découle linéairement de l'injection de l'intrant argent pour obtenir la mise en mouvement de la machine humaine. Ce second modèle est donc le plus facilement appréhendable et réalisable, et c'est celui vers lequel un cerveau stressé ou impatient va se tourner, car il semble pouvoir aisément *assurer* un résultat.

Des intrants miracles dans le système éducatif

Le malentendu sur des intrants miracles apparaît malheureusement dans tous les pans de l'action sociale. Par exemple, en éducation, le célèbre modèle de l'école de Jules Ferry a été défini à la fin du XIXe siècle, à une époque où l'on cherchait à fournir des ouvriers et agents de maîtrise à une industrie en pleine croissance.

Son principe est simple : le professeur est là pour transférer du savoir dans la tête de l'humain, et en utilisant à cette fin son autorité – sous la forme de récompenses et de punitions diverses et variées telles que les notes et le redoublement. On retrouve là une croyance en deux intrants miracles : le savoir transmis de façon descendante, et le pouvoir des punitions ou récompenses extrinsèques.

Durant tout le XXe siècle, dans chaque culture, on a constaté des limites importantes d'un tel système, et nombre d'alternatives ont émergé dans quasiment chaque pays. Qu'elles s'appellent Montessori (Italie), Freinet (France), Steiner (Allemagne), Decroly (Belgique), Dewey (États-Unis), etc., ces alternatives ont en commun – malgré leurs grandes différences – de rejeter la croyance en de tels intrants, et de se focaliser sur le développement de la motivation de l'enfant[1]. L'activité d'éducation y est alors vue comme un processus complexe d'interaction entre l'enfant, son savoir, ses questionnements, ses envies, etc.

Malheureusement, pour de multiples raisons qui peuvent être politiques, culturelles, cognitives ou encore financières, cette évolution pédagogique majeure est difficile à mettre en place, et une bonne part des systèmes s'arc-boutent sur la croyance en des intrants miracles que sont les socles fondamentaux du savoir, l'autorité (la punition), et les notes (une récompense extrinsèque).

La question n'est pas de savoir si de tels intrants jouent ou pas un rôle. Le problème réside en l'obsession collective pour de tels intrants qui empêche de considérer la complexité du phénomène : à savoir que l'éducation devrait se baser d'abord sur la motivation, donc former la boucle d'interaction entre l'élève et le monde. L'école devrait pourtant construire un rapport au monde plutôt qu'être une interface non poreuse entre lui et l'élève.

Le modèle de « l'école de Jules Ferry » se base sur des intrants simples, car il a été élaboré pour fournir

1. « Les pédagogies alternatives en France aujourd'hui : essai de cartographie et de définition », Sylvain Wagnon, *Tréma*(50), 2018.

des humains quasi-machines à un système industriel taylorien lui-même à base d'intrants simples. Ce type de force de travail correspond à l'idée que la société se faisait du progrès à cette époque-là. Malheureusement, ceci n'est plus du tout adapté à un XXIe siècle où les individus aspirent à trouver du sens au travail, et où leurs patrons espèrent qu'ils feront preuve d'initiative et de capacité à faire évoluer leur savoir par eux-mêmes.

L'évolution de nos conceptions paysagères et sociétales passe donc par une mise à jour des imaginaires partagés, et une distanciation de nos biais culturels valorisant – toujours et encore – tel ou tel intrant-solution miracle trop simpliste pour être vrai, ou durable. Si l'on aspire à une cohabitation heureuse et bienfaisante dans une meilleure compréhension du vivant et du social, l'appréciation des interdépendances complexes de nos écosystèmes doit remplacer ces nombreux archétypes.

Valoriser les déchets

À la question « pourquoi tondez-vous ? », une forte majorité des personnes interrogées répondent « pour que ça fasse propre ». Cette réponse, au-delà de sa simplicité aussi déconcertante que la spontanéité avec laquelle elle est exprimée, interroge fortement sur la notion de saleté appliquée au jardin. Comme évoqué précédemment, la simplification des paysages concourt à l'érosion de la diversité des espèces, ainsi qu'à la vulnérabilité des milieux.

L'idée même de limiter volontairement cette biodiversité dans un but esthétique ou hygiéniste met donc en difficulté – voire en péril – tout projet de jardin, contraignant ses gestionnaires à un travail sans relâche destiné à compenser l'absence de la complexité nécessaire à un équilibre provisoire.

Quand le besoin de propreté devient une fin en soi

Pourtant, cette conception du « sale » n'est pas issue de nulle part. Au même titre que les mammifères sauvages empruntent toujours les mêmes voies – on parle de « coulées » – pour éviter de détremper leur pelage ou d'être confrontés aux épines, graines désagréables et parasites, les humains ont de tout temps privilégié les passages nettoyés, pour des raisons assez comparables. Et ainsi en est-il allé des abords de leurs maisons, et par extension de leurs jardins, jusqu'à devenir des canons esthétiques du paysage.

Avec l'arrivée de moyens modernes et accessibles – les désherbants et les machines pour tondre, débroussailler, tailler – ainsi que la fin de la nécessité de rendre productif l'essentiel du terrain (potager, verger, pâtures, cultures...), le gazon et les haies monospécifiques – apanage autrefois de riches propriétaires et de l'aristocratie – ont alors envahi la majeure partie des jardins devenus d'agrément.

Cette conception étriquée des « espaces verts » est devenue une posture-réflexe, un atavisme. Son sens et son utilité originaux – se protéger de la nature quand nous vivions encore les pieds dans l'herbe aux contacts de prédateurs – n'ont plus cours aujourd'hui. Devenant une forme de démonstration sociale marquée par la société de consommation et le marketing, chaque petit bout de terrain attenant à la maison est devenu un ersatz du jardin du film *Mon Oncle* de Jacques Tati, caricature visionnaire de ce qui devint une part importante de la réalité quelques décennies plus tard. Aseptisé, maîtrisé jusqu'à l'absurde, sans risque et sans surprise.

La peur du « sale » s'inscrit dans une répression du sauvage

Nonobstant, nous ne sommes ni des blaireaux ni des chevreuils, et nous disposons de tout un arsenal de méthodes et d'outils pour nous affranchir de ce qui vient s'accrocher dans les poils ou mouiller les chaussettes. Cette peur démesurée du « sale » est en réalité bien plus une peur de ce qui n'est pas maîtrisé, du *sauvage*, accentuée par une ignorance de ce qu'est la cohabitation avec le reste du vivant.

Elle s'est fortement aggravée depuis les années 1960, quand la population est passée d'une majorité rurale et agricole à une majorité urbaine et administrative ou ouvrière. La société de consommation, qui entretient cette ignorance pour mieux favoriser le commerce dans une nouvelle vision de l'Éden passant par une certaine forme de confort et la technologie, a considérablement accru cette déconnexion.

De crainte de se faire dépasser – voire effacer – par la nature, les populations du monde moderne et postmoderne ont veillé à empêcher le monde sauvage d'empiéter librement sur leur territoire. Elles y sont partiellement parvenues en construisant un imaginaire collectif dans lequel un jardin représente une exaltation de la suprématie de l'humain sur la nature, une allégorie plus ou moins lointaine de la réalité profonde du monde écologique. Une réalité alternative où une harmonie fictive et rassurante fait cohabiter les humains avec un ersatz de nature sélectionné et maîtrisé, sans danger d'aucune sorte.

La saleté est toute subjective

Non, l'herbe haute et diverse n'est pas « sale », pas plus que ne l'est la terre où grouillent vers et arthropodes. Ce sont autant d'éléments de l'holobionte dont nous faisons partie, aux équilibres fragiles et fluctuants faits d'aléas divers. S'il est naturel d'éprouver une certaine méfiance envers les différents parasites et organismes pathogènes qui pourraient s'y réfugier, il convient de considérer l'ampleur réelle du risque, afin de s'en préserver sans pour autant éradiquer la quasi-totalité des constituantes de cet écosystème fonctionnel dont on est l'usager.

La nature, ou le vivant, selon le terme qu'on choisira, ne fait pas de différence entre le « propre » et le « sale ». Les déchets des uns deviennent la nourriture, l'habitat ou le substrat des autres, continuellement, maintenant le cycle de la vie par-delà les millénaires. Certes, patauger dans les miasmes putrides d'un collecteur d'égouts n'est pas forcément très bon pour la santé humaine. Pour autant, c'est un véritable paradis pour virus, amibes, une fonge particulière et un certain nombre d'animaux, pour lesquels la « saleté » se situe éventuellement dans un autre cadre.

Dans le long et difficile travail pour reconnecter l'humain de la société de consommation contemporaine à la nature, reconsidérer le rapport à « la saleté » et ce qu'on y met sont parmi les chantiers les plus ambitieux. Récemment, ce qu'on pourrait qualifier de « retour à un peu de crasse » se manifeste de diverses manières : enfants scandinaves incités à jouer dans la boue jusque dans le cadre scolaire, campagnes pour limiter le nombre de douches et surtout l'usage des détergents qui les accompagnent, ou refus de l'aseptisation des fruits et légumes. Dans tous les cas, l'objectif est lié à la santé : renforcement des défenses immunitaires, sauvegarde de la flore bactérienne et des graisses épidermiques pour limiter les pathologies dermatologiques, diversification de la flore intestinale, etc.

Après des siècles à élaborer des modèles hygiénistes pour augmenter considérablement l'espérance de vie de la population, certains aspirent désormais à désaseptiser nos habitudes de vie, une hygiène excessive ayant entraîné des excès dont les dommages se font clairement sentir et que la recherche confirme[1].

---

1. À ce titre, on pourra s'intéresser aux nombreux travaux et ouvrages du biologiste Marc-André Sélosse dont par exemple

Le sale au centre du grand cycle de la vie : l'arbre

L'adage « Rien ne se perd, tout se transforme »[1] est une réalité intangible qui opère depuis la nuit des temps. Pour sortir des miasmes et prendre un exemple plus agréable à notre inconscient, l'arbre est particulièrement approprié.

Les feuilles qu'il perd – même les arbres « persistants » perdent leurs feuilles, ils les perdent juste à un rythme plus lent – vont avoir divers destins selon les conditions du moment et du lieu, son espèce, les autres espèces en présence. Certaines feuilles vont rester presque intactes durant un long moment et étouffer l'éventuelle concurrence d'une autre espèce d'arbre. D'autres feuilles seront rapidement dévorées par divers invertébrés et transformées en humus fertile et épais, ou seront entassées dans un nid ou un terrier pour le rendre plus douillet. Certaines encore pourront être emportées par le vent et finir dans un étang ou une rivière, où elles deviendront radeau, aliment ou support pour une forme de vie aquatique. Les branches qui meurent et cassent accueillent peut-être déjà des mousses, lichens et champignons avant de tomber. Avant leur chute, elles auront nourri et abrité quantité d'espèces à l'abri des prédateurs terrestres, qui s'en délecteront quand elles seront au sol. Et ce grand arbre, une fois trop vieux ou

---

Jamais seul : Ces microbes qui construisent les plantes, les animaux et les civilisations, Arles, Actes Sud, 2017.

1. On attribue à tort à Antoine de Lavoisier, considéré comme le père de la chimie moderne, la phrase « Rien ne se perd, rien ne se crée, tout se transforme ». Il s'agit en réalité d'une citation apocryphe, imaginée par un tiers inconnu pour simplifier ce qui avait été formulé différemment dans le *Traité élémentaire de chimie*.

trop fragile, finira par tomber tout entier, devenant une source de nutriments et d'humidité pour sa progéniture, celle d'autres arbres, et parfois pour ses propres réitérations.

En chemin, un humain aura peut-être exploité ses fruits, son bois, l'humus de ses feuilles pour répondre à ses propres besoins, et aura peut-être même pris soin de lui pour pouvoir améliorer ses propres bénéfices ou mieux les faire durer dans le temps. Voire par simple respect ou affection. De cet arbre, finalement, il ne restera plus rien, chacune de ses plus infimes parcelles étant rentrée tout au long de sa vie dans le cycle vital d'autres êtres vivants, pour répondre à des besoins qui leur sont spécifiques. Et ceci sans négliger les gaz qu'il aura émis – dont l'oxygène qui nous permet de respirer –, qui sont pour lui des déchets de son métabolisme, vitaux pour tant d'autres.

Au jardin, on se doit donc d'apprécier la subjectivité du concept de saleté, de déchet – et de se garder de nos réflexes de fuite ou de rejet – afin de mieux appréhender les écosystèmes biologiques. Similairement, à la ville, les concepts de saleté et de déchets peuvent engendrer tout autant de peurs et d'incompréhension chez l'acteur du monde social.

Apparence d'ordre et de propreté consubstantielle à la modernité

La civilisation occidentale moderne s'organise sur des modèles productivistes et bureaucratiques. Par une division du travail permettant une orchestration à grande échelle, chaque acteur est focalisé sur son processus de production – par exemple le plombier, le jardinier, l'ouvrier, le cadre – ou de consommation – par exemple, la préparation du repas ou la pratique d'un loisir.

Ces processus tendent à différencier d'un côté les matières nobles, les intrants et la production cible, et de l'autre les déchets. Évidemment, le capitalisme sait parfois recycler ses déchets… si cela génère du profit. Typiquement, l'industrie agroalimentaire va récupérer les déchets de la production de viande de table, pour les hacher dans une production secondaire de saucisses et autres burgers, ou encore dans la nourriture pour animaux ou les engrais.

En revanche, les déchets considérés comme non valorisables – par exemple, des effluents industriels chargés de métaux lourds – ont été longtemps rejetés sans aucun respect pour l'environnement. Malgré des avancées réglementaires, en particulier en Europe, ces rejets restent habituels dans tous les endroits du monde à normes peu contraignantes. Non sans un certain cynisme, le monde industriel s'est habitué à une production permanente de déchet, quitte à polluer et épuiser des ressources premières non renouvelables[1]. Et parfois, il est aussi émetteur de déchets polluants pour l'éternité, tels les fameux

1. C'est d'ailleurs l'une des grandes problématiques liées aux déchets plastiques : parce qu'il existe des filières de recyclage, on « dédiabolise » l'usage du plastique alors qu'on en connaît les énormes nuisances environnementales et sanitaires sous forme de microparticules, que l'on retrouve depuis les fosses marines jusque dans les fœtus ou les testicules de presque 100 % de la population mondiale. Malheureusement, le plastique recyclé reste un polluant issu d'une industrie elle-même polluante, de l'extraction à la transformation en passant par les multiples transports et les émissions issues de leur fabrication comme de leur dégradation. Plus de détails dans : Davis Allen *et al.*, *The Fraud of Plastic Recycling: How Big Oil and the plastics industry deceived the public for decades and caused the plastic waste crisis*, Center for Climate Integrity, 2024.

PFAS qui ont récemment fait couler beaucoup d'encre, dont l'ampleur de la diffusion, y compris en Europe occidentale, commence juste à être comprise aujourd'hui[1].

Par contre, si la pollution n'était pas une préoccupation significative, notre civilisation et en particulier le système industriel a favorisé une crainte absolue de la saleté chez les individus[2]. Il y a évidemment des bénéfices à la propreté, avec d'immenses progrès en santé publique qui dérivent de la découverte des microbes et donc de l'attention à l'hygiène dans tous les compartiments de la vie. Mais cette logique est poussée bien au-delà, par exemple chez le consommateur, l'incitant à moult pratiques et consommations liées à la propreté dans tous les éléments de la vie quotidienne – nos rues, nos voitures, nos maisons, et même nos corps.

1. « Les alkyles perfluorés et polyfluorés (PFAS) sont un groupe incluant plus de 4 700 produits chimiques d'origine anthropique largement utilisés qui s'accumulent au fil du temps chez l'être humain et dans l'environnement. Ils sont connus sous le nom de "produits chimiques éternels" (forever chemicals), car ils sont extrêmement persistants dans notre environnement et dans notre corps. Ils peuvent entraîner des problèmes de santé tels que des lésions hépatiques, des maladies thyroïdiennes, de l'obésité, des problèmes de fertilité et des cancers. » (Agence Européenne de l'Environnement, 2024) Gary Dagorn *et al.*, « "Polluants éternels" : explorez la carte d'Europe de la contamination par les PFAS », *Le Monde*, 23 février 2023.

2. Les études de Douglas ont établi l'association entre la pureté et le modèle industriel. Ces associations continuent à être étudiées par exemple par Ditlevsen, avec des évolutions paradoxales où la pureté ne se définit plus par l'hygiène, mais par une idéalisation de la notion de « naturel » : Mary Douglas, *Purity and danger: an analysis of concepts of pollution and taboo*, Routledge & K. Paul, 1966 ; « The Purity of Dirt: Revisiting Mary Douglas in the Light of Contemporary Consumer Interpretations of Naturalness, Purity and Dirt », Kia Ditlevsen et Sidse Schoubye Andersen, *Sociology*, 55(1), 179-196, 2020.

L'injonction est donc à nettoyer, compulsivement, sans grande attention d'ailleurs aux pollutions et consommations d'eau engendrées au-delà du nécessaire.

Les processus de production industriels standardisés requièrent eux aussi toujours plus de pureté et de stabilité dans leurs procédés internes. Ainsi, comme l'a montré Norbert Élias, que l'on soit dans un rôle de producteur ou de consommateur, notre civilisation conditionne progressivement l'individu à se prémunir de la saleté, de tout ce qu'on lui désignera comme du déchet[1].

Le rapport aux déchets dépend des civilisations

Un tel système, pour autant qu'il a augmenté la durée de vie et le niveau général de richesses, n'a rien d'évident ni d'inconditionnellement favorable. Cette observation est d'ailleurs à la base d'un des textes fondateurs de l'ethnographie moderne, le *Tristes Tropiques* de Claude Lévi-Strauss. Lors d'un voyage en Amazonie, celui qui n'est alors qu'un jeune philosophe va reconsidérer son rapport aux tribus indiennes de la forêt, plongées dans une apparente grande pauvreté, pour finalement s'émerveiller de leur rapport au monde. Ces observations vont permettre à Lévi-Strauss de révolutionner les sciences sociales en identifiant comment les sociétés humaines s'organisent autour d'invariants culturels, tels que les *structures de parenté* ou de production.

L'émerveillement de Lévi-Strauss se porta en particulier sur la manière dont ces autochtones *bricolent* en permanence, producteurs et consommateurs à la fois, recyclant inlassablement les éléments de la forêt avec

1. On pourra approfondir le rôle qu'a joué la propreté sur le processus de civilisation *in* Norbert Élias et Pierre Kamnitzer, *La Civilisation des mœurs*, Paris, Calmann-Lévy, 1978 [1991].

lesquels ils sont en interaction. Pour eux, nul objet n'est un déchet.

Cet intellectuel avait été élevé de manière bourgeoise en ville, et avait donc pris l'habitude d'accepter le monde dans des rapports de production et de consommation simpliste. Dans cette forêt, il découvrit que les individus et les sociétés pouvaient se comporter de manière beaucoup plus complexe qu'il ne l'avait imaginé.

Son ouvrage élabore une posture relativiste, refusant la primauté au monde industriel occidental, malgré ses succès industriels et scientifiques. Il reconnaît la grande sagesse, la sobriété de cette vie dans la forêt, où tout n'est que bricolage et recyclage permanent des éléments végétaux, animaux, minéraux qui les entourent, exemple fascinant d'une *économie circulaire* que notre système industriel redécouvre fort heureusement actuellement[1]. L'*a priori* occidental sur cette vie frustre était de n'y voir que des individus vivant dans un misérable état de nature. Dans une expression pouvant prêter à regrettable confusion, Lévi-Strauss les nomme des « déchets d'humanité »[2]. Nul mépris dans cette expression, au contraire ! Il questionnait là la perception de ses contemporains, exprimant par ce terme sa préoccupation que notre civilisation ne comprenne pas ces tribus de la forêt, et les martyrise en les rabaissant à la rusticité de leur vie.

---

1. Sa mise en œuvre méritera attention, afin de s'assurer que ce concept ne soit pas une nouvelle opportunité de *greenwashing* (voir ch. 18). En attendant, on peut consulter le rapport de cette ONG : *Towards the circular economy Vol1: an economic and business rationale for an accelerated transition*, Cowes, Ellen MacArthur Foundation, 2013.
2. Claude Lévi-Strauss, *Tristes tropiques*, Paris, Pocket, 1984, p. 434.

Réprimer la pulsion de voir du sale dans l'humain

Cette pulsion qu'identifie Lévi-Strauss – assimiler des humains à de la saleté – se retrouve quand on fait une analyse du comportement de l'acteur ayant la charge ou l'accompagnement d'autres êtres humains. On retrouve ceci dans un texte important de la littérature scientifique sur les styles de leadership qui démontrait que certains individus sont plus orientés vers les tâches (le processus), et d'autres individus plus vers les relations (l'humain)[1]. Cette recherche proposait d'identifier comment affecter les individus selon leur compétence à s'occuper d'autres humains. Le test consistait à mesurer la réaction à l'évocation d'une personne avec qui la collaboration serait *la plus difficile*. Il s'avère alors que les personnes ayant le meilleur potentiel de gérer des relations sont celles qui ont le moins tendance à *dévaloriser* les qualités de cette personne « difficile ».

Ce résultat peut paraître évident, mais il a des conséquences profondes. L'acteur qui prend la charge d'orienter l'action d'autres humains se doit de les accepter tels qu'ils sont – même pour les pires d'entre eux, à ses yeux ou selon les critères culturels ou sociétaux. Il convient de ne pas avoir de réaction de rejet, comme face à une saleté, quand on est confronté à tous ceux qui mentent, ne sont pas fiables, ne sont pas motivés, sont insolents, agressifs, intolérants, autoritaires… L'humain a ses limitations, ses faiblesses, ses imperfections ; en tant qu'espèce, et comme individus, nous ne sommes pas des anges. S'occuper d'humains implique d'être confronté à toutes ces failles, quotidiennement.

---

1. Fred E. Fiedler, *The Contingency Model: A Theory of Leadership Effectiveness*, In Ott, Classic readings in organizational behavior (1996, 17), Belmont, Wadsworth Pub. Co., 1970.

Est-ce facile ? Pas vraiment, car il est malheureusement naturel d'avoir une frustration quand on est confronté aux fluctuations d'humains dont on prend la charge ou avec lesquels il est nécessaire d'être en interaction. Ceci est d'autant plus prononcé si la culture, comme la nôtre, suggère que l'acteur doit causalement agir sur les éléments de son environnement pour obtenir un résultat prévisible. L'humain devient alors une source particulière de frustration, faisant regretter que ce ne soit pas une machine plus fiable. Ainsi, quelqu'un qui approche son rôle d'accompagnateur d'humains correctement se doit de surmonter ce biais, ne pas déprécier ceux qui posent problème, à accueillir les failles de chacun comme la nature profonde de son travail, et donc à accepter de les gérer de manière pondérée, en tout cas sans affect négatif.

Pour l'acteur qui doit gérer, comprendre ou accompagner d'autres humains, l'une des principales difficultés est donc de réussir à transgresser ce dégoût instinctif, à rester positif, à ne pas voir comme intrinsèquement problématique l'humain qui n'a pas les qualités à ses yeux idéales, qui ne répondrait pas à sa volonté ou à ses objectifs.

À ce niveau individuel, réapparaît ici l'observation de Lévi-Strauss au niveau sociétal, similaire à ce que le jardinier observe dans son jardin : la perception de saleté, de déchet, est subjective, elle n'est que l'ombre d'une obsession à contrôler anxieusement le monde pour le faire correspondre à un idéal arbitraire, ou à en tirer certains profits.

Résister à la tentation de surexploiter

Les coins à champignons sont précieux pour ceux qui les connaissent. Dévoiler leur emplacement, c'est s'exposer à ce que d'aucuns viennent les y cueillir à sa place. Égoïstement, on fait donc en sorte que ces secrets restent bien gardés. Mais, chez les mycologues avertis, il n'y a pas que l'envie de ne pas partager cette manne qui compte. Le fait même qu'elle continue d'exister fait partie des motivations pour tenir les autres loin de ces zones nourricières : si on vient piller l'ensemble des champignons supposés diffuser leurs spores, comment vont-ils se reproduire ensuite, surtout si le terrain a été malmené par le piétinement de nombreux visiteurs ?

Pourquoi, alors que tout le monde ou presque approuve intuitivement ce raisonnement, n'est-il pas spontanément appliqué à l'ensemble des productions d'êtres vivants dans des milieux eux-mêmes vivants ?

Notre société surexploite le milieu naturel partout

La société de consommation a vu s'aggraver la quasi-totalité des comportements humains pour la satisfaire, et ce, dès les débuts de l'ère industrielle. Au XIXe siècle, aux États-Unis, pour construire villes et chemins de fer, on abat les forêts millénaires à une telle vitesse que les trains évacuant le bois débardé roulent sur des rails en bois, faute d'avoir le temps d'acheminer et assembler les rails d'acier. Les rails rapidement usés deviennent traverses, et les arbres tombent à un rythme affolant, au point de perdre la quasi-totalité des forêts primaires américaines en quelques décennies.

En Europe, on plie depuis longtemps le territoire aux besoins humains, au point d'avoir provoqué des désastres dans les zones surexploitées ou surpâturées. Les paysages dont nous avons hérité sont profondément marqués par diverses formes de surexploitation des milieux à des fins strictement anthropiques. Et nous sommes, en tant que population, dans le déni de notre dépendance directe et indirecte à une somme considérable d'autres êtres vivants et écosystèmes jugés « non productifs ». La forêt dense « inexploitable » qui fait pleuvoir 200 km plus loin, le marais « infréquentable » qui permet à l'eau de s'infiltrer lentement vers les nappes qui nous abreuvent, le récif qui gêne le chalutage ou la navigation, mais va servir de pouponnière ou de garde-manger pour les espèces pêchées ailleurs, sont quelques exemples de ces écosystèmes indirectement productifs desquels nous dépendons énormément.

De la réticence à se mettre des limites

À l'échelle globale, on commence à réaliser l'impérative nécessité de sanctuariser des zones pour leur capacité à jouer les tampons entre les différentes menaces et contraintes environnementales – inondation, sécheresse, pollution, séquestration du carbone, dilution biologique des zoonoses, accueil des auxiliaires des cultures, et autres « services » écosystémiques[1]. À chaque fois que la recherche se penche un peu sérieusement sur un type de milieu naturel, d'écosystème ou sur leur conjugaison à plus large échelle avec d'autres, elle découvre de nouvelles vertus quant à la satisfaction de nos besoins élémentaires, de notre sécurité de long terme – notamment autour de l'eau et des pandémies –, qui bien souvent avaient été complètement négligées par le passé.

Prenons pour seul exemple les zones humides – que l'agriculture a visé à « assainir » durant des siècles pour pouvoir y cultiver. Leur capacité à améliorer la ressource en eau souterraine en qualité et quantité est seulement depuis un temps très récent validée par la science[2]. De même, leur aptitude à séquestrer le carbone mieux que la plupart des autres milieux, y compris la forêt, est désormais une évidence cruciale compte tenu des difficultés contemporaines dans nos milieux naturels[3].

---

1. On appelle *services écosystémiques* l'ensemble des qualités d'un être ou d'un ensemble d'êtres vivants, voire d'un écosystème, contribuant à la qualité d'un milieu. Pour un arbre, par exemple, les services écosystémiques seront sa capacité à limiter l'érosion du sol, à produire de l'ombre, à briser le vent, à accueillir en son sein de multiples espèces, etc. Certains décrient cette notion, lui reprochant d'être une vision anthropocentrée du vivant.

2. Par exemple au travers de ces travaux : « A wetland hydrology and water quality model incorporating surface water/groundwater interactions », Cevza Melek Kazezyılmaz-Alhan, *et al., Water Resources Research, 43*(4), 2007 ; « Advances in understanding river-groundwater interactions », Philip Brunner, *et al., Reviews of Geophysics, 55*(3), 818-854, 2017 ; « Human domination of the global water cycle absent from depictions and perceptions », Benjamin W. Abbott, *et al., Nature Geoscience, 12*(7), 533-540, 2019.

3. Bien que ne couvrant que 3 % des terres, les tourbières, avec les mangroves et les herbiers marins, constituent les puits de carbone les plus efficaces au monde, stockant environ 30 %

Et pourtant, notre société ne remet pas profondément en question nos façons de produire ou d'exploiter alors qu'elles ont pour effet la destruction de ces écosystèmes, ou du moins leur modification en profondeur.

La maltraitance des sols plafonne la productivité

Plus généralement, il conviendrait de remettre en question la quantité de production que l'on peut tirer d'un milieu vivant. La croyance selon laquelle un milieu ou une espèce peuvent être infiniment productifs si on leur donne « ce qu'il faut » montre ses limites.

Malgré une intensification des pratiques, les rendements agricoles évoluent peu depuis les années 1980, voire décroissent depuis 1996. De multiples facteurs peuvent expliquer un tel paradoxe[1]. Cependant, l'adoption croissante de pratiques agroécologiques et une

---

du carbone terrestre – soit le double de toutes les forêts réunies – grâce à leur accumulation de matière végétale en décomposition pouvant atteindre 30 mètres de profondeur.

1. Des ravageurs plus nombreux et plus résistants, favorisés par l'évolution du climat et l'érosion de la biodiversité, entrent également en ligne de compte, notamment sur des cultures telles que le pois ou la betterave. Aussi, des facteurs socio-économiques liés au coût des divers intrants – dont les engrais azotés – ou aux normes environnementales poussent certains exploitants agricoles à réduire les soins aux cultures qui engendrent des dépenses trop importantes. On note enfin que la diversification des revenus des ménages agricoles déporte l'attention portée aux cultures alimentaires dans la direction de cultures énergétiques ou d'autres activités (services, hôtellerie...). « Les causes du plafonnement du rendement du blé en France : d'abord une origine climatique », Philippe Gate, *et al., Comptes rendus de l'Académie d'agriculture de France, 96*(3), 17-23, 2010 ; Elisabeth Mercier et Xavier Ory, *Evolution du revenu agricole en France depuis 30 ans, facteurs d'évolution d'ici*

meilleure prise en compte de la vie des sols offrent des perspectives pour stabiliser, voire inverser cette tendance, en s'inspirant des processus naturels.

La surexploitation se manifeste également fortement dans les forêts, la privant d'une quantité précieuse de bois mort qui devrait entrer dans le cycle de leur pérennisation. La matière organique prélevée représente autant de matière qui n'est pas directement restituée au milieu. Transformée, stockée, consommée ailleurs, elle ne reviendra pas sur le lieu qui l'avait vue naître, et les apports naturels ne compenseront pas ce qui a été pris. Toutes ces pertes pour le milieu doivent, à un moment ou un autre, être compensées par des intrants venant d'ailleurs.

On estime que la matière organique produite naturellement en 100 ans par un champ ou une forêt est consommée en 30 ans par l'exploitation agricole ou sylvicole conventionnelle[1]. À ce rythme-là, malgré tout le carbone disponible dans l'air, l'ensemble de l'exportation de cette matière organique – dont le carbone est le principal constituant – n'est pas compensé par ce que le système agro ou sylvo-industriel restitue. Animaux, bactéries, champignons, plantes non cultivées brillent par leur absence dans ces systèmes soi-disant hyperproductifs. Cette biomasse, pourtant très productive d'un point de vue biologique, est donc soustraite des surfaces artificialisées pour produire quelques végétaux ou animaux sélectionnés.

Prendre beaucoup, restituer peu, c'est l'inverse de ce qui se produit dans les écosystèmes naturels.

2030 et leçons à en tirer pour les politiques mises en œuvre par le ministère de l'Agriculture et de l'Alimentation, 2022.

1. « Un point sur l'évolution des réserves organiques des sols en France », Jérôme Balesdent, *Étude et Gestion des Sols, 3*(4), 245-260, 1996.

La vie microbienne des sols, autant que le bois et les fruits des arbres ou les grains des céréales, ne peuvent pas disparaître indéfiniment des milieux parce qu'on les en exporte ou qu'on les détruit sans considérer le manque qu'ils engendrent. Tôt ou tard, ils viennent à manquer. La fertilisation des cultures, comme l'alimentation des animaux d'élevage – parce qu'elles ne sont destinées qu'à une portion réduite de la biomasse occupant une surface ou un territoire donné – ne compensent donc ni ce manque ni la destruction de la matière organique qui devrait également se trouver là en continu, dans le sol et au-dessus de lui. À l'état « naturel »[1], nous avons : le blé + la végétation à son pied et à sa périphérie + les insectes + les oiseaux et autre faune de passage en surface ou dans l'air + la macro et la microfaune du sol, les micro-organismes + tous leurs « déchets » tels que nous les avons décrits précédemment, qui représentent une importante biomasse.

En l'état cultivé de la façon conventionnelle la plus basique, nous avons juste : le blé + le sol transformé en seul support de culture essentiellement minéral + les intrants pour l'y faire pousser. Après quoi le blé sera exporté pour en vendre ou en utiliser l'ensemble des sous-produits valorisables économiquement. En comparant ces deux modèles un peu caricaturaux, on peut facilement comprendre que le second – où l'on contrôle strictement la présence des espèces pour n'en tolérer qu'une seule, celle qu'on cultive – engendre la disparition d'une forte biomasse.

1. Le blé étant une espèce domestiquée depuis 5 000 à 8 000 ans, on ne le retrouve plus sous forme « naturelle ». Nous employons cette formule pour décrire ce qui, normalement, pourrait constituer la biomasse relative à un pied de blé sans intervention humaine.

La disparition du phosphore[1] exporté du sol par les végétaux est, à ce titre, extrêmement préoccupante, cette ressource indispensable au règne végétal bénéficiant d'un très faible renouvellement naturel et de sources d'approvisionnement de plus en plus rares. Par exemple, le phosphore qui alimente la forêt amazonienne est majoritairement issu des fossiles de poissons morts des alentours du lac Tchad, transformés en poussières et portés par les vents d'Afrique en Amérique. Le mécanisme d'épuisement de cette ressource très faiblement renouvelable à l'échelle planétaire est aggravé là encore par les modèles agricoles dominants : une part importante du phosphore – on parle de 20 % – apporté aux cultures pour les fertiliser n'est pas assimilée par les plantes auxquelles il est administré[2]. Et, comble du gâchis, il devient ensuite indisponible aux autres, car devenu insoluble, et fortement sujet à l'érosion… au

1. L'azote (N), le phosphore (P) et le potassium (K) sont les trois éléments les plus indispensables aux végétaux. Pour énormément simplifier : l'N est un des composants clés de la chlorophylle, et « fait pousser », P est un transporteur d'énergie essentiel à la photosynthèse, intervient dans la structure cellulaire, est un composant de l'ADN et de l'ARN, K favorise la floraison et la fructification, ainsi que la résistance à la sécheresse et aux maladies. Chaque plante, chaque culture va avoir besoin des trois, avec des variations selon les espèces ou les objectifs de production. Pour avoir des fruits beaux et abondants, par exemple, la fertilisation des tomates va être très riche en K, un excès de N va les rendre plus fragiles et moins productives en fruits, tandis qu'une disponibilité adéquate de P leur permettra une meilleure robustesse structurelle face à certaines pathologies. Si l'un d'entre eux disparaît, la plante ne peut tout simplement pas effectuer son cycle végétatif.

2. « Bioavailability of soil inorganic P in the rhizosphere as affected by root-induced chemical changes: a review », Philippe Hinsinger, *Plant and Soil, 237*(2), 173-195, 2001.

point de causer parfois des pollutions des cours d'eau liées à l'excès de phosphore !

Des modèles d'agriculture plus vertueux visent à limiter cette perte par une moindre fertilisation, mais aussi en faisant intervenir les arbres pour exploiter le phosphore déjà présent : souvent plus aptes à aller explorer le sol en profondeur et à en extraire les nutriments minéraux, les arbres vont en stocker dans leurs tissus, en particulier dans leur feuillage et jeunes rameaux. Ces feuilles et ces branches sont ensuite restituées au sol, broyées, pour rendre le précieux phosphore sous une forme plus facile à assimiler par les plantes qui y sont cultivées.

L'eau aussi est surexploitée

Ce qui est vrai pour la matière organique et pour le phosphore l'est d'autant plus pour l'eau douce. Jamais les prélèvements n'ont été aussi importants qu'aujourd'hui pour satisfaire les modes de vie contemporains dans les pays dits « développés » et « émergents ». Pourtant la répartition de cette ressource est fortement perturbée par le dérèglement climatique : les sécheresses frappent désormais des régions qui n'avaient pas autant à y faire face par le passé – tout en accablant toujours plus nombre de régions qui étaient déjà concernées.

Les solutions plébiscitées pour le moment consistent à améliorer l'irrigation, et à optimiser le stockage de l'eau de pluie ou souterraine. Malheureusement, l'expérience montre que, dans le cadre civilisationnel qui est le nôtre, ces améliorations techniques ont un effet pervers, qualifié d'*effet rebond*. En facilitant et en optimisant l'irrigation, on stimule sans forcément le souhaiter un plus grand recours à celle-ci, l'étendant à des cultures qu'on n'irriguait pas jusqu'alors – telles certaines céréales dans des régions où elles poussaient très bien avec les seules pluies.

Ceci est fait au détriment d'autres pistes agronomiques qui privilégieraient de meilleurs choix variétaux, ou l'adaptation de la demande des consommateurs pour favoriser les productions peu gourmandes en eau, ou des techniques telles que l'agroforesterie, le *keyline design* ou les paillages[1]. Si irriguer de façon plus performante permet d'économiser de l'eau sur une production donnée en un point donné, l'impression que cette économie permet de généraliser ces pratiques – toujours dans le but de satisfaire un marché ou une demande stable ou en progression – conduit presque inexorablement à une exploitation abusive de la ressource. Par ailleurs, la qualité de cette ressource eau ne fait que se dégrader du fait de la plus grande concentration de polluants issus du ruissellement sur les cultures ou les sols urbains, l'industrie, ou les besoins domestiques[2]. De plus, dans un

---

1. Le *keyline design* est une méthodologie d'aménagement vivant du paysage se basant notamment sur des pratiques culturales dont les aménagements suivent les courbes de niveau pour ralentir l'écoulement de l'eau et limiter l'érosion. Pour les paillages, voir : « Quand « l'irrigation verte » augmente la demande d'eau », Catherine Benjamin et Alejandra Giraldo Hurtado, *Revue Economique*, *72*(6), 929-946, 2021, pages 929 à 946.

2. Le règlement européen REACH (l'acronyme de « Registration, Evaluation and Authorisation of Chemicals », soit « enregistrement, évaluation et autorisation des substances chimiques ») entré en vigueur le 1er juin 2007 nécessiterait d'être revu, car une immense majorité des substances chimiques déjà sur le marché – et donc dans les maisons et les milieux – ou y arrivant ne sont pas évaluées. Or, cette révision est reportée chaque année, et sans date butoir, au grand désespoir des organisations environnementales et sanitaires. Les substances chimiques produites et distribuées se comptent en centaines de milliers, et le nombre ne cesse d'augmenter. De son côté, l'industrie chimique fait valoir que les tests extensifs sont

volume d'eau moindre, ces polluants – comme nombre de pathogènes – sont nécessairement moins dilués, et leur nocivité plus directe.

La consommation hydraulique industrielle est en partie destinée à l'énergie, dont une très grande portion est prélevée pour le refroidissement des réacteurs nucléaires[1]. Face à la pénurie, les réponses semblent parfaitement inadaptées. Par exemple, en France, les très bas niveaux des nappes et cours d'eau et les fortes chaleurs lors de l'été 2022 n'ont pas donné lieu à des mesures d'adaptation des besoins, mais ont consisté... à relever les seuils réglementaires de température des rejets[2]. Parce que les volumes d'eau sont plus faibles dans les cours d'eau, la température y est plus élevée ; et parce que le refroidissement des centrales est moins efficace, on autorise donc à rejeter de l'eau plus chaude depuis les circuits de refroidissement, dans la même rivière.

---

extrêmement coûteux, et que la réglementation européenne est l'une des plus dures, donc que l'effort devrait porter sur les productions hors Europe. Enfin, les activistes des droits des animaux militent contre REACH, car cela a impliqué un très gros volume de test sur animaux vivants. Concilier la planète, le commerce, les activismes et la science n'est pas de tout repos...

1. Environ 50 % de l'eau prélevée l'est pour les seuls besoins de refroidissement des centrales nucléaires, les 50 % restants étant partagés entre tous les autres usages, avec des disparités selon les territoires et bassins versants : *In* « L'eau en France : Ressource et utilisation – Synthèse des connaissances en 2021 », *Données et études statistiques*, ministère de la Transition Ecologique et de la Cohésion des Territoires, 2022.

2. Exemple : la décision n° 2023-DC-0756 de l'Autorité de sûreté nucléaire du 23 mai 2023 fixant les limites de rejets dans l'environnement des effluents liquides et gazeux de la centrale nucléaire du Blayais (INB n° 86 et n° 110), qui autorise des rejets thermiques dans l'estuaire de la Gironde 0.5 à 1 °C plus élevés que dans la précédente directive.

Plutôt que d'envisager un ralentissement de la production, l'État autorise donc ces centrales à rejeter dans les rivières une eau légèrement plus chaude qu'elles n'y étaient autorisées jusque-là. Une fuite en avant qui ne répond en rien à une problématique appelée à s'aggraver.

De la surexploitation des arbres et de leur cycle de vie

Dans les vergers industriels, où les arbres fruitiers sont gérés de façon à en obtenir le rendement maximal, on remplace tous les 15 à 25 ans des arbres susceptibles de vivre autour de cent ans lorsqu'on ne pousse pas leur productivité par des tailles répétées, une stimulation systématique de la mise à fruits par la fertilisation, etc.

La durée pratique d'exploitation en verger des pommiers ne dépasse pas vingt-cinq ans et seulement dix à quinze ans pour le pêcher, dont la longévité est naturellement plus courte. La fragilisation physiologique des arbres liée aux méthodes de production intensive – tailles répétées, contraintes de forme, « secouage » mécanique pour les récoltes… – est l'une des raisons de cette courte durée d'exploitation. Une autre raison est le constant apport d'améliorations variétales propres à satisfaire la demande des consommateurs comme des producteurs (rendements, teneurs en sucre, couleur, résistance aux maladies, adaptation au transport, etc.). La recherche constante des meilleures performances implique le remplacement des arbres au plus tôt dès lors que ce qui apparaît comme un progrès génétique notable pour la filière peut être mis à profit. On remarque néanmoins quelques exceptions, tels les oliviers qui restent exploités durant parfois plusieurs siècles.

Les arbres, tels des sportifs dopés pour dépasser leurs performances naturelles, finissent « éreintés » de façon précoce, fragilisés par cela même qui les aura rendus plus performants. Néanmoins, le retour des pratiques agroécologiques, et une considération de plus en plus poussée pour la vie des sols tendent à restaurer localement les écosystèmes agricoles pour stabiliser, voire inverser la tendance en s'inspirant de la nature. Nous aborderons un peu plus loin la question de la frugalité, piste essentielle au jardin comme pour l'économie liée au vivant et aux ressources naturelles d'une façon générale.

Distinguer l'exploitation acceptable de l'inacceptable exploitation ?

Si l'on élargit la question de la surexploitation du jardin à la ville, le langage nous envoie un signal intéressant. En effet, au jardin, en agriculture, le terme *exploitation* n'a pas de connotation obligatoirement négative, c'est même plutôt un terme neutre par défaut. On parle sans grande arrière-pensée d'*exploitation forestière*, d'une *exploitation agricole*. La préoccupation apparaît concernant la possibilité de surexploitation, le fait que la transaction entre l'humain et son environnement puisse devenir toxique, abusive.

À la ville, la langue est différente. Qualifier d'*exploitation* la transaction entre un humain et un autre humain, ou entre un humain et un groupe d'humains, signale automatiquement une toxicité, un abus. Fort heureusement, notre langage semble signaler qu'on se doit de traiter l'humain respectueusement, ce respect étant malheureusement moins reflété dans les autres domaines de la vie que sont l'animal et le végétal.

Une grande part des préoccupations exprimées ci-dessus au sujet de notre rapport à l'environnement portait justement cette nuance : notre civilisation n'a pour l'instant pas considéré *l'exploitation* de l'environnement écologique comme problématique.

Même si la possibilité de tirer bénéfice d'interactions avec cet environnement doit garder sa légitimité – nous nous insérons dans un grand système vivant, donc devons manger – l'idée d'une *altérité inférieure* de ces éléments écologiques par rapport à l'humain se doit d'être revisitée si l'on veut limiter la possibilité de *surexploitation*.

Concernant le domaine social, même si notre civilisation a la précaution de langage de ne pas assumer d'*exploiter l'humain*, la réalité du phénomène d'abus existe. Certaines interactions sont indéniablement exploitatives et désormais généralement réprimées et nommées comme telles, comme dans le cas de l'esclavage. Pour nombre d'autres interactions sociales de notre modernité, éviter le terme d'exploitation est au mieux de la pudeur, mais souvent n'a que vocation à camoufler un comportement problématique.

Différentes formes d'abus dans le domaine social

Certains vont profiter du fait que des travailleurs potentiels sont au chômage ou en détresse, par exemple par un statut d'immigrant fragile, pour les sous-payer ou les faire vivre dans des conditions indécentes. Ce sont autant de comportements que notre société tolère (trop) souvent, surtout quand la légalité donne l'impression de moralité – alors que l'une n'entraîne pas l'autre. Pourtant, on se doit de les analyser comme potentiellement abusifs au même titre qu'une exploitation abusive de ressources naturelles.

Parfois, l'exploitation de nos congénères est plus subtile, et pourtant sans grande ambiguïté. Par exemple, pour une entreprise, vendre des produits impactant négativement la santé des humains constitue un abus des consommateurs qu'on convainc de consommer contre leur intérêt, même si c'est légal. Pour ne citer qu'eux, l'alcool et le sucre sont mauvais pour la santé, mais ils sont autorisés à la vente. L'interdiction brutale et immédiate n'est pas vraiment envisageable, en tout cas politiquement, ou même inutile, car certains usages sont peu problématiques. Mais forcer l'augmentation de la consommation de tels produits constitue un problème moral, même si leur vente est autorisée. Le personnel de ces entreprises[1] peut donc plaider un mélange de légalisme et d'ignorance pour ne pas reconnaître que

1. Ce ne sont pas seulement les dirigeants de l'entreprise qui auraient seuls à évaluer et agir sur la moralité des actes de l'organisation. Nous avons tous – en tant que citoyen et humain – une responsabilité dans chaque organisation où l'on collabore, d'après le principe IV édictée par l'ONU à la suite des procès de Nuremberg : « Le fait d'avoir agi sur l'ordre [...] d'un *supérieur hiérarchique* ne dégage pas la responsabilité de l'auteur [...] s'il a eu moralement la *faculté de choisir* » (emphase ajoutée). Chacun devrait en faire sien ce principe, à son niveau, surtout lorsqu'il peut y avoir abus d'humains ou de la planète. Dans un chapitre ultérieur, nous discuterons d'activisme des employés, justement autour de la possibilité de *choix* de son employeur. L'indépendance morale et le devoir de résistance sont promus par Rakesh Khurana, le doyen de la faculté d'Harvard, à travers l'idée d'une *professionnalisation* de la gestion des entreprises qui serait à l'image de celle qui encadre la profession de médecin. *Principes du droit international consacrés par le statut du tribunal de Nuremberg et dans le jugement de ce tribunal*, New York, ONU, 1950. Rakesh Khurana, *From higher aims to hired hands : the social transformation of American business schools*

ces promotions in fine incitent à consommer un produit toxique.

On pourra débattre dans le détail ces exemples, de savoir si ce qui constitue un abus et à partir de quand. Certains n'y verront que *l'exploitation légale* d'opportunités commerciales. Mais les subtilités langagières ne changent rien à la problématique, au jardin comme à la ville : souvent, l'acteur interagit avec son environnement d'une manière problématique, non durable, dénuée d'empathie, et moralement discutable. Si nous aspirons à réduire les dégâts sur nos congénères, ou même sur notre holobionte, il convient d'identifier cette zone d'ombre de notre nature humaine.

Exploitation par ignorance ou par égoïsme ?

La capacité de l'humain à surexploiter son environnement pourrait paraître comme reflétant simplement de l'ignorance. On ne savait pas qu'il était abusif de tant tirer sur les nappes phréatiques. On ne savait pas qu'il était abusif de payer des travailleurs à un prix minimal.

Malheureusement, l'histoire démontre que l'exploitation, qu'elle soit environnementale ou sociale, est souvent prodiguée par des acteurs éduqués, et parfois même dont on sait qu'ils ont conscience de la toxicité de leurs actions.

La déforestation massive de l'Amazonie est soutenue par des dirigeants de grandes exploitations et entreprises agricoles qui ne peuvent ignorer le débat sur l'importance de préserver cette ressource mondiale. Les pratiques abusives d'humains vis-à-vis d'autres humains avaient historiquement une forme explicite d'esclavage.

---

and the unfulfilled promise of management as a profession, Princeton, Princeton University Press, 2007.

Aujourd'hui, il existe des formes de quasi-esclavage modernes : nombre de sans-papiers dans tous les pays sont obligés d'accepter l'inacceptable ; dans certains pays (par exemple, dans le golfe Persique), ceci est rendu systémique par des statuts de sous-citoyens attribués à nombre de travailleurs migrants leur enlevant la sécurité de l'emploi, le droit au mariage, ou à avoir des enfants. Et certains pays (voir par exemple les accusations régulières des ONG contre la Chine concernant les Ouïghours) parquent puis exploitent leurs populations d'opposants politiques. Ceux qui les pratiquent ne peuvent ignorer le message que les églises, les philosophes, les ONG et les organisations internationales ont formulé sur l'inhumanité de telles pratiques, certes relativement discrètement durant les temps anciens[1] et beaucoup plus clairement à l'époque moderne.

Au-delà de l'ignorance, l'explication suivante serait alors que l'humain serait juste égoïste, que ces pratiques reflètent simplement une avidité fondamentale chez notre espèce. Cela ne rendrait pas la chose moins regrettable, mais cela pourrait l'expliquer.

Dans le cas de l'environnement, cet égoïsme est d'un type particulier, celui où l'individu agit selon son intérêt personnel (je pollue pour mon profit) tout en pénalisant son groupe social au sens large (ma planète est polluée). Ceci constitue alors un *dilemme social*, car il

---

1. Si l'Église chrétienne a globalement toléré l'esclavage, de nombreuses voix s'étaient très tôt levées contre cette pratique, par exemple Grégoire de Nysse, un des pères de l'Église qui prit nettement position contre, inspiré en particulier par l'ascétisme antique. Ramelli suggère que les chrétiens ont plutôt choisi d'entendre ce qui leur convenait dans le brouhaha de leurs autorités morales : Ilaria Ramelli, *Social Justice and the Legitimacy of Slavery: The Role of Philosophical Asceticism from Ancient Judaism to Late Antiquity*, Oxford, Oxford University Press, 2016.

y a contradiction entre l'intérêt individuel et les intérêts du groupe auquel on appartient. Les grands propriétaires terriens d'Amazonie peuvent extraire de la richesse en coupant des arbres pour privilégier le court terme. Mais eux ou leurs descendants seront un jour ou l'autre pénalisés par les conséquences annoncées de la déforestation. Évidemment, peut-être que l'acteur estime que son bénéfice immédiat est trop grand par rapport à son estimation de la punition fort éloignée. C'est bien le problème des dilemmes sociaux, les individus accumulent des bénéfices individuels en ignorant que les pénalités collectives s'accumulent aussi.

L'avidité explique beaucoup, et une fois combinée avec l'ignorance et la confusion autour du dilemme social, cela peut ouvrir la voie à de nombreuses pratiques abusives.

Le pouvoir intoxique l'humain

Malheureusement, l'exploitation ne vient pas juste d'un mélange confus d'ignorance et d'avidité. Elle semble consubstantielle au fait *d'avoir du pouvoir*. L'idée que le pouvoir corrompt a souvent été évoquée au fil de l'histoire, une hypothèse qui a été validée de multiples manières par la psychologie moderne. La plus célèbre est l'expérience de Zimbardo à Stanford dans les années 1970. Des étudiants étaient affectés de manière aléatoire à un rôle de geôlier et d'autres à un rôle de prisonnier. Cette condition en apparence anodine fait étonnamment émerger des comportements abusifs des étudiants-geôliers vis-à-vis des étudiants-prisonniers[1]. Or, nulle

1. « The psychological power and pathology of imprisonment », Philip G. Zimbardo, *Catalog of Selected Documents in Psychology*(3), 45, 1973.

instruction dans ce sens ne leur avait été donnée, cette exploitation toxique était purement émergente.

Cette idée continue à être activement étudiée aujourd'hui. On sait maintenant que le pouvoir donne lieu à de l'abus, et que l'effet est d'autant plus fort que l'individu manque de clarté dans le domaine moral[1]. Il semblerait donc que l'humain exploite d'autant plus qu'il en a les moyens et qu'il manque de colonne vertébrale morale.

Cette conclusion est simplifiable par l'idée que l'humain exploite abusivement, y compris contre sa propre collectivité, simplement par *immoralité*. Ceci n'est néanmoins pas non plus satisfaisant, car ignorant que la *tentation* d'exploitation dérive du fait d'avoir du pouvoir, et n'est pas simplement une qualité morale intrinsèque. Si on ramenait tout à l'existence d'une qualité morale, on pourrait envisager de se contenter de former moralement l'humain, ce qui devrait alors en théorie limiter les pulsions abusives.

Pour être plus précis, la science démontre malheureusement que la moralité peut être elle aussi *endogène* à la situation. C'est-à-dire qu'elle n'est pas une qualité préexistante et prédéfinie chez l'acteur, mais que l'acteur acquiert du sens moral au contact de la situation. Prenons l'égoïsme que nous avons déjà évoqué dans le chapitre sur les *communs*. L'hypothèse classique de la micro-économie est que l'humain optimise son comportement pour son gain individuel – et se fonde donc sur un présupposé d'égoïsme dans la nature humaine. Néanmoins, les expériences démontrent qu'il suffit de faire suivre à des étudiants un cours de micro-économie

1. « Does power corrupt or enable? When and why power facilitates self-interested behavior », Katherine A. DeCelles, *et al.*, *Journal of Applied Psychology*, 97(3), 681-689, 2012.

pour qu'ils deviennent plus égoïstes[1]. Ceci suggère que l'égoïsme n'est pas une quantité donnée *a priori*, mais qu'il se réalise d'autant plus que les humains y sont exposés.

La capacité d'exploitation abusive de l'humain est donc probablement une croyance *autoréalisatrice*, le terme employé quand quelque chose tend à devenir vrai à mesure qu'on y croit. On retrouve là de la *performativité* – le concept de sociologie déjà évoqué au chapitre sur les nuisibles, où une croyance sociale devient réalité, car les acteurs agissent en supposant qu'elle est vraie.

La dynamique de performativité suggère que plusieurs mondes sont donc possibles. Pour cet exemple concernant l'égoïsme, dans une société où la croyance collective considère l'égoïsme comme naturel, celui-ci a effectivement tendance à émerger chez les individus, validant par là la croyance. Mais dans un autre arrangement social, dans une autre société qui ne considérerait pas tant l'égoïsme comme naturel, il émergerait alors beaucoup moins chez les individus, validant cette croyance inverse que l'égoïsme n'est effectivement pas si « naturel ». Ce mécanisme peut expliquer des trajectoires souvent très éloignées entre différents systèmes sociaux, trajectoire que nous pouvons influencer en travaillant consciemment sur notre système de croyance partagée.

L'humain est un animal certes social, mais aussi doté d'une grande capacité à l'initiative individuelle, ne suivant pas toujours des comportements déterminés génétiquement ou culturellement. Il fait donc ses choix selon un mélange d'intérêts personnels et d'intérêts collectifs.

---

1. « Economics language and assumptions: how theories can become self-fulfilling », Fabrizio Ferraro, *et al.*, *Academy of Management Review, 30*(1), 8-24, 2005.

Éviter la surexploitation de nos environnements, qu'ils soient sociaux ou écologiques, dépend ainsi de la nature et de la quantité du savoir et d'un sens moral partagé. Appeler collectivement à une société respectueuse de sa nature et de ses humains n'est pas un vœu pieux, c'est un des mécanismes qui y mènent[1].

La surexploitation rejoint la peur des nuisibles, la crainte de l'échec, la croyance fétiche en l'effort et aux intrants miracles : ce sont les ombres de nos comportements, des pulsions, habitudes, peurs, mesquineries, etc., qui nous font dégrader notre environnement collectif, l'holobionte duquel nous faisons partie. La prise de conscience de ces travers est nécessaire pour y trouver notre juste place, et surtout permettre notre contribution concrète et éclairée, le sujet de notre prochaine partie.

1. Le Cadre mondial de la biodiversité de Kunming-Montréal, établi en 2022 lors de la quinzième Convention des Nations Unies sur la diversité biologique, va précisément dans ce sens, avec des objectifs à 2030 – que d'aucuns qualifieront de très ambitieux, et d'autres pas assez radicaux ou contraignants pour être efficaces.

III

Agir (avec pragmatisme)

Comprendre (son écosystème) et se comprendre (dans son rapport à l'écosystème) sont des étapes fondatrices dans notre rapport au monde : elles pourraient constituer les objectifs d'une vie d'apprentissage scientifique et philosophique.

Mais comprendre ne suffit pas. Les acteurs, les activistes, quel que soit leur titre, se conçoivent en définitive par leurs actions, leur impact sur le monde, et cela au-delà de la seule compréhension. Sémantiquement, on considère qu'ils agissent et se doivent de le faire.

Chaque domaine implique un corpus d'actions qui lui est bien spécifique. Les pratiques dans les domaines politiques, industriels, agricoles, artistiques, etc., diffèrent grandement, nul besoin ici de revisiter ces corpus spécifiques, ils sont documentés ailleurs.

Ces praxis recèlent néanmoins de grandes similitudes. Car agir – en prenant en compte la complexité des écosystèmes et nos zones d'ombre – s'appuie sur des démarches similaires, que l'on soit à la ville ou au jardin.

Expérimenter, encore et encore

Les jardiniers le savent très bien : pour pousser, il faut se planter ! Mais, pour pouvoir bien apprendre de ses échecs, il convient d'abord d'intégrer l'expérimentation dans ses pratiques, et savoir en interpréter les résultats, réussites comme échecs. La mise en place d'un système d'expérimentations constitue ainsi une des briques méthodologiques d'un rapport au monde sans cesse renouvelé.

La démarche expérimentale

La démarche expérimentale est prépondérante au jardin, simplement parce qu'aucun jardin n'est identique à un autre. L'infinité de facteurs, inlassablement évoqués dans ces pages, rend chaque cas unique. Les solutions paraissant opportunes dans le jardin voisin pour régler des problèmes liés à l'eau ne le seront peut-être pas du tout dans le nôtre ; et si le voisin réussit si bien ses courges sur des couches en lasagnes épaisses[1], peut-être est-ce parce

1. La culture sur (ou en) lasagnes est une méthode souvent employée dans le cadre de la permaculture. Elle consiste à planter les plantes qu'on désire produire sur un « lit » constitué d'une alternance de couches de matière organique « vertes » et « brunes », d'où l'appellation « lasagnes ». Les couches vertes

que les mulots n'ont pas encore repéré son potager, ou bien qu'il possède un chat vorace, contrairement à nous.

Hormis s'obstiner à rendre pérenne coûte que coûte le schéma classique d'un paysage simplifié à l'extrême, tout jardinier se doit donc de créer son propre modèle, sur mesure.

Le champ des possibles est très vaste, et se restreint avec certaines contraintes telles que surface, temps, conditions de sol ou de climat, nature des besoins, ressources et occupants. Celles-ci ont normalement été explorées avant de commencer à intervenir. Le jardinier ou le paysagiste aura ensuite à cœur de différencier ce qui, de ses actes, sera définitif ou réparable.

En agissant sur un écosystème, on peut en effet induire des changements extrêmement durables – abattage d'un arbre très ancien, déplacement d'un rocher, construction d'un bâtiment – ou au contraire très fugaces – taille d'une haie, élagage d'un arbre, création d'un massif de fleurs – avec toutes les nuances imaginables entre ces deux niveaux de durabilité.

Risque, parcimonie et mutualisation

Les risques que l'on prend en tentant d'expérimenter doivent aussi se mesurer à la hauteur de nos moyens,

---

sont composées de matière végétale fraîche (tontes de gazon, épluchures de légumes, feuilles fraîches...) et les brunes de matières déjà partiellement décomposées et/ou ligneuses, c'est-à-dire contenant du bois (compost mur, terreau de feuilles, feuilles mortes, broyat de branches...). Le substrat ainsi constitué est extrêmement dynamique et stimule l'apparition de champignons, la rétention et la restitution de l'eau, l'élévation de la température en début de saison. La contrepartie est que certains rongeurs adorent parfois y loger et, évidemment, s'y nourrir au détriment des jardiniers.

ambitions et nécessités propres. Ainsi, quelqu'un qui dépend entièrement de ce qu'il produit dans son potager pour se nourrir prendra-t-il plus difficilement le risque de perdre une partie de sa production en essayant une nouvelle méthode de culture. L'expérimentation est donc autant une nécessité qu'un luxe, que nous pouvons actuellement nous octroyer bien plus aisément que la plupart de nos aïeux.

Nous héritons et bénéficions pourtant de leurs expériences, de l'amélioration de leurs techniques, et l'apport de plantes nouvelles ou constamment sélectionnées pour leurs qualités, génération après génération, depuis la nuit des temps. Et ce, alors que l'expérimentation leur était bien plus risquée et coûteuse, en comparaison de notre confort actuel et de l'abondance – d'ores et déjà mise en péril par le dérèglement climatique et l'érosion de la biodiversité – de nos récoltes[1].

Pour pouvoir expérimenter sereinement, il faut un minimum de temps et d'abondance, afin que les tentatives ne mettent pas en péril l'essentiel du projet. Mais ces freins naturels à l'expérimentation peuvent être amoindris par deux principes fondamentaux : la parcimonie et la mutualisation.

Essayer de nouvelles méthodes avec parcimonie, c'est agir à tâtons, ou sur de petites surfaces, voire sur des individus isolés ou des lopins minuscules. La prise de risque est donc très faible, du domaine du maîtrisable ou du faiblement nuisible en cas d'échec cuisant. Mutualiser l'expérience peut consister, par exemple, à mener à

1. À l'heure où nous écrivons ces lignes, les premiers chiffres concernant la campagne de moisson 2024 en France et en Belgique indiquent des rendements environ 50 % inférieurs à la normale, dus majoritairement à des évènements météorologiques inhabituels en lien avec le réchauffement climatique et à la vulnérabilité des exploitations agricoles à ces évènements.

plusieurs une expérience semblable dans des contextes différents pour les comparer, ou au contraire traiter un même problème de façons totalement différentes dans un contexte comparable, ce qui peut faire gagner plusieurs années et limiter d'autant plus la prise de risque que la compensation de l'échec pourra elle aussi être partagée.

Faire ensemble un essai de plusieurs méthodes de culture de pommes de terre et mutualiser les éventuels gains pour compenser les éventuelles pertes rend l'opération moins sensible. De même, multiplier le nombre de regards sur un même sujet est également susceptible d'augmenter la pertinence des observations.

Oser sans crainte de l'inéluctable

Oser n'est pas forcément chose simple dans un jardin. Cette plante, que l'on souhaite « essayer », ne deviendra-t-elle pas envahissante au point d'échapper à tout contrôle ? Cette incision, que je m'apprête à faire, ne mettra-t-elle pas en danger le pêcher tout entier ? Ces peupliers, dont j'espère qu'ils me couperont du vent, ne vont-ils pas augmenter l'hygrométrie et l'ombre, qui favoriseront les maladies de mes précieux poiriers ? Et si, en fait, ce que je tente pour affronter les sécheresses à venir était contre-productif parce que, finalement, le climat deviendra plus froid et humide dans ma région ?

Autant de problèmes éventuels qui peuvent être paralysants, mais qui, souvent, peuvent se régler avec de l'huile de coude ou une tronçonneuse quand les choses commencent à mal tourner. La plus grande difficulté réside alors dans notre capacité à évaluer l'expérimentation et surtout à savoir y mettre un terme si nécessaire avant qu'il ne soit trop tard. Des scrupules peuvent envahir certains à l'idée d'abattre ou d'arracher un être vivant

– considération tout à fait honorable. Il ne faut néanmoins pas perdre de vue que tout ce qui a été vivant peut retourner dans le cycle de la vie en profitant à d'autres êtres.

Arracher quelques jeunes arbres pionniers pour continuer de cultiver un bout de potager nourricier n'est pas un drame en soi, surtout si ces jeunes arbres finissent dans un compost, une haie sèche, ou ailleurs où ils bénéficieront au jardin ou à d'autres espèces, au même titre que s'ils avaient été déracinés par un sanglier à la recherche de vers ou broutés par une harde de cerfs. Par contre, procéder à un arrachage systématique sur une vaste surface ne sera pas sans conséquences sur l'érosion du sol, son ombrage, et la matière organique, comme nous l'avons vu plus tôt.

De même, une réflexion analogue devra accompagner des choix plus spectaculaires, quand par exemple il faudra peut-être abattre un arbre adulte qui pousse le mur d'une maison, ou bien déterminer si, d'un frêne et d'un pommier très proches l'un de l'autre, on choisit de privilégier la production du pommier en abattant le frêne, ou si l'on se satisfait d'une maigre récolte en ne touchant rien, le frêne couvrant rapidement le pommier de son ombre. Le bois du frêne pourrait chauffer, servir en menuiserie, constituer des clôtures, des bancs, être broyé – ou non – pour être incorporé au sol et le rendre plus fertile ou améliorer sa rétention en eau, voire rester sur place pour servir d'abri à une myriade d'espèces. Au jardinier, il revient d'arbitrer jusqu'à quel point son abattage serait un problème plus qu'un avantage.

De la sérendipité, encore

Enfin, l'expérimentation peut être involontaire, un oubli, un égarement, l'intervention fortuite d'un animal, d'une personne ou des éléments, pouvant conduire à une modification de l'état des choses, parfois brutale, que l'on n'aurait osé soi-même. L'opportunisme pragmatique conduit dans ce type de circonstances, très naturellement, à profiter de cette situation pour en observer les effets ; puis, pourquoi pas, la reproduire si c'est à son avantage.

Peut-être sont-ce les chèvres qui ont « inventé » les trognes, cette taille des arbres consistant à développer une production de rejets. Peut-être que les premières boutures étaient en réalité des clôtures faites de rameaux « trop » frais qui ont produit des racines ? Peut-être, aussi, faudra-t-il le miracle d'une graine de raisin passée par le système digestif d'un oiseau pour découvrir que, contre toute attente, un certain terrain s'avère propice à la vigne ?

L'attrait vénéneux des grandes planifications

Mais peut-être est-il tout de même utile d'évoquer la démesure et les pratiques déraisonnables. Si la parcimonie est par définition la méthodologie expérimentale la plus raisonnable, il serait mensonger de dire qu'elle est la seule qu'il soit envisageable de pratiquer. Certains projets, certaines utopies ne semblent pouvoir voir le jour autrement que par une forme de poussée intuitive, notamment parce qu'ils sont totalement en dehors des standards ou qu'il n'est pas d'autre moyen de les tenter qu'à large échelle. Les sources du Mont-Aigoual et de ses alentours, évoquées dans la première partie de l'ouvrage, n'auraient pas été ravivées si vite si les plantations expérimentales lancées sous Napoléon étaient restées à l'échelle du bosquet.

Si les résultats peuvent être grandioses, les bénéfices nombreux et la satisfaction totale, ils peuvent évidemment être tout l'inverse, ruinant l'expérimentateur ou nuisant à long terme au jardin. Fréquemment, les catastrophes sont liées à de la négligence quant à la part d'inconnu lié au projet.

Le cas de l'élevage du ragondin en Europe au XIXe siècle est de ceux-là : cet animal qui devait faire la fortune de ses éleveurs pour sa peau, sa chair et même ses os ou ses dents s'avéra plus difficile à élever et moins rentable que prévu. Malin, il s'échappa de ses geôles pour gagner les zones humides de tout le continent, modifiant depuis lors les écosystèmes et posant un certain nombre de problèmes sur les infrastructures (dégâts sur les systèmes hydrauliques et les digues) et les cultures (écrasement et consommation de céréales, betteraves, maïs).

Et combien de jardiniers un peu trop sûrs d'eux ont cru pouvoir tenir en respect des bambous qui finissent par conquérir de vastes surfaces, rendant le sol impropre à toute autre plante à moins d'une bataille continuelle pour en limiter l'expansion ! Mais au moins, on sait maintenant où peuvent se plaire le ragondin comme le bambou, et inventer les façons de s'accommoder ou mettre à profit leur expansion formidable.

La grande échelle, un modèle civilisationnel

Cette question de l'expérimentation est tout autant un impératif fondamental à la ville qu'au jardin[1] à cause de son histoire. La civilisation occidentale est le résultat d'une longue évolution, d'une répression permanente des modèles civilisationnels basés sur de *petits* groupes humains. La

---

1. L'expérimentation est tellement importante qu'elle affleure à de multiples endroits dans cet ouvrage : nous reviendrons par exemple sur ce sujet dans le chapitre *Planifier moins, métaplanifier plus*, et il a aussi déjà été évoqué la tentation de grande échelle dans la discussion sur les intrants au chapitre *Se méfier des solutions simplistes*.

recherche de l'effet d'échelle s'étale sur quelques milliers d'années et est consubstantielle à l'apparition de structures sociales (religions) et étatiques (royaume, empire) de taille importante. Les premiers empires, par exemple en Mésopotamie, donnent lieu à l'émergence de l'écriture, la comptabilité, l'État, la guerre coloniale, les grandes religions, etc. Tous ces éléments, que certains lient à l'idée de civilisation, ont en commun d'être associés au gros, au grand, dans tous les sens du terme.

Inlassablement, les structures humaines vivant à petite échelle ont été éliminées ou subjuguées : petits royaumes africains, tribus asiatiques, petits empires sans marine de guerre de l'Amérique précolombienne, tous ont été submergés quand confrontés à l'échelle des grands empires, en particulier occidentaux.

Dans un lien étonnant entre le jardin et la ville, les historiens associent spécifiquement l'émergence d'empires aux nourritures qui permettent l'accumulation et le transport *à grande échelle*. Les civilisations basées sur les grains, par exemple en Mésopotamie avec le blé, peuvent stocker la nourriture, car elle se conserve, se thésaurise, et se transporte pour la guerre. Cela permet croissance et politiques coloniales. Par contraste, certaines civilisations dépendent de nourritures impropres à l'accumulation, par exemple les peuples d'Afrique centrale se basent sur des racines comme le taro et l'igname, difficiles à transporter et à conserver.

Des remises en cause du système de la grande échelle

Depuis l'émergence du modèle industriel au XIXe siècle, de multiples remises en cause ont régulièrement eu lieu : par exemple, l'industrie automobile japonaise va prendre le dessus sur l'Américaine en développant une doctrine alternative, le *Lean*[1]. Elle consiste à envisager l'action de manière plus *maigre* (« lean », en anglais), avec des chaînes logistiques plus courtes, des outils plus légers, et d'accepter de s'arrêter quand la qualité n'est pas parfaite ou quand la demande n'est pas là.

À l'époque moderne, l'informatique donne lieu à une tension doctrinale similaire : les acteurs y ont une même tendance que leurs collègues de l'industrie, à savoir de ne développer que de *grands* projets, qui finissent généralement par déboucher sur des résultats décevants. Cela donne finalement lieu à l'émergence d'une doctrine alternative semblable au *Lean*, la méthode *Agile*, qui recommande de construire les systèmes d'information par de successives petites itérations.

Les doctrines Agile et Lean sont des rééquilibrages bienvenus à l'obsession de la grande échelle que l'industrie taylorienne avait développée. Elles imposent (enfin) une appréciation du parcimonieux et de la petite échelle discutée au jardin.

Des outils de l'expérimentation en gestion

La capacité à faire des expériences à petite échelle ne fait donc pas partie des canons du management classique. Pourtant le corpus d'outils permettant l'expérimentation est constamment augmenté, telle l'émergence dans les années 2000 du *Lean start-up*, une application de la logique Lean des années 1970 à la création de nouvelles activités entrepreneuriales.

---

1. James P. Womack *et al.*, *The Machine that Changed the World: Based on the Massachusetts Institute of Technology 5-million dollar 5-year Study on the Future of the Automobile*, Pearl, Rawson Associates, 1990.

Nous avons déjà évoqué la théorie de *l'effectuation*, qui identifie le comportement des entrepreneurs experts. Un des points centraux de leur approche est de travailler en *perte acceptable* (principe n° 3 de l'effectuation), et avec ce qu'on a déjà en main (principe n° 1). Sur un total de cinq principes, l'effectuation contient dans deux de ses principes l'idée que l'entrepreneuriat consiste à bricoler, à effectuer des expériences. Faire émerger une nouvelle activité économique requiert une approche similaire à celle pour faire émerger de nouvelles plantes dans un jardin.

La tendance à l'expérimentation dans le monde des affaires paraît d'autant plus recommandable qu'actuellement la technologie le permet toujours plus. Les évolutions des dernières décennies – le micro-ordinateur, les langages à code ouvert, l'imprimante 3D, etc. – ont souvent comme particularité d'être accessibles au plus grand nombre avec des investissements toujours plus petits. Par exemple, dans les années 1980, un service financier à distance requérait de gros ordinateurs et des mois de travail pour les programmeurs. Aujourd'hui, ce type de service est prototypable depuis un PC en quelques jours… du moment que l'on connaît ces outils.

Malgré cela, les cadres résistent à l'idée qu'ils devraient surtout apprendre à expérimenter. Cela contredit les aspirations managériales classiques – viser grand et planifier – qui ont été fondamentales durant les cent premières années du management, depuis l'émergence du modèle industriel au milieu du XIXe jusqu'à l'avènement du Lean dans les années 1970[1]. Le management du futur contiendra très certainement l'expérimentation comme outil de base, et les cadres apprendront

1. « The evolution of management models », Zlatko Bodrožić et Paul S. Adler, *Administrative Science Quarterly, 63*(1), 85-129, 2018.

dès l'école à y investir autant de méthode et de pratique qu'ils ont mis dans leur apprentissage de la planification à grande échelle. Avec un peu de moins de « vision », et un peu plus de mains dans la boue, le cadre du futur se verra peut-être enfin comme un jardinier.

L'administration publique s'ouvre à l'expérimentation

Dans les affaires publiques, la question se pose aussi en ces termes. En effet, l'État moderne s'est défini par son échelle, son application à de grandes populations. Au-delà de sa longue histoire marquée par Colbert et Napoléon, la France contemporaine a été très influencée par la planification d'après-guerre, par son développement en grands projets comme le Concorde, les villes nouvelles, le TGV, etc. Par ailleurs, les affaires publiques semblent présupposer un accès égalitaire de la population dans son ensemble à toute activité que l'État organise.

Ainsi, il n'était pas intuitif, ni même légal, de gérer une entité publique *et* de conduire des expériences. Heureusement, notre système administratif est structuré en une pyramide d'entités depuis l'État au sommet, aux régions, aux départements, communes, etc. Cela implique que des expérimentations à petite échelle sont néanmoins envisageables, au moins à la base de cette pyramide.

De grandes avancées sociétales et administratives peuvent ainsi être initiées par des tests au niveau communal. Par exemple, dans le domaine de l'environnement, les villes vont être à la pointe de l'expérimentation sur les transports et la place du vélo. Ce qui est testé et démontré à Bordeaux, Paris, Grenoble a alors des chances de se répandre, et un jour d'être incorporé au niveau national. Bien entendu, quand une telle expérimentation est étendue, cela constitue une planification, mais elle porte désormais sur un phénomène qui a été pleinement testé, ce qui est alors fort logique.

Cette évolution vers plus d'expérimentation est d'autant plus envisageable dans l'administration publique que les doctrines administratives évoluent. Non seulement la loi reconnaît depuis 2003 ce droit, mais les structures administratives promeuvent dorénavant les expériences – par exemple, à travers le dispositif *France Expérimentation*.[1]

Expérimenter les régimes économiques et politiques

Les grands défis sociétaux et environnementaux actuels incitent à rêver à d'autres mondes possibles, à d'autres modèles sociétaux. Néanmoins, sur les grandes questions comme la répartition des richesses, les modèles de croissance, la sauvegarde de la planète, il n'est pas toujours évident d'envisager des expériences vu la radicalité des changements à considérer.

Certains rêvent de révolution. D'autres craignent l'incertitude de toute révolution. L'expérimentation permet de satisfaire les deux.

En effet, la pyramide des entités continue au-delà de notre pays, il existe de nombreux pays dans le monde, ayant des contextes et des tailles différentes. Ce sont autant de sources d'expérimentations.

---

1. https://www.modernisation.gouv.fr/transformer-laction-publique/france-experimentation.

Par exemple, suite à la crise financière majeure de 2008, l'Islande a été obligée d'expérimenter une définanciarisation majeure de son économie, en réduisant massivement son nombre de banques et en effaçant certaines dettes. Cette expérience peut dorénavant alimenter le débat public dans d'autres pays sur le poids des institutions financières, sur la possibilité de se réorganiser vers plus d'économie réelle, etc.

Prenons un autre cas où la diffusion d'expérimentation passe à l'échelle étatique. Le modèle du service civique, qui vise à l'intégration sociale des jeunes par des activités sociales, a émergé en France à la suite de la suppression du service militaire par Jacques Chirac. Il est finalement rentré dans la loi française sous la présidence Sarkozy.

Cette innovation sociale avait été initiée aux États-Unis dans un modèle purement associatif porté par l'association *City Year*. Son transfert international, puis le passage de l'échelle associative à un dispositif national se sont effectués en France, en une douzaine d'années, à travers l'association française *Unis-Cité*. Dès leurs débuts en 1994, l'objectif des fondatrices d'Unis-Cité n'était pas juste de reproduire City Year, mais bien de diffuser ce modèle qui avait été validé ailleurs, et d'en faire un outil d'action publique d'ampleur nationale. Aujourd'hui, l'expérience a réussi, environ 10 % d'une tranche d'âge effectue un service civique, et ce dispositif poursuit sa montée en charge à travers de nombreux autres opérateurs comme la Croix-Rouge. Et Unis-Cité continue, expérimentant aujourd'hui l'extension du service civique dans le domaine de la transition écologique.

Ceci démontre que même les grands arrangements nationaux ne sont pas hors de portée d'une *logique d'expérimentation*, contrairement à l'impression qu'on pourrait en avoir[1]. Chacun à son échelle, depuis le jardinier jusqu'aux législateurs de plus haut niveau, se devrait de développer le savoir-faire, la pratique, et l'appétence pour l'expérimentation.

1. On pourra consulter l'article suivant pour une réflexion sur l'application par l'État de telles modalités émergentes dans le cas de la crise du COVID-19 : Fabrice Cavarretta, « En temps de crise, il faut anticiper le risque et composer avec l'incertitude », Ladn.eu, 2020.

Planifier moins, métaplanifier plus

Le travail de concepteur-paysagiste consiste à prévoir. Prévoir comment le jardin conçu sera utilisé, ce à quoi il ressemblera à court, moyen et long terme, et prévoir tout ce que cela engendrera. Autant dire que, par essence, cela incite peu à l'improvisation.

Pourtant, nombre de facteurs peuvent échapper à son contrôle. Nous avons évoqué la fréquente inadaptation de conceptions passées aux réalités contemporaines. En particulier, la planification s'avère périlleuse lorsqu'elle concerne des êtres vivants, mobiles et autonomes d'une part, et d'autre part d'autres êtres parfois ancrés pour des siècles et amenés à croître considérablement.

Les grands jardins planifiés, trop coûteux et peu robustes

Il a fallu énormément de talent et de connaissances horticoles aux concepteurs des grands parcs urbains nord-américains, britanniques ou français pour qu'ils remplissent encore leurs fonctions aujourd'hui. Il aura fallu également une armada de jardiniers et des moyens – réservés aux sites d'exception – pour qu'aujourd'hui encore on puisse en profiter. Ceux-là ont été figés durant un siècle ou plus dans l'héritage de leur image d'origine, musées paysagers tels les jardins à la française de Versailles ou d'ailleurs. Tenter de conserver l'aspect d'un jardin historique et patrimonial aussi intact que possible est une gageure pour ainsi dire contre nature. On peut discuter l'intérêt de ce maintien, surtout à ce coût : certains l'assimilent à un conservatisme excessif, tandis que d'autres considèrent leur caractère muséal indispensable.

Néanmoins, de nombreux grands jardins autrefois immuables sont désormais l'objet de transformations nécessaires pour les adapter aux grands enjeux de notre temps, à commencer par le dérèglement climatique et ses effets. Pelouses que l'on cesse partiellement ou totalement de tondre ou qu'on confie à des troupeaux de moutons, arbres dont on abandonne progressivement l'élagage annuel[1], remplacement de la flore annuelle par des plantes vivaces, ou de plantes gourmandes en eau par des végétaux des régions arides font partie de ces modifications loin d'être mineures. Mais, pour reprendre une phrase désormais célèbre, *qui aurait pu prédire la crise climatique*[2] il y a un siècle ?

---

1. Des collectivités telles que Lyon ou Genève ont entamé un programme de reconfiguration des arbres urbains pour leur rendre un port naturel, malgré des décennies de tailles sous forme de « têtes de chat » et autres trognes. Leur charpente n'étant pas adaptée à supporter le poids de branches « normales » qu'une ramure laissée libre va induire, la reformation des arbres se fera en plusieurs étapes échelonnées sur une dizaine d'années, temps nécessaire pour consolider la structure végétale de géants parfois centenaires.

2. Lors de son discours de nouvelle année 2023, le président de la République française, Emmanuel Macron, s'était interrogé : « Qui aurait pu prédire (…) la crise climatique aux effets spectaculaires ? » Ceci a généré une polémique, sachant que le GIEC annonce ces crises depuis son premier rapport en 1990 et que par ailleurs, la France, signataire des accords sur le climat de la COP21, s'est vue condamnée par le tribunal administratif pour « inaction climatique » (2021) et mise sous surveillance

Dès lors, il pourrait sembler peine perdue de concevoir des aménagements paysagers durables dans un monde infiniment changeant. Avec des conditions, un contexte, des impératifs qui ne cessent d'évoluer, parfois de façon brutale et imprévisible, des essences d'arbres dont on ne sait même pas si elles pourront survivre dans les vingt années à venir – et encore moins dans un siècle ou deux –, des habitudes collectives ou des usages qui changent et sont encore susceptibles de changer en profondeur dans les années qui viennent, créer aujourd'hui un jardin apte à répondre aux besoins de demain paraît tout bonnement une utopie irréalisable. Ce n'est pourtant pas tout à fait vrai...

Ouvrir sa conception du jardin pour permettre l'émergence

Nous avons vu que les contraintes diminuaient si l'on simplifiait les fonctions exigées d'un jardin pour qu'elles puissent plus facilement correspondre à ce qu'il peut naturellement offrir. Mais cela ne s'arrête pas là : moins les besoins sont figés dans une configuration exigeante, plus il est facile d'adapter le lieu à des conditions ou des besoins qui évoluent. Une prairie, par exemple, pourra très facilement être tondue pour un évènement puis retrouver quelques semaines plus tard son naturel. De grands arbres libérés de la taille de formation pourront aussi bien constituer un massif forestier dense qu'une futaie claire, voire un alignement plus formel si on limite simplement le développement d'autres sujets.

---

par le Conseil d'État (2023) : Muryel Jacque, « Climat : le Conseil d'État maintient la pression sur le gouvernement », *Les Échos*, 10 mai 2023.

Contrairement à ce qu'on imagine, un jardin peut aussi être modulable, *a fortiori* si on limite les aménagements inamovibles tels que constructions, allées maçonnées et autres infrastructures. Une forme de mobilité des équipements, par exemple en employant du matériel démontable ou des matériaux renouvelables (broyat de branches pour les allées secondaires, panneaux de bois tressé ou hautes graminées en guise de clôtures...). Des constructions légères, modulables ou mobiles comme peuvent l'être beaucoup de bâtiments en bois[1], permettent de modifier, chaque fois que nécessaire, l'agencement du jardin pour répondre à l'évolution des besoins de ses usagers. La réversibilité, qu'on voit apparaître comme une exigence de plus en plus systématique chez les maîtres d'ouvrage de bâtiments publics, s'applique aussi, au moins partiellement, au jardin.

Si un peu de planification est évidemment nécessaire pour les plus importants des aménagements, il est pertinent de ne pas considérer que l'ensemble de ce qu'ils seront est planifiable sur le long terme. Une majorité de paysagistes considèrent que les choix de variété pour les jardins qu'ils créent aujourd'hui ne seront plus

---

1. Certaines maisons traditionnelles japonaises en bois construites sans clou, telles les Kominkas, sont intégralement démontables et remontables, presque indéfiniment. L'excellence de leur réalisation rend possible le déplacement de bâtiments parfois plus que centenaires, leur réassemblage ne prenant que quelques jours à l'aide de seuls outils manuels. Aux États-Unis, on transporte des villas entières sans les démonter, parfois sur de très grandes distances et depuis longtemps. Au XIXe siècle, une partie des maisons situées près du port de San Francisco étaient déplacées parfois sur plusieurs kilomètres pour suivre l'évolution urbanistique de la ville. Placées sur des rondins, elles étaient tirées par un câble fixé sur un palan et un cabestan actionné par un unique cheval et avançaient ainsi de cabestan en cabestan, leurs habitants continuant de les occuper durant l'opération.

adaptés au climat dans dix ou vingt ans. Ce sujet prégnant est d'ailleurs au cœur des discussions formelles ou informelles de la plupart des professionnels. La question devenue monnaie courante, même si elle reste sans réponse universelle ni satisfaisante, est : « et toi, qu'est-ce que tu penses qu'il faut planter maintenant, en remplacement de tout ce qui ne tient plus ? »

Planifier l'émergence, l'expérimentation, l'apport des parties prenantes

Face aux très nombreuses inconnues, les décisions « définitives » sont autant d'écueils probables et l'on se doit d'attendre la dernière minute pour les prendre afin de limiter les chances d'erreurs. Le paysagiste et le jardinier qui doivent ensuite intervenir se retrouvent donc dans une situation qui rappelle celle de l'aïkidoka, dont l'objectif est une réaction proportionnée et immédiate à une agression. En fait, dans l'esprit de l'aïkido, il n'y a pour ainsi dire pas de combat, puisque celui-ci se termine au moment même où il commence[1].

Au jardin, cela pourrait ressembler à planter un arbre sans décider au préalable quel sera son devenir, puisque son devenir échappera tôt ou tard à la volonté du concepteur et que sa décision initiale sera donc comme inexistante. Ou bien encore à intervenir d'une façon si discrète et appropriée que l'intervention sera imperceptible, d'autant plus qu'elle aura été effectuée au

1. L'aïkido est un art martial dans lequel on tire énormément parti de la force et de l'agressivité de son adversaire, où la réaction se doit d'être rapide et parfaitement adaptée. Les techniques employées visant non pas à vaincre l'adversaire, mais à réduire sa tentative d'attaque à néant.

bon moment : tordre une branche au lieu de la couper, par exemple.

Dans le cadre de l'entretien, on atteint la fine limite entre les interventions curatives et préventives : agir avant qu'il ne soit trop tard, mais ne pas agir si ce n'est pas réellement nécessaire. Au regard de l'aspect exponentiel de certaines dynamiques du vivant, parvenir à cela tient de toute évidence du grand art, de l'intuition ou de la chance. Mais aussi de l'empirisme et du bon sens.

Nous avons déjà discuté de l'importance du temps d'observation et de l'expérimentation, de l'ouverture du champ des possibles à des éventualités non envisagées. Dans cet état d'esprit, la planification consiste surtout à simuler le futur jardin, à faire un essai, puis un autre.

Découper l'espace à l'aide de piquets et de cordes, en délimiter les massifs éventuels par des passages de tondeuse ou de faux, des tranchées provisoires, ouvrir des passages dans les taillis pour voir si les usagers les emploient ou, mieux encore, s'appuyer sur ceux qu'ils ont instinctivement choisi d'emprunter. Faire plusieurs essais, les comparer.

Ce processus doit aussi tester et laisser émerger les parties prenantes. Dans l'espace public, interroger les citoyens sur leurs envies, les faire participer à la conception même du projet dont ils auront l'usage plutôt qu'affronter les dégradations liées à des usages en inadéquation avec la conception. Les médias sociaux (par exemple, Facebook) font dorénavant partie des outils disponibles pour augmenter la pertinence de la création ou de l'intervention.

Les jardins sont des espaces socialisés, d'une façon ou d'une autre. L'aménagement gagne à se concrétiser petit à petit, chaque nouveauté étant susceptible d'engendrer une nouvelle variation. D'ailleurs, la flore spontanée qui apparaît au fur et à mesure constitue déjà une partie de l'aménagement, voire sa totalité dans certains cas.

Prendre du recul avec la doctrine planificatrice

Une telle doctrine peut sembler utopique dans le domaine du jardinage. Elle trouve encore moins d'écho dans la vision naïve de l'action à la ville. Que ce soit dans les domaines publics tels que l'urbanisme, dans les domaines industriels tels que la gestion, l'acteur est très souvent vu d'abord comme un planificateur.

En effet, les doctrines actuelles sont fortement influencées par le progrès économique et sociétal durant la période moderne de l'occident, celle où les empires étatiques et les grandes industries se sont développés. Cela ne veut pas dire que le savoir planificateur était inexistant avant la modernité. C'est juste qu'il était implicite, souvent lié à des pratiques locales, transmises par expérience. Les commerçants savent gérer leur boutique depuis des millénaires. Les chefs de tribus savent gérer leurs prairies, ou la cueillette sur des parcours de migration depuis encore plus longtemps. Au XIXe siècle, avec l'essor des États-nations et de l'industrie moderne, on ressent le besoin de formaliser une *autre* manière de gérer.

Immanquablement, ce corpus doctrinal va se construire en opposition aux méthodes pragmatiques et de petite échelle. Ces nouveaux savoirs de gestion – déployés dans les sphères politiques, industrielles, sociales, agricoles... – vont privilégier les méthodes liées à l'obtention de grandes tailles, de gros effets d'échelle. Dans le passé, mise en œuvre principalement par des systèmes étatiques royaux, la planification devient alors un modèle mental dominant.

Se prémunir contre la cérémonialité

Cette doctrine planificatrice, au-delà de sa fonction historique, génère par ailleurs des habitudes, une forme d'esthétique. L'acteur apprend à associer la manipulation des outils de planification avec le prestige et la légitimité. Le fait de produire des plans, de les présenter, de les débattre devient le marqueur d'une caste managériale. Ces pratiques deviennent fétichisées dans un processus qui ressemble plus à une cérémonie.

Par exemple, quand la vague entrepreneuriale portée par le développement d'Internet déferle autour de l'an 2000, elle est associée à une myriade d'activités cérémoniales telles que l'idéation (le processus de production d'idée), la planification (la production des plans), la présentation (le langage de conviction et l'outil PowerPoint), et enfin le financement (validation donnant lieu à attribution de ressources).

Ces activités ne sont pas en elles-mêmes totalement inutiles, mais le problème est qu'elles deviennent centrales à la vie de l'acteur. En effet, comme évoqué précédemment, les études scientifiques ont démontré que la création de nouvelles activités ne procède pas de cela, mais bien d'un processus particulier, *l'effectuation*, qui est ancrée entre autres dans la pratique, la relation aux autres et la surprise. Ainsi, les cycles d'idéations, de planifications, de financements, en viennent à constituer *la cérémonie* attendue autour de l'entrepreneuriat, une cérémonie envahissante et inadaptée[1].

Elle s'impose également dans d'autres domaines, tels que la gouvernance des États ou des ONG. Par exemple,

1. Il a été documenté depuis longtemps que la gestion des organisations procède beaucoup par *cérémonial* : « The Role of Ceremonials in Organizational Behavior », Harrison M. Trice, *et al.*, *Industrial and Labor Relations Review*, *23*(1), 40-51, 1969.

les activités d'accompagnement social ou environnemental deviennent un cycle permanent de réponses d'*appels à projets,* où vont primer la recherche d'effet d'échelle et une forme de présentation similaire à l'entrepreneuriat classique. Cette importation de la pratique managériale peut arriver à épuiser et dégoûter ceux qui désireraient se consacrer aux vrais problèmes de la communauté[1].

Développer l'ambidextrie, entre planification et émergence

La planification n'est pas en elle-même à rejeter, car elle reste une pratique cruciale ; elle est même indispensable si – et quand – l'on désire accroître la taille d'une organisation. La difficulté est juste de la remettre à sa place. Et de redonner ses lettres de noblesse aux autres processus que sont l'expérimentation, l'émergence, ou l'itération.

Le nom de ces approches alternatives peut varier selon le contexte. Certains diront qu'il faut être *lean*, d'autres diront *agile*, ou *effectual*, d'autres se focaliseront sur *l'émergence*, certains parleront de *jardinage punk,* ou de *permaculture*. Par contraste, l'approche traditionnelle peut être qualifiée de *taylorienne*, *fordiste*, *planificatrice* ou *managériale*.[2]

Peu importent les mots, l'important est d'être à l'aise avec chacune de ces deux approches et de développer

1. Robert Castel et Nicolas Duvoux, *L'Avenir de la solidarité*, Paris, PUF, 2013.

2. La plupart de ces termes sont soit évidents soit déjà introduits ailleurs. On précise que le terme *agile* recouvre une doctrine moderne de développement logiciel, inspiré du Lean manufacturier, qui a ensuite migré comme outil de management en général : Kent Beck *et al.*, *Manifesto for Agile Software Development*, 2001.

son *ambidextrie* pour être capable de pratiquer le monde de ses deux mains : Lean *et* tayloriste ; ou Agile *et* managérial ; ou émergent *et* planificatoire. C'est bien l'ambidextrie qui est indispensable à tous ceux qui ont à gérer des écosystèmes complexes, qu'ils soient politiciens, gestionnaires, activistes, agriculteurs, éducateurs, etc. Pour paraphraser l'humoriste français des années 1980 Pierre Desproges, *si l'on est soit l'un, soit l'autre, on est hémiplégique*. Plutôt que de considérer qu'une seule approche est systématiquement la bonne, il semble de loin plus pertinent d'adopter la nuance en hybridant les approches pour développer une vaste gamme de gris entre le noir et le blanc, et pourquoi pas, éclaboussée de couleurs inattendues.

Métaplanification : marge, émergence, itération, expérimentation

Une fois cette mentalité adoptée, l'acteur reste capable de planifier comme le prescrit l'approche classique, mais aussi de déployer une démarche d'écosystème avec une large boîte à outils qui va au-delà d'un plan de tâches à accomplir. Le terme de *métaplanification* vient des sciences cognitives[1], il recouvre les processus visant à atteindre un objectif non pas par un plan direct, mais par des actions indirectes et de second ordre.

Pour un acteur qui voudrait avoir un rapport mature à son écosystème, métaplanifier comprendra donc la planification de certaines tâches, mais aussi la possibilité de ne pas planifier, le choix d'expérimenter d'abord, l'anticipation que les choses pourraient ne pas marcher ou

1. Voir par exemple : « Planning the Process of Improving the Planning Process: A Case Study in Meta-Planning », James R. Emshoff, *Management Science, 24*(11), 1095-1108, 1978.

que les choses pourraient émerger, la préparation à des ajustements à décider ultérieurement, et enfin se motiver à devoir inlassablement recommencer, etc.

Prenons l'une des manières d'influencer le futur sans planification, l'expérimentation, traitée au chapitre précédent. Une décision typique dans une organisation peut consister à ouvrir des zones « bac à sable » (du terme consacré en anglais, *sandbox*) où les acteurs vont pouvoir tester et découvrir différentes modalités. Ce terme capture l'idée que de petites expériences peuvent y être démarrées dans de petites zones, constituant ensuite des briques qu'on peut recombiner ou même étendre ultérieurement de manière planifiée.

Andy Grove chez Intel : avoir permis l'émergence ou avoir vu le futur ?

Dans une entreprise, ces possibilités d'expérimentation peuvent être explicitement organisées par les dirigeants, ou elles peuvent exister car la modalité de management autorise implicitement les différentes entités à conduire des expérimentations en soutien d'une culture entrepreneuriale de qualité.

Prenons un exemple concret auquel nous avons commencé à faire allusion plus haut : dans les années 1980, l'entreprise de composants électroniques Intel avait comme activité principale la production de *mémoires* d'ordinateurs, une activité à gros volume et petite marge, et considérée comme à faible valeur ajoutée. Discrètement, des expérimentations avaient été conduites dans les usines, sans même que la direction l'ait ordonné, pour produire des *microprocesseurs*, le cerveau de l'ordinateur, vendu en beaucoup plus petit volume, mais à plus forte marge et requérant des compétences beaucoup plus pointues que la production de composant mémoire. L'existence de ces expérimentations « pirates » a permis qu'à un moment, la nouvelle activité de microprocesseur puisse être étendue à grande échelle au point de constituer aujourd'hui le cœur de l'activité d'Intel. Paradoxalement, cette transition avait été interprétée par tous comme un *choix* du PDG, Andy Grove.

Et pourtant, lorsqu'un chercheur de Stanford, A. Burgelman, a effectué une recherche historique sur la période de cette évolution, en collaboration avec le PDG Andy Grove lui-même, ils ont ensemble conclu que ce choix apparent dérivait surtout du fait que les divisions opérationnelles avaient effectué des expériences. Sans cela, le choix aurait été impossible, car la marche de progression pour rentrer dans ce marché pointu aurait été trop élevée. La contribution d'Andy Grove – en tant que PDG – n'était donc pas tant d'avoir fait un choix stratégique ou planificateur, mais qu'il avait géré son équipe de manière à permettre que de telles expérimentations, pourtant non validées, aient quand même lieu et permettent par la suite d'avoir des options pour pouvoir faire des choix intéressants. De fait, le management d'Intel à cette période-là permettait l'émergence d'activités non planifiées ; ceci constitue un exemple parfait de métaplanification[1].

---

1. En l'occurrence, le contraste entre *planification* et *métaplanification* est exprimé par les termes *contenu* et *processus* dans le domaine de la stratégie d'entreprise. Voici l'article séminal de Burgelman qui promeut une approche en « processus de la stratégie ». On notera le lien avec le concept d'*évolution* dès le titre :

« A Process Model of Strategic Business Exit : Implications for an Evolutionary Perspective on Strategy », Robert A. Burgelman, *Strategic Management Journal, 17*, 22p, 1996.

Métaplanifier en privilégiant l'expérimentation

Quelles modalités la métaplannification recouvre-t-elle précisément ? Un exemple de mécanisme pour augmenter les chances que l'organisation évolue par expérimentation, consiste à en créer la possibilité, donc à ouvrir de tels espaces d'expérimentation dans l'organisation. Dans le cas d'Intel, il s'avère que les directeurs d'activité et d'usine avaient naturellement à leur disposition des moyens matériels et du personnel tels qu'une expérimentation de production de processeur pouvait être faite sans que le pouvoir central ait besoin d'être consulté. Il suffisait alors que la culture managériale incite ces patrons d'activités à se sentir autorisés à expérimenter, ce qui était le cas dans cette jeune firme au début des années 1980.

Les espaces d'expérimentation ne sont pas nécessairement des espaces physiques, ils peuvent être aussi des espaces temporels. Une méthode consiste notamment à libérer automatiquement une petite marge de ressources aux employés – du temps – à utiliser librement pour bricoler. Google a longtemps alloué 20 % de leur temps à ses ingénieurs, pour laisser émerger librement n'importe quel projet qui leur plaisait, ce qui a résulté par exemple en l'émergence de Gmail, le service de courriel gratuit[1].

---

1. Avec la croissance de l'entreprise pour devenir une immense organisation, il semblerait que la règle des 20 % soit de moins en moins appliquée effectivement chez Google, ou alors ironiquement, sous la forme d'une règle des 120 %, laissant entendre qu'on doit dédier 20 % à l'expérimentation… au-delà de son temps de travail. Google confirme néanmoins que ceci est toujours une norme et les experts considèrent que la perte de son application effective dans le cas d'une telle taille, ne contredit pas son efficacité dans les autres cas. https://www.inc.com/bill-murphy-jr/google-says-it-still-uses-20-percent-rule-you-should-totally-copy-it.html

Ceci constitue une adaptation utilitariste de ce qu'on appelait autrefois « la perruque » : les ouvriers des usines fabriquaient, durant leur temps de travail et avec les outils de travail de leur usine, des objets pour leur propre usage – que parfois ils revendaient – parfois sans lien direct avec la production spécifique du site[1]. Ainsi, dans certaines entreprises à la pointe, cette créativité déployée « hors production normale » peut être tolérée, ou même incitée dans la mesure où elle est consacrée à l'entreprise et à son bénéfice direct. En cela, les doctrines de management évoluent vers plus de subtilité sur la manière de capturer l'énergie créatrice des employés, énergies trop longtemps bridées par les œillères productivistes du système taylorien.

On peut aussi insister pour que les équipes se sentent vraiment incitées à tenter des recombinaisons des ressources de l'organisation, hors de tout plan, et même si cela échoue. Par exemple, le PDG du groupe Tata organise chaque année une cérémonie pour récompenser les plus beaux *échecs* de l'entreprise. Celle-ci n'a aucun caractère ironique. C'est le mécanisme choisi par cet entrepreneur pour bien faire comprendre à son organisation qu'il valorise réellement que l'on prenne quelques risques raisonnables en bricolant localement. Ceux qui s'y essaient méritent d'être reconnus même si leur tentative ne marche pas.

Cette liste d'exemples – zones d'expérimentation, allocation de ressources pour bricoler, récompense à la prise de risques raisonnables – illustre l'idée de la métaplanification. Elle doit être complétée par de multiples autres mécanismes plus classiques, tels les programmes de formation ou le développement d'une bonne

1. « La "perruque" en usine : Approche d'une pratique marginale, illégale et fuyante », Michel Anteby, *Sociologie du travail, 45*(4), 453-471, 2003.

culture organisationnelle, pour fournir une boîte à outils permettant l'émergence... sans obligatoirement avoir planifié le résultat attendu.

Combattre la cérémonialité, développer son ambidextrie, ou métaplanifier s'applique à toutes les organisations que l'on gère, que ce soient des entreprises, des associations, des ONG, des entreprises ou des institutions publiques.

Le plan d'un espace écologique ou social est donc rempli de sous-espaces à vocations interchangeables, de trous qui se rempliront le temps venu. La vocation du paysagiste, du gestionnaire, du politique, de l'activiste est de créer le cadre pour que les évolutions puissent advenir, ouvrir des espaces du possible, libérer l'énergie créatrice, imposer le moins d'entraves possible à la fois au changement, à la complexité, et aux multiples fonctions qui vont s'enchaîner sous son pilotage subtil.

Construire avec le cycle de vie et de mort

Comme nous l'avons vu dans la partie précédente, la peur de l'échec et de la mort sont des zones d'ombre pour l'acteur. Au-delà de cette prise de conscience, émotionnelle et intellectuelle, nous allons maintenant envisager une pratique qui accueille et s'appuie sur les processus d'échec ou même de disparition.

Le cycle de vie comprend les disparitions de masse

Lorsque les mares et étangs s'assèchent, beaucoup d'espèces qui y vivent meurent. Sans jugement, sans intention, sans objectif prédéterminé, le régime annuel des eaux ou l'atterrissement – le processus généralement naturel qui transforme peu à peu une étendue d'eau en zone humide par son comblement via la végétation ou des mouvements de terrain – vont provoquer la disparition d'une quantité immense d'êtres vivants. Il suffit de voir à quelle vitesse la vie se développe dans une simple flaque d'eau, des larves de moustiques aux vers de vase en passant par les bactéries et parfois les plantes, pour envisager l'ampleur du désastre lorsque le milieu aquatique disparaît sur tout ou partie d'un plan d'eau. Si leur cycle de vie n'entre pas en adéquation avec la modification provisoire ou définitive de leur milieu, les poissons, larves d'insectes, invertébrés, algues, etc., passeront inexorablement de vie à trépas faute d'eau.

Chacun a en tête ces images de points d'eau quasi asséchés en Afrique, où les animaux affluent de toute part pour boire, luttant pour accéder à l'eau où les attendent crocodiles ou poissons-chats gigantesques enfouis dans la vase, que marabouts et rapaces dévorent à leur tour dès lors qu'ils perdent leur mobilité. Cette vision du désastre, aussi éprouvante soit-elle, fait partie intégrante du cycle de certains écosystèmes et des espèces qui y vivent.

Si trop souvent, ces disparations se produisent sous l'influence de l'humain, le même processus se répète à différentes échelles depuis la nuit des temps sans son intervention spécifique. Les inondations liées aux moussons, les alternances de saisons sèches et de saisons humides, les éruptions volcaniques, l'érosion des montagnes de gneiss ou des falaises calcaires, les épidémies, les tsunamis sont autant de phénomènes naturels qui font disparaître en masse des êtres vivants pour les remplacer par autre chose – qui souvent leur ressemble, mais pas toujours – dans un délai plus ou moins long. Il est donc inéluctable que certains microcosmes, voire des écosystèmes entiers, disparaissent parfois.

La perte, difficile à accepter, mais riche de potentialités

S'il est assez facile de se projeter dans « l'après-inondation » d'un potager qui aurait vu toutes les cultures annuelles emportées par une crue, il est plus difficile d'identifier à court terme les bénéfices d'un glissement de terrain qui emporte toute la terre fertile et les arbres qui avaient mis des siècles à s'établir sur un flanc de montagne initialement stérile.

La reconstitution d'un écosystème vivant et fonctionnel comparable prendra dans ce second cas un temps très long ; on estime parfois que le sol se « fabrique » à la vitesse d'un centimètre par siècle, voire par millénaire selon les conditions du milieu. Pour le jardinier, au sens large du terme, ce type d'évènement peut difficilement être considéré autrement que comme une catastrophe : dans les meilleurs des cas, il ne pourra que s'y adapter ou tout reconstruire différemment *ex nihilo*.

Mais prenons cette distance dont il était question…

Le potager ravagé n'était peut-être pas au bon endroit, et le prochain sera établi ailleurs. Si ce n'est pas possible, la crue aura peut-être apporté des alluvions riches qui rendront les prochaines récoltes meilleures si une nouvelle crue ne les emporte pas. Sur ce pan de montagne stérile d'où le terrain a glissé, des espèces réapparaîtront bientôt qui ne savent vivre que là, occupant leur strate de temps pour préparer sur des générations et des générations les prémices d'un sol fertile, d'une forêt, ou accueillir pendant quelques décennies l'aire[1] d'un couple d'aigles qui ne trouvait pas d'endroit aussi propice où nicher.

Chaque catastrophe ou désastre, quelles qu'en soient ses origines, contient en elle autre chose que des maux, même si ceux-ci sont en apparence toujours majoritaires à court terme.

Les scories du volcan qui a ravagé la région auront peut-être, quand elles auront refroidi, rendu le sol bien plus fertile qu'il ne l'était. Les animaux les plus faibles ou les plus malchanceux au bord de telle mare putride africaine auront nourri les prédateurs et charognards,

---

1. L'*aire* est le nom du nid des aigles et de certains autres grands rapaces.

qui pourront alors continuer à jouer leur rôle de nettoyeurs pour limiter l'ampleur des épidémies à venir et réguler les populations d'herbivores qui risqueraient, sinon, de transformer la zone en désert. La vase riche et les corps devenus simple matière organique auront permis l'émergence d'une flore spécifique abondante et nourricière, favorisant le retour de toutes les espèces qui en ont besoin et la chaîne trophique[1] qui s'ensuit.

Potentialités parfois dans une autre temporalité

Parfois, une espèce, un écosystème ou un milieu disparaît sans qu'aucun bénéfice local ne soit perceptible, avec pour seule conséquence l'érosion pure et simple de la vie.

L'incommensurable extinction de masse liée aux activités humaines[2] en est un exemple, les espèces

---

1. Une chaîne trophique est une succession d'organismes dont chacun vit aux dépens du précédent. Les producteurs, les consommateurs et les décomposeurs en sont les éléments interdépendants, les uns pouvant également parfois être les autres en même temps (décomposeur qui serait également producteur sous forme de proie, par exemple).

2. Les scientifiques pensent que la pollution, le défrichement, l'agriculture conventionnelle, la surpêche et une grande partie des activités humaines de la civilisation majoritaire contemporaine pourraient conduire à l'extinction de la moitié des espèces terrestres et marines de la planète d'ici 2100. Ils estiment que le taux actuel d'extinction des êtres vivants sauvages est 1 000 à 10 000 fois supérieur à celui des extinctions « normales » depuis des milliers d'années. À l'échelle géologique, et mise en perspective avec l'âge de la planète, cette brutalité est comparable à celle de la chute de la météorite qui a précipité la fin du règne des dinosaures, point d'orgue d'une période ayant vu la disparition de 50 % des espèces vivant sur Terre il y a 66 millions d'années. Les chiffres contemporains en sont très proches, comme indiqué plus précisément dans un

disparaissant n'étant – à ce jour – pas remplacées par d'autres, et leur disparition compromettant même parfois l'habitabilité pour les êtres vivants de certains sites ou régions en rompant des équilibres fragiles issus de millions d'années d'évolution et de coévolution. Si un bénéfice pour les êtres vivants apparaît un jour, le jardinier d'aujourd'hui n'en sera vraisemblablement pas le témoin, et son éventuelle descendance ne sera peut-être même pas concernée par ce gain.

Car, si la destruction n'est pas forcément mauvaise en tout sur une échelle de temps indéterminée, les bénéfices n'iront pas obligatoirement aux bénéficiaires du système antérieur. À moins que le jardinier ne devienne pêcheur, la submersion définitive par la mer de son potager côtier ne lui sera d'aucun secours, et tous les investissements qu'il aura pu y faire sous forme d'aménagements, plantations, entretien l'auront été en vain. Mais est-il en mesure de devenir pêcheur, ce jardinier, ou est-il comme de nombreuses espèces, si strictement inféodées – tellement dépendantes – à leur milieu, à une plante, à un aliment, qu'elles meurent si elles ne le retrouvent pas ? Si on les prive brutalement de fleurs desquelles tirer le nectar avec leur long bec étroit et fragile, les colibris ne se nourriront pas de pommes de terre, de noisettes ni de pastèques pour compenser.

Le jardinier, jongleur de temporalités

À raison, on dit du jardinier qu'il a un rapport au temps différent de celui de nombreux de ses semblables. La société de consommation a malheureusement un peu

---

chapitre précédent. « The Sixth Mass Extinction : fact, fiction or speculation ? », Robert H. Cowie, *et al.*, *Biological Reviews*, 97(2), 640-663, 2022.

écorné cette certitude, en faisant entrer les rythmes de la nature dans la course à l'immédiateté, même chez certains jardiniers.

Si les horticulteurs savent forcer[1] certaines plantes pour tromper les cycles et les saisons, il n'en demeure pas moins que la pratique majoritaire consiste à s'en accommoder. Le fruit ne viendra pas avant la fleur, l'été ne viendra pas avant le printemps (même si le dérèglement climatique brouille sévèrement le modèle qu'on connaissait jusqu'à récemment) et les récoltes seront plus abondantes et faciles à moissonner si la chaleur arrive au bon moment, et que la pluie ne tombe pas trop abondamment au moment de les réaliser, à la belle saison. De même, la beauté d'un arbre ou d'un jardin peut attendre de nombreuses années pour s'exprimer, et parfois même être accentuée par les marques du temps, y compris celles qui, un jour, ont été un problème.

Et que dire des innombrables cultures annuelles telles que coton, concombre, tabac, lin, pétunia, épinard, soja, colza, ces éternels éphémères qui remplissent les placards, les réfrigérateurs, les réservoirs de voitures et les balconnières à un stade ou un autre de leur courte vie ? Inlassablement, d'aucuns les sèment année après année au moment le plus adéquat, pour en tirer le meilleur bénéfice au moment le plus propice, qu'il faudra souvent guetter comme le lait sur le feu à la conjonction de multiples facteurs.

---

1. Le *forçage* consiste à pousser une plante à produire fleurs, fruits, ou autre organe au moment où on le souhaite, y compris hors saison. Avoir du muguet exactement le premier mai, des roses déjà en fleurs à la fête des mères même s'il fait froid dehors, les premières jacinthes fleuries à la sortie de l'hiver avant la concurrence, produire des endives toute l'année… sont quelques-unes des manifestations de cette pratique.

Une forme de fatalisme accompagne aussi le jardinier, car nombre de facteurs échapperont toujours à son contrôle. Mieux vaut pour lui qu'il y soit psychologiquement préparé, pour éviter stress inutile et lassitude.

Accepter l'évolution des institutions et organisations

Nous avons déjà évoqué la difficulté à accepter la mort et l'échec dans le système social. Le tabou de la disparition de ce qui a rapport à l'humain ne porte pas seulement sur les individus, mais aussi sur ses institutions, ses constructions sociales et ses organisations. Examinons cette réticence et surtout la possibilité de la surmonter.

Les sociétés occidentales ont atteint un fort degré de sophistication et de complexité en faisant lentement émerger de riches structures institutionnelles et organisationnelles[1] (Droit, Églises, État, démocratie, presse,

---

1. Une *institution* désigne les normes, de règles, de croyances et de pratiques sociales partagées et durables qui structurent les interactions sociales. Elles peuvent être formelles (codifiées dans des lois ou des règlements) ou informelles (basées sur des coutumes et des traditions). Elles ne sont pas nécessairement des organisations concrètes : par exemple, le mariage est une institution, tout comme la monnaie ou la propriété privée. Ainsi, une grande institution telle que la notion de dieu n'est pas obligatoirement une organisation, contrairement à l'Église catholique romaine qui est une organisation formelle avec une hiérarchie et des actifs matériels. Le texte classique suivant discute justement de la distinction entre les structures formelles (organisations) et l'institutionnalisation (le processus par lequel les pratiques et les croyances deviennent des normes sociales établies) : Paul J. DiMaggio et Walter W. Powell, *The New Institutionalism in Organizational Analysis*, Chicago, The University of Chicago Press, 1991.

sciences, justice, etc.), structures leur ayant permis d'élargir leurs tailles et zones d'influences. La capacité de l'humain à maintenir de multiples institutions et organisations vivantes *sur le long terme* est probablement un avantage évolutionniste et moral, mais cela crée aussi des difficultés.

En effet, le système social étant le lieu permanent d'évolutions, les arrangements institutionnels devraient idéalement se faire et se défaire. Mais la culture occidentale accordant un grand respect à la vie humaine, ses normes et lois étendent ce respect aux institutions qui y sont intimement associées tels la justice, le mariage, l'emploi, etc. Ceci accorde automatiquement une protection – émotionnelle et cognitive – à ces institutions, et rend difficile leur adaptation.

C'est particulièrement visible pour les organisations humaines, en particulier les entreprises, dans la signification qu'on attribue à leur cycle de vie et de mort. En effet, leur maintien en vie est l'objet de nombreuses pulsions de préservation, notamment car leur disparition peut avoir un impact sur les employés qui vont perdre leur emploi. Le maintien en vie de l'entreprise est synonyme de conservation de l'emploi, une préoccupation sociale fort légitime. Pour les PMEs, la cessation d'activité constitue aussi une menace pour le patron.

À l'aube de l'économie moderne, Schumpeter avait théorisé le cycle de vie et de mort sous l'expression de « destruction créatrice », par lequel les activités commerciales sont en permanence remplacées par d'autres qui sont plus performantes.[1]

Dans le passé, dans les grands groupes, la rotation des activités était perçue principalement comme une préoccupation des travailleurs, qui soupçonnaient que

---

1. Joseph A. Schumpeter, *Capitalisme, socialisme et démocratie*, Paris, Payot, 1942 [1990].

l'actionnaire s'y retrouverait, les milieux patronaux ne se sentant pas menacés compte tenu de la longue survie de ces grands groupes.

Néanmoins, l'évolution technologique du dernier demi-siècle a augmenté régulièrement au fil du temps et la possibilité de déchéance devient toujours plus présente, y compris dans l'esprit des dirigeants des grands groupes. Ceci est particulièrement marqué aux États-Unis, où la Silicon Valley impose une marche forcée de renouvellement, ce qui tend à influencer la classe managériale partout ailleurs.

Pour percevoir l'ordre de grandeur du phénomène, prenons un contexte qui se prête à une telle mesure. Au lieu d'essayer de quantifier la menace de fermeture des grandes entreprises (qui est subjectif, car une entreprise diminue de taille et peut ensuite rester inactive, mais vivante indéfiniment), considérons comme indicateur la durée de maintien d'une entreprise dans les classements des plus grandes entreprises, par exemple le Standard and Poor's 500 aux États-Unis (SP500). En effet, la sortie d'un tel indice est souvent considérée comme une marque de déchéance notable, le « début de la fin », et est généralement accompagnée de changements managériaux et capitalistiques.

Il faut savoir que cette durée a été *divisée par deux* en un demi-siècle[1] : aujourd'hui, une grande entreprise américaine ne reste dans cet index plus qu'une quinzaine d'années alors que c'était une trentaine dans les années 1960. Une telle évolution illustre bien la pression sous laquelle le grand patronat américain est dorénavant soumis, les présidents et chefs d'entreprise étant maintenant tous confrontés au fait que le « début de la fin » pourrait se produire sous leur règne…

1. https://www.statista.com/statistics/1259275/average-company-lifespan/

De manière intéressante, l'augmentation de la vitesse de ce renouvellement est devenue suffisamment forte pour que ce soient aussi les dirigeants d'entreprises qui craignent ainsi pour la disparition de leur organisation, déployant alors moult ressources afin de maintenir leur organisation en vie, par exemple en essayant d'insuffler de l'agilité et de l'entrepreneuriat dans leurs organisations pour leur donner une chance de se renouveler assez vite[1]. On constate dorénavant une frénésie d'activité de type *intrapreneurial*, à savoir de l'entrepreneuriat au sein d'organisation existante, malheureusement souvent plus cérémonial que raisonné[2].

Les banques de réseaux, archétype d'une obsolescence prévisible ?

Quand une organisation est vouée à une mort schumpetérienne, la résistance est possiblement futile, et peut alors consommer des ressources inutilement, en pure perte. Les actions du management sont souvent alors peu efficaces, procédant selon le cérémonial managérial attendu (plan, réunions de validation, financements...), dans un réflexe pavlovien de survie sans véritable espoir d'y parvenir. Cette phrase peut choquer, car le présupposé est qu'on devrait pouvoir – et qu'on a avant tout

---

1. Nulle cause d'inquiétude pour ces dirigeants, car leur rémunération a explosé ces dernières années, relativement au salaire de base dans leurs entreprises, une situation problématique à de nombreux points de vue.

2. Pour une déconstruction du cérémonial de *l'intrapreneuriat*, voir : Fabrice Cavarretta, *Votre entreprise a un bon plan pour développer l'intrapreneuriat ? Alors réfléchissez-y à deux fois !*, ESSEC Knowledge, Cergy Pontoise, 2019c.

le devoir d'essayer de – les sauver, notamment pour préserver l'emploi.

Pour mieux comprendre ce point douloureux, prenons l'exemple des grandes banques de réseaux françaises, comme la BNP Paribas, SG, Crédit Agricole. Elles sont une source importante d'emplois, et ont une forte présence territoriale à travers leurs agences dans tous les centres-villes. Compte tenu des évolutions technologiques, la majorité de ces activités est probablement condamnée dans la forme qu'on leur connaît. En effet, la banque de réseau a été conçue pour offrir ses services en s'appuyant sur un usage important d'humains, d'immobilier et de documents papier.

Pendant longtemps, il était nécessaire d'accéder physiquement à une agence bancaire avec des guichetiers pour effectuer les opérations bancaires telles que les dépôts et retraits, ou juste pour être informé. De nos jours, avec la dématérialisation croissante des opérations financières, et la sophistication de l'usage de l'informatique par la population, difficile de rester rentable avec de telles structures de coûts humains et immobiliers[1]. Aujourd'hui, les jeunes – et les moins jeunes – se sont habitués à ce que les services bancaires reviennent à une simple carte gratuite et des processus dématérialisés pilotés depuis leur téléphone portable.

L'évolution de la banque de réseau implique un changement simultané des conditions de production et de consommation du service bancaire. Au lieu de s'appuyer sur des interactions entre humains dans des agences physiques, les services du futur s'appuieront principalement sur des flux numériques dématérialisés.

Pour les dirigeants de tels réseaux bancaires, la menace est considérable : rien ne dit qu'une banque

---

1. On pourrait débattre du niveau de rentabilité qui est exigé de ces organisations, mais ce n'est pas le sujet ici.

existante va pouvoir se concentrer sur la construction de la nouvelle offre de service… alors qu'elle doit déjà gérer le stress de l'obsolescence de son système de production actuel[1]. De manière intéressante, le patronat qui a pu parfois moquer l'incompréhension des syndicats vis-à-vis de la rotation des activités dans l'économie se retrouve de nos jours parfois dans une posture de déni qui signale un malaise comparable quant à l'acceptation de la nature évolutionniste de l'écosystème économique.

À la ville, la difficulté à accepter la perte dérive aussi de notre intérêt, voire de notre égoïsme, en tant que partie prenante dans l'institution en question. De la même manière que l'on résiste à la perte d'un potager qui nous est indispensable, il peut nous être difficile d'accepter la disparition inéluctable d'une entreprise, qui priverait les employés de leur travail, les dirigeants de leurs bons salaires, et les actionnaires de leurs dividendes.

Accompagner socialement les évolutions économiques

Ces évolutions sont peut-être inéluctables, en tout cas tant que notre société croîtra et accroîtra sa densité technologique. On peut alors encourager leur prise en compte en s'appuyant par exemple sur l'expérimentation, comme évoqué plus haut. Le tissu économique peut et doit être vu comme un jardin, dont l'évolution doit être accompagnée par des interventions qui parfois

---

1. Pour les citoyens consommateurs, la menace est tout aussi considérable : rien ne dit que l'arrangement futur préservera l'équilibre entre la praticité et la liberté… car la dématérialisation généralisée ouvre la porte à de nombreux dangers comme le contrôle total de l'État ou d'acteurs privés sur notre vie économique ou privée.

éviteront les disparitions, mais parfois aussi devront pleinement les accepter. Cela touchant à l'humain et à ses institutions, l'acceptation de tels bouleversements soulève plus de préoccupations éthiques que celles qu'on peut avoir au jardin[1].

On se doit évidemment de considérer que c'est un problème sérieux à gérer dans sa dimension sociale. C'est un devoir moral, juridique et surtout sociétal : en effet, l'impact de la perte sèche d'emploi est trop important sur les individus – et par voie de conséquence sur la communauté socio-économique dont ils font partie – pour laisser l'évolution du tissu industriel se faire aveuglément.

L'incertitude économique – vantée à travers la fétichisation de l'entrepreneuriat pour tous – stresse énormément l'individu et n'aurait pas dû être présentée comme une implacable réalité à laquelle tout le monde devrait se soumettre sous prétexte que ce serait une *loi* du marché – version socio-économique de la *loi* de la jungle. Notre société est d'ailleurs maintenant confrontée à la montée de populismes qui découlent de l'inexorable progression de l'insécurité économique et des inégalités[2].

---

1. À moins que ce jardin soit nourricier ou la principale ressource économique de son jardinier/agriculteur, ce qui l'amène de fait devant des problématiques comparables.

2. Pour l'explosion des inégalités en général, on se réfèrera à la somme de Thomas Piketty, *Une brève histoire de l'égalité*, Paris, Seuil, 2021.

On peut lier l'insécurité de l'emploi à de nombreuses conséquences, par exemple la santé mentale : « Workforce reduction, subjective job insecurity, and mental health », Arndt R. Reichert et Harald Tauchmann, *Journal of Economic Behavior & Organization, 133*, 187-212, 2017. En conséquence, cette insécurité de l'emploi peut alors déclencher des menaces identitaires qui se reflètent alors dans leurs attitudes politiques : « How Job Insecurity Affects Political Attitudes : Identity Threat Plays

Le renouvellement du tissu économique appelle donc à des politiques d'accompagnement social efficaces, par exemple des régimes de chômage et retraites robustes et des mesures de redistribution adéquates.

Accompagner les pertes sociétales liées aux impératifs écologiques

Un phénomène crucial d'évolution concerne l'ensemble des situations où les préoccupations écologiques et les préoccupations socio-économiques rentrent en conflit. Car les effets du changement climatique vont requérir de modifier drastiquement nos modes de vie, et de multiples adaptations de notre système industriel et social. En effet, nombre d'objets et de pratiques sont toxiques au regard du dépassement de la plupart des limites planétaires identifiées scientifiquement, et l'on se doit d'envisager leur évolution radicale dans nos modes de vie. La liste serait longue, mais citons par exemple l'usage des énergies fossiles, le tout-voiture, l'élargissement inconsidéré des réseaux électriques en cuivre[1], ou la surconsommation de produits à faible durée de vie.

En théorie, ces éliminations semblent couler de source. Néanmoins, de telles modifications sont compliquées et soulèvent des problèmes moraux. De la même manière qu'accepter la disparition (probablement inéluctable) d'une entreprise génère un problème d'emploi – et parfois l'équilibre de toute une communauté –, les

---

a Role », Eva Selenko et Hans De Witte, *Applied Psychology, 70*(3), 1267-1294, 2021.

1. Au sujet des réseaux et de leur impact écologique, lire Guillaume Pitron, *La Guerre des métaux rares : La face cachée de la transition énergétique et numérique*, Paris, Les Liens qui Libèrent, 2018.

altérations de nos modes de vie entraînent potentiellement des problèmes majeurs.

Prenons comme exemple le besoin de réduire l'usage de véhicules individuels, à cause de leur désastreux impact énergétique (qu'il soit sous forme électrique ou de combustibles fossiles) et matériel (car requérant la production puis le recyclage de tonnes de matériaux). La perte d'une telle modalité de transport diminue l'accès à certains emplois éloignés, mais aussi aux commerces, aux loisirs, aux services publics, etc. Une première étape serait évidemment une transition vers l'électrique de ces véhicules ; mais on doit aussi travailler à basculer l'usage depuis des véhicules individuels (lourds, chargés de batteries chimiques) vers des modalités de transports collectifs ou des usages individuels réellement non polluants tel le vélo.

Comme au jardin, la difficulté devient aiguë surtout dans sa temporalité. Si on peut expliquer au plus grand nombre l'impératif écologique et le besoin d'un hypothétique « monde d'après » soutenable et désirable, la disparition de la voiture est plus difficile à décréter tant que les modalités alternatives de déplacement et de style de vie ne compensent pas la perte de mobilité ou de confort. Malheureusement, notre société s'étant massivement développée pendant près d'un siècle sur le principe de mobilité de l'automobile individuelle, sa suppression implique mécaniquement des restrictions douloureuses pour la population, ou des investissements massifs et rapides en infrastructures collectives de transport.

Un maire ou un gouvernement peuvent décréter des restrictions d'usage d'automobile à effet immédiat ; mais quid alors de la disponibilité d'alternatives telles que les transports en commun qui ne sont pas immédiatement disponibles ? Déployer un réseau de transport se compte en années, et en décennies s'il s'agit d'infrastructure ferroviaire. Sans compter que ces déploiements coûteux ne sont souvent envisageables politiquement que lorsque le besoin devient pressant. De telles politiques écologiques impliquent souvent une équation en apparence insoluble de l'œuf et de la poule : que démarrer en premier, sachant qu'il est quasiment impossible de faire les dépenses massives d'infrastructure avant que le besoin soit pressant ? Et malheureusement, commencer par restreindre les usages toxiques (par ex., la voiture individuelle) avant de s'être assuré du plein déploiement d'alternatives de transport implique alors des souffrances dont le prix politique peut être très élevé.

Des protocoles de renoncement

Ces douleurs objectives se couplent de surcroît avec celles plus subjectives liées aux altérations sur la *façon d'exister*. La voiture n'est pas qu'un mode de transport, c'est un mode de vie, c'est une esthétique. Réduire les usages de la voiture individuelle polluante requiert non seulement d'ajuster les pratiques, mais aussi de prendre en compte les *affects* que les populations y attachent.

De telles évolutions vont donc requérir des interventions qui vont bien au-delà des simples aspects de mise en œuvre pratique. Il s'agit d'aborder la perte de manière holistique, comme dans les processus de deuil respectés pour la perte d'un humain. Parmi les nombreuses expérimentations et recherches en cours, mentionnons le travail sur la « redirection écologique » et les protocoles « de renoncement »[1], développés par des chercheurs en psychologie environnementale et en sociologie de la transition, qui offrent des cadres structurés pour accompagner ce processus de détachement.

1. Emmanuel Bonnet *et al.*, *Héritage et fermeture : une écologie du démantèlement*, Paris, Divergences, 2021.

Ces approches proposent généralement des étapes progressives, incluant la prise de conscience, la reconnaissance des émotions liées à la perte, l'exploration d'alternatives, et la réinvention des pratiques. Dans notre exemple sur l'automobile, *en supposant que des alternatives de transport existent*, ces protocoles suggéreraient des expériences de « sevrage automobile » graduel, où les participants réduisent progressivement leur usage de la voiture tout en explorant d'autres modes de mobilité. D'autres mettraient l'accent sur la création de nouveaux rituels collectifs pour marquer les transitions, comme des cérémonies symboliques de « mise à la retraite » des véhicules polluants. Ces protocoles insistent sur l'importance de créer des espaces de dialogue et de soutien mutuel, reconnaissant que le renoncement est autant un processus émotionnel et social qu'une démarche pratique.

Ainsi, ces chemins d'abandon et de transition ne peuvent se tracer – voire se défricher – qu'en reconstruisant collectivement de nouveaux désirs via de nouvelles représentations, une approche approfondie dans le dernier chapitre.

À la ville comme au jardin, accepter – et savoir faire accepter – les disparitions fait partie des compétences pour agir sur l'écosystème. Elles requièrent l'appréciation intellectuelle de la complexité, et des cycles de vie et de mort qui y sont inhérents. Elles impliquent des approches pragmatiques, empathiques et symboliques puissantes, en particulier quand l'humain est impliqué. Accepter la perte, et remplacer, ce sont aussi des questions de renoncements et de nouveaux désirs. Autant d'actes liés à *l'appréciation de la vie*, domaine sur lequel l'acteur devra aussi intervenir.

Être envahi, et réguler

Lorsqu'un jardinier laisse un peu trop longtemps sa tondeuse au repos, les réactions sont souvent les mêmes : « mais vous allez vous faire envahir ! », « vous allez nous ramener la vermine », et autres politesses du genre. Nous avons déjà redéfini la « vermine » et rappelé à de multiples reprises l'intérêt d'un peu plus de spontanéité et de diversité dans les jardins. Pour autant, ces allégations portées par le voisinage autour du thème de l'invasion ne sont pas totalement dénuées de sens.

Des espèces adaptées à l'envahissement

Les dynamiques naturelles de la flore sont telles que certaines espèces ont pour vocation l'invasion, ou pour être plus précis la tentative d'invasion *sans limite.* Sans des facteurs extérieurs à elles, ces espèces proliféreraient d'un continent à l'autre pour couvrir la totalité du globe. Par chance, elles n'y vivent pas seules ni dans toutes les conditions. Ces plantes, qu'on qualifie d'*envahissantes* ou d'*invasives*, ont une stratégie de développement passant par des phases de prolifération très forte.

Plantes des milieux marginaux, elles ont développé cette stratégie pour faire face à des conditions très dures dans leurs régions d'origine. Cette capacité à pousser outrageusement est nécessaire à la survie de ces espèces au regard des conditions qu'elles se spécialisent à affronter : sols secs ou gorgés d'eau, pauvres ou très riches, à haute teneur en éléments toxiques, rocheux, conditions climatiques et environnementales ardues, déprédation abondante.

Leur mode de développement ne consiste d'ailleurs pas obligatoirement en une croissance destructrice. Par exemple, parce qu'ils poussent extrêmement vigoureusement et favorisent la condensation sur leurs longues feuilles, la laîche des rives ou le roseau augmentent les chances de maintien du milieu humide où ils croissent en évitant que l'érosion le détruise. Ainsi, grâce à leur croissance exceptionnelle, c'est l'ensemble du milieu concerné qui peut être sauvegardé.

Légitimité du jardinier à orienter son écosystème

Pour le jardinier, qui a des exigences vis-à-vis d'un lieu afin d'y satisfaire certains de ses besoins, cette invasion n'est pas sans conséquence. Elle peut remettre en question ses objectifs, voire ses besoins. On peut reconnaître toutes les vertus de la ronce, et néanmoins trouver sa présence indésirable lorsqu'on s'y blesse sur son passage ou qu'elle l'obstrue. De même, lorsque de superbes nymphéas recouvrent intégralement le fond et la surface d'une mare au point qu'on n'en voit plus l'eau et que les poissons manquent d'espace et d'oxygène, combattre l'invasion n'est pas de l'intolérance néocoloniale (telle qu'elle a pu être qualifiée par certains), mais du pur pragmatisme, au moins si l'on désire préserver les poissons d'une mort précoce.

Apprécier et respecter le vivant n'empêche pas de remarquer sa capacité à envahir parfois l'espace d'une façon qui nous est néfaste, ou nuisible à une forme provisoire d'équilibre. La capacité des jardiniers ou des paysagistes à tenir compte de ce potentiel envahissant et des limites au-delà desquelles les fonctions du jardin ne peuvent plus être assurées est probablement l'une des compétences qui leur seront les plus nécessaires.

L'invasion fait partie de dynamiques naturelles au sein desquelles l'humain jardinier doit se frayer une place en tentant de nuire le moins possible. Comme expliqué plus haut, il n'existe pas d'intervention « neutre », et tout ce que l'on fait dans un milieu aura forcément un impact plus ou moins profond, bénéfique à certains niveaux et néfaste à d'autres.

En sauvegardant une prairie très diversifiée pour l'empêcher de devenir une friche arborée précédée par les ronces, on nuit à l'extension de la forêt et des espèces qui en dépendent, et peut-être même un peu à la ressource en eau. Pour autant, cette prairie est utile à des centaines d'espèces, jouera un autre rôle vraisemblablement crucial pour le milieu à plus large échelle… et peut-être même pour la ressource en eau. L'arbitrage devra à un moment s'opérer pour choisir laquelle des options est la plus en phase avec nos désirs, nos besoins à court et à long terme, et avec l'éthique. Le tout en gardant à l'esprit notre dépendance à la qualité et à la nature des écosystèmes qui contiennent ces espaces sièges de nos désirs et besoins. De la lumière pour produire fruits et légumes, des arbres pour ombrager, couper le vent et contribuer à la production de biomasse, de la prairie pour favoriser la biodiversité parce que ce type de milieu est le plus menacé dans la région, autant de motivations (liste non exhaustive) pour structurer la décision autour de l'accueil de la végétation pionnière.

Des arbitrages sur la roselière en ville

Dans le cours d'eau qui traverse une ville, on peut voir réapparaître de vastes roselières à scirpe (Schoenoplectus lacustris) au milieu du lit, à la faveur d'envasements dus à la baisse de débit ou à un manque d'entretien dudit cours d'eau. On peut se réjouir de l'esthétique nouvelle du lieu, bucolique et graphique, ainsi que de la multitude d'oiseaux et insectes qui y réapparaissent comme par magie à un rythme très rapide. En fixant la vase, la roselière bloque les polluants lourds dans sa rhizosphère (l'ensemble de ses racines et tiges souterraines), consomme ou séquestre une partie des polluants solubles, et limite l'érosion de la matière organique et des alluvions vers l'aval. Le milieu ainsi transformé devient très accueillant pour une faune et une flore toujours plus abondantes et variées, renouvelées. L'eau s'échauffe moins, est plus claire, plus saine, et sa vitesse d'écoulement ralentie améliore sa répartition dans les nappes phréatiques un peu comme le font les barrages de castors.

Mais voilà : c'est en ville. Ce cours d'eau partiellement obstrué gonflera bien vite en cas d'épisodes très pluvieux, surtout si le secteur est largement imperméabilisé par le béton ou le bitume. Quant aux éventuels bateaux de loisir, péniches, bateaux-bus bas carbone ou gabarres en bois pour touristes, comment circulent-ils dans un tel herbier envasé ? Dans un tel cas, la décision ne peut évidemment se prendre que collectivement et en prenant en compte le bien commun, incluant la simple mise en sûreté des riverains ou la considération du risque économique et de la capacité ou non à le compenser.

La négociation se fera donc entre les intérêts et besoins humains directs et indirects – le risque d'inondation, la limitation de la pollution, la présence d'une biodiversité riche utile d'un point de vue sanitaire, l'atteinte à la navigabilité, etc. – et les réalités d'un écosystème dynamique qui n'a aucune vocation à les satisfaire, dont nombre d'entre elles nous échappent. Déterminer à quel point la lutte est nécessaire, efficace ou dommageable tant pour les humains que pour le reste du vivant relève du cas par cas.

Dans l'absolu, on pourrait se contenter de penser que cette zone ne devrait simplement pas être habitée ni employée par les humains tel que nous le faisons, puisqu'elle s'avère potentiellement hostile et changeante. Néanmoins, elle est habitée et aménagée, parfois depuis des siècles, par des individus dont les destins et aspirations ne peuvent pas être simplement balayés du revers de la main.

Lierres et ailanthes, envahisseurs ou opportunités ?

Le lierre ne tue pas les arbres en les étranglant, contrairement à une idée reçue. Il les recouvre et grossit en même temps qu'eux, créant autour de leur tronc une protection précieuse contre la déprédation par les grands herbivores, les chocs thermiques, et abritant une foule d'auxiliaires. Néanmoins, lorsqu'il atteint les branches les plus fines, il gêne l'apparition de nouveaux bourgeons, nuisant à la production de nouvelles branches et de nouvelles fleurs, et donc aussi de nouveaux fruits.

Ceci est ennuyeux lorsqu'on en dépend ou qu'on y tient particulièrement. Quand bien même le lierre produit des fleurs et des fruits extrêmement utiles à la faune, ceux-ci ne profitent pas à toute la faune – et notamment pas directement à l'humain. Et que dire des ailanthes, ces très beaux arbres altiers si prompts à maintenir les talus routiers et ferroviaires avec leurs immenses racines superficielles ? Ils se ressèment dans chaque interstice de maçonnerie pour y croître en arbres au détriment des constructions. Ces racines produisent sous forme de rejets vigoureux des bosquets de clones de l'arbre-mère, colonisant sans partage tout l'espace que les racines parviennent à explorer… et éventuellement détruire.

Se passer des avantages du lierre sans se faire dépasser par ce qui peut éventuellement poser problème, tirer parti de l'ailanthe[1], si adapté au réchauffement climatique, sans qu'il occupe les espaces où l'on a besoin qu'il soit absolument absent s'avère relativement complexe. La solution la plus simple pourrait être de les éradiquer pour ne pas avoir à les gérer, quitte à renoncer aux bénéfices qu'on leur reconnaît. C'est la pratique majoritaire, qui ne demande aucune compétence particulière en dehors d'une certaine obstination, et qui a été également appliquée dans la grande agriculture d'après-guerre, devenue « conventionnelle » (comme les armes). Tout l'art du jardinier sera au contraire de comprendre à quel moment il doit – s'il le doit – intervenir.

---

1. Le lierre a notamment longtemps été utilisé comme fourrage hivernal complémentaire des chèvres, et l'est toujours pour la fabrication de lessive artisanale. L'ailanthe est arrivé en France pour la serriculture (élevage du ver à soie) en remplacement du mûrier blanc qui déclinait fortement du fait de sa monoculture. En Asie, d'où il est originaire, il a de très nombreux usages pharmaceutiques et il peut, entre autres, servir à la confection de papier. Ces usages sont autant de moyens de tirer parti de ces deux plantes et d'en limiter l'expansion, tout en étant une bonne raison de ne pas en venir à leur destruction totale. Il existe une littérature abondante renseignant sur les usages potentiels des végétaux. La synthèse la plus exhaustive, malheureusement seulement disponible en anglais, étant probablement la banque de données de *Plants for a Future* : https://pfaf.org

Des mécaniques de croissance exponentielle

La principale difficulté avec l'invasion est que, lorsqu'elle n'est pas accompagnée dès le début de son essor pour être intégrée avec intelligence à l'écosystème préexistant, elle peut devenir insurmontable et lui nuire, voire le détruire au moins provisoirement. Les conséquences d'une invasion, quelle qu'elle soit, engendrent un impact exponentiel : pour chaque année de croissance supplémentaire, la gestion demandera beaucoup plus de travail que l'année précédente. Il ne s'agira pas d'additionner la même quantité d'une année sur l'autre (par exemple 1 m^3 de roseaux à évacuer la première année + 1 m^3 l'année suivante, + 1 m^3 l'année d'après, etc.), mais de faire face à un coefficient multiplicateur s'appliquant à ce qui s'ajoute année après année (par exemple, les 1 m^3 de roseaux de la première année auront doublé l'année suivante, mais ce double doublera lui-même, etc.). Dans notre exemple, on arriverait en trois ans à un volume non pas de 3 m^3, mais de 1 m^3 + 2 m^3 + 4 m^3, soit 7 m^3. Puis, 15 m^3 la quatrième année.

Autant dire qu'en cas de non-intervention et sans facteur limitant, la roselière prendra rapidement tout l'espace qui lui est propice, et que si on souhaite retrouver un tant soit peu de l'écosystème précédent, l'intervention devra être très lourde… et peut-être même pas parfaitement efficiente du fait de l'implantation très efficace de la plante. De fait, que ce soit dans un but purement économique – en temps, énergie, éventuelle valeur monétaire – ou pour protéger un état souhaité du milieu ou du jardin, il sera nécessaire d'intervenir le plus en amont possible, avec la régularité nécessaire.

La capacité d'envahissement a souvent été exploitée

La nature industrieuse de l'humain fait que l'une des façons dont il s'accommode le mieux d'une invasion est l'exploitation. Autrefois, on amenait les chèvres dans les bois et vergers en hiver, lorsqu'on voulait qu'elles régulent le lierre dont elles se nourrissent en l'absence d'autre aliment plus attractif. Au Japon ou en Camargue, les roselières font l'objet d'une véritable industrie, qui consiste autant à en prendre soin qu'à limiter leur emprise sur les fleuves et étangs. Si les jardiniers français sont parfois dépassés par un massif de bambous dont la croissance les désespère et fait l'objet d'une lutte acharnée, une bonne partie de l'Asie en a tellement multiplié les usages qu'il n'est presque jamais considéré comme un problème, mais plutôt comme une ressource inépuisable.

Parfois, il n'y a d'autre façon de faire face à une espèce envahissante que de s'adapter à sa présence. Généralement, la première mesure consiste à freiner son expansion, au moins le temps de trouver quels seront les termes de la cohabitation, et dans quelle mesure leur présence sera soutenable. L'isoler d'une façon ou d'une autre, la prélever là où elle s'étend, tenter de la repérer quand elle s'établit sur un nouveau territoire, et l'en éliminer dans la mesure du possible. Parfois, cela passe par « la destruction des espèces exotiques envahissantes[1] » que le législateur peut exiger des citoyens –, d'autres par une forme de confinement, voire des prélèvements réguliers pour

1. Les espèces exotiques envahissantes sont définies par réglementation (http://ofb.gouv.fr).

Arrêté du 14 février 2018 relatif à la prévention de l'introduction et de la propagation des espèces végétales exotiques envahissantes sur le territoire métropolitain. Articles L.411-5, L.411-6 et R.411-39 à R.411-42 du code de l'environnement.

un débouché quelconque, tels la fabrication de compost, l'alimentation, le paillage ou un usage commercial.

Lorsque cette démarche n'est pas effectuée très tôt, ou que l'on n'est pas parvenu à trouver comment freiner cette expansion primordiale, on n'a plus d'autre option que de s'adapter à ce que sera assez brutalement devenu le milieu qu'on connaissait auparavant.

Et l'espèce la plus envahissante est...

On peut être mal à l'aise avec l'idée qu'une espèce puisse abonder sans frein naturel, en exerçant une déprédation excessive ou une occupation du territoire démesurée. Souvenez-vous juste de la façon dont l'humain occupe majoritairement la planète, en totale inadéquation avec les ressources disponibles et leur capacité à se renouveler[1]. Nous sommes de facto l'espèce invasive de notre écosystème. De quoi mettre en abyme la proposition de destruction à laquelle nous envisageons de soumettre les autres espèces pour satisfaire nos nécessités...

Dans le système social, nous sommes face à nous-mêmes. Face à notre capacité à avoir des comportements invasifs d'humains, individuellement ou en groupe. Mais des objets, des constructions sociales aussi peuvent être

1. Calculée par le Global Footprint Network, la date du « jour du dépassement » (en 2024 c'était le 1er août pour le monde, et le 7 mai pour la France) correspond à la date à laquelle l'humanité a consommé l'ensemble des ressources que la Terre peut reconstituer en une année complète. En d'autres termes : pour régénérer ce que l'humanité consomme à l'époque où nous rédigeons ce texte, il nous faudrait l'équivalent de 1,7 Terre pour que nos modes de vie à l'échelle globale – de très grandes disparités existant entre les populations – puissent être considérés comme supportables pour notre planète et tout ce qui l'habite, ceci incluant l'humanité.

invasifs par rapport au reste de l'immense construction sociale qu'est une société. Comme au jardin, l'acteur de la ville a légitimité à orienter son environnement, parfois en canalisant ce qui est perçu comme de l'invasion, parfois en l'accueillant comme une force. Considérons quelques cas à des niveaux différents du système social.

L'envie de jouer, d'invasif à méthode pédagogique

Commençons par l'éducation. La conception de l'enfant fluctue beaucoup au fil des époques et selon les sociétés. Les sociétés industrielles modernes ont élaboré des doctrines de gestion des enfants en écho à la gestion des adultes comme force de travail. Très jeune, l'enfant est plongé dans un processus d'amélioration et de mise sous contrôle, principalement confié à une institution, *l'école*.

Nous avons déjà évoqué l'inspiration taylorienne en pédagogie dans la section « Des intrants miracles dans le système éducatif ». La conséquence en est que la capacité primale de l'enfant à jouer et à suivre ses envies n'est pas toujours bien accueillie. Pour tout dire, elle est vécue comme invasive quand elle constitue un obstacle dans l'apprentissage à se comporter comme un rouage dans une grande machine, à savoir mémoriser et donner de bonnes réponses à des problèmes dont une autorité, le maître, connaît la réponse. L'enfant doit être à sa place, il ne peut s'activer que quand l'éducateur le décide, et d'une manière standardisée.

La possibilité que l'enfant n'ait pas envie de rester assis et d'écrire, ou semble préférer se livrer aux activités qu'il s'est choisies, est vue comme une déviance qui doit être réprimée. C'est un comportement vécu comme envahissant par la majorité des pédagogues, qui déploient nombre de contre-mesures telles que l'incontournable notation et autres punitions et récompenses. Plus ce système dysfonctionne, plus on attribue son échec à un manque d'autorité, celle-ci étant conçue comme si les élèves étaient des délinquants à canaliser.

Certes, contrôler son processus pédagogique est un impératif légitime pour tous les enseignants, surtout lorsque les budgets impliquent des ratios bas d'enseignant par élève. Et apprendre à s'insérer dans des systèmes de savoir et de pratique est nécessaire au développement de l'individu.

Mais quel dommage de ne pas voir l'envahissante envie de jouer et de se réaliser comme une énergie fondamentale qu'on pourrait retourner au bénéfice de la construction de l'individu ! Cette observation est à la base des doctrines pédagogiques alternatives proposées depuis un siècle et déjà mentionnées plus haut (Montessori, Freinet, Classe Dehors[1]...). L'enseignement y est entièrement construit sur la motivation *intrinsèque* de l'individu, à commencer par le respect de l'envie naturelle de jouer qui n'est que la force vitale à vouloir s'accomplir.

Malgré l'existence et la popularité de ces doctrines pédagogiques, le système éducatif officiel refuse de se réformer, s'arc-boutant sur une posture défensive. Par exemple, les initiatives promouvant la motivation et s'interrogeant sur les notes, les redoublements ou les punitions se voient affublées du néologisme péjoratif de *pédagogisme*, signalant par là une polarisation idéologique sur ces questions.

Pourtant, les fondements du modèle pédagogique classique sont dépassés dans un monde où la priorité n'est plus de fournir un travailleur standardisé à une usine taylorienne ou stakhanoviste. Dans une économie

1. Pour plus d'informations sur les dispositifs Classe Dehors, voir le chapitre *Développer les esthétiques et les imaginaires*.

du savoir, l'individu au travail doit surtout faire preuve de motivation, de compétences relationnelles et interpersonnelles, et de capacité de résolution de problèmes, là où le système industriel classique avait mis l'accent sur l'insertion dans le processus, les compétences techniques, et le respect absolu des procédures[1].

Des évolutions ont lieu dans différents pays et à différents niveaux. Mais les acteurs continuent, ou paradoxalement même, *augmentent* leur focalisation sur une standardisation de l'interaction pédagogique. Ceci fait percevoir comme perturbateurs les comportements qui sont pourtant la base du renouvellement de ce système, à savoir la créativité, la flexibilité ou la prise de risque[2]. La motivation intrinsèque, l'envie de jouer, la prise d'initiatives, tous ces comportements invasifs sont en fait d'excellents leviers d'éducation pour peu qu'on s'appuie sur eux. Et ils correspondent beaucoup plus aux comportements qui devraient être attendus d'un travailleur dans l'économie du XXIe siècle.

De la régulation des monstres de l'économie

Si on se tourne vers la sphère économique, la perception d'invasion émerge fréquemment, typiquement vis-à-vis de grandes entreprises dont la taille semble constituer une

---

1. Beatriz Pont, *Competencies for the knowledge economy*, Education policy analysis, Paris, Centre for Educational & Research Innovation (OECD), 2001.

2. Voir par exemple l'analyse d'un spécialiste sur la banque mondiale, insistant particulièrement sur l'adoption biaisée des réformes de l'éducation en se focalisant sur la standardisation alors que le besoin profond est plutôt sur la prise en compte de processus moins mesurables : « Education Reform for Raising Economic Competitiveness », Pasi Sahlberg, *Journal of Educational Change,* 7(4), 259-287, 2006.

menace à réguler. Actuellement, le débat a lieu au sujet des GAFAM[1] et autres grands acteurs de l'économie digitale. Récemment, par exemple, Google a été attaqué pour abus de position dominante par le gouvernement des États-Unis

On se devrait de réguler les acteurs dont la taille et l'étendue multinationale mènent à des comportements prédateurs, tant vis-à-vis de leurs clients, de leurs plus petits concurrents que des États où ils opèrent, mettant même potentiellement en danger la démocratie[2].

Même aux États-Unis, pays du libéralisme débridé, même pour les plus libertariens, il est envisagé de réguler un comportement monopolistique. Par contre, la doctrine antitrust américaine se préoccupe moins des abus vis-à-vis de ses clients ou des autres États, que de la possibilité que les grands moyens d'un tel « monstre » lui permettent de commencer à envahir d'autres industries.

Néanmoins, on peut avoir un doute sur l'efficacité de la régulation de monopoles si on considère qu'il est préférable d'attendre que l'organisation grossisse assez pour qu'elle en devienne inefficace et perde de sa superbe. Par exemple, le gouvernement américain a envisagé des actions de démantèlement de monopoles contre IBM (dans les années 1970) et Microsoft (dans les années 1990). Difficile d'évaluer les éléments de motivation dans la décision finalement prise par le gouvernement américain : était-elle motivée par le lobbying puissant de ces grandes firmes, ou la crainte de démanteler leurs champions, ou la preuve d'une grande patience ? Toujours est-il qu'au-delà de la menace et de quelques obligations de changement de comportement, il a été préféré

1. GAFAM : Google (Alphabet), Amazon, Facebook (Meta), Apple, Microsoft. On pourrait y ajouter Tiktok, Alibaba, etc.

2. Shoshana Zuboff *et al.*, *L'Âge du capitalisme de surveillance : Le combat pour un avenir humain face aux nouvelles frontières du pouvoir*, Paris, Zulma, 2020.

d'attendre que le pouvoir de ces entreprises dans le marché soit dilué. Aujourd'hui, ni Microsoft ni IBM ne sont plus dans la position dominante où elles étaient à une époque.

Néanmoins, des entreprises avec les moyens modernes de communication des GAFAM détiennent de fait un pouvoir préoccupant pour tous, qui plus est au service des intérêts particuliers de leurs actionnaires. Non seulement ces entreprises ont plus de ressources que la plupart des États, mais surtout elles sont de facto en contrôle de mécanismes d'influence des populations à l'échelle de la planète. Par exemple, il a été documenté que Facebook a joué un rôle d'influence dans les campagnes électorales de la présidentielle aux États-Unis en 2016, tout autant que pour le Brexit au Royaume-Uni[1].

Une fois de plus, tout est question de temporalité, et de point de vue. Pour la victime d'un abus de position dominante, le besoin d'intervention est clair et immédiat. Pour la force publique, les grandes entreprises jouent un rôle important, elles ont du pouvoir ; il est aléatoire et coûteux de réussir à les brider ou les casser ; et souvent, leur domination disparaît d'elle-même. Mais elles pourraient tout autant dissoudre la démocratie… Ainsi, comme dans un immense jardin, la réaction à une espèce envahissante ne requiert pas obligatoirement d'intervention radicale pour être circonscrite… sauf à anticiper un énorme problème.

De l'envahissement par Amazon

Prenons un cas concret contemporain, Amazon, l'acteur dominant du commerce en ligne de ce début de XXIe siècle. Sa taille et son influence mondiale posent la

1. Christopher Wylie, *Mindf*ck : Inside Cambridge Analytica's Plot to Break the World*, Londres, Profile books 2019.

question d'abus de position dominante. Par exemple, on peut considérer l'impact destructeur qu'Amazon a sur un tissu de distributeurs de proximité, en particulier les distributeurs de produits culturels que sont les librairies, et que ceci constitue un envahissement appelant à la régulation. En France, des lois d'abord sur le prix des livres puis sur le prix des expéditions ont été prises ou renforcées.

Amazon a une grande capacité à atteindre des effets d'échelle extraordinaires, par exemple dans la logistique ou dans les systèmes d'information et de données, et sait s'attirer les faveurs des clients par une obsession du service rendu. Ainsi, cette entreprise s'est étendue et a aussi réussi à perturber de nombreux autres marchés – notamment l'habillement, les produits de consommation… – bien au-delà des librairies. Une suite de régulations ad hoc, par marché, ne suffira probablement pas, et nécessitera peut-être une régulation sur la vente à distance en général, ou in fine une action juridique en abus de position dominante.

Il y a de nombreuses raisons de s'inquiéter d'Amazon. Mais, comme pour toute espèce formidable d'un écosystème, on se doit de réfléchir à sa contribution, à la manière de canaliser son dynamisme, et aux qualités qui la rendent si performante et puissante. Amazon est très diversifiée, notamment dans les services informatiques aux entreprises, l'électronique grand public et la diffusion de média. Dans son métier historique de distributeur de biens physiques aux particuliers, cette entreprise s'est imposée par une efficacité de distribution redoutable. Par malheur, cette activité implique la disparition de multiples classes de magasins et leur remplacement par une noria incessante de livreurs, avec pour effet collatéral la réduction du nombre d'emplois salariés relatif au chiffre d'affaires.

Cependant, l'idée qu'un tel mode de distribution serait *a priori* nouveau et une anomalie n'est pas vraiment fondée. Souvenez-vous qu'il existait encore à la fin du XXe siècle des livreurs de journaux, et même des livreurs de lait. Et si on remonte aux siècles d'avant, la norme était que les produits et services étaient amenés directement aux consommateurs sous forme de multiples métiers qui sonnaient dans la rue pour annoncer leur passage : vendeur de glace, aiguiseur de couteaux, porteur d'eau, ou épicier ambulant.

Ce modèle de capillarité jusqu'au domicile du consommateur est donc en fait historiquement la norme, et non une déviance moderne. Il a juste été effacé par l'essort de la voiture individuelle au XXe siècle, où on a convaincu le consommateur de la pertinence de devenir livreur, d'investir dans son véhicule, de prendre de son temps pour aller à droite et à gauche pour récupérer lui-même ses sacs de courses et autres marchandises. Est-ce fondamentalement meilleur qu'un système basé sur la livraison au domicile, historiquement courant jusqu'au XIXe siècle et auquel Amazon nous ramène ? C'est difficile à dire, surtout dans une période où on aimerait que les habitants se séparent de leur voiture individuelle.

Cela va donc constituer une question empirique de savoir s'il est préférable d'avoir une population déployant une armée de voitures individuelles pour se rapprocher des commerçants, ou l'inverse. Il est possible que la ville soit moins encombrée par une mutualisation des livraisons. Et il est possible qu'Amazon fonde son efficacité justement sur les bénéfices d'une telle mutualisation.

Cette réflexion n'enlèvera rien au danger d'un comportement monopolistique, ni à la crainte de l'impact sur des commerces de proximité (qui eux devraient être préservés pour leur valeur sociale) ni à toutes les autres questions posées sur son fonctionnement (en particulier ses politiques de ressources humaines, d'emploi, de salaire et d'optimisation fiscale), ou encore sur la surconsommation induite par de telles offres. Mais comme tout monstre, comme le requin dans la mer, ou le loup dans la forêt, Amazon est une bête formidable dont nous devrions savoir apprécier les forces, entre autres pour mieux réguler ses divers aspects néfastes[1].

Même si l'on déteste la bête, s'obnubiler sur son éradication totale ne ferait probablement qu'ouvrir la voie à d'autres problèmes peut-être plus graves, ailleurs, plus tard. Par exemple, à force de se focaliser sur l'envahissement par Amazon, certains en viennent à perdre de vue d'autres menaces qui sont apparues entre-temps dans la distribution, tels Temu, Wish ou Shein, ces nouvelles marques de commerce en ligne et de fast fashion basée sur des cycles de productions extrêmement courts (quelques jours) et de marketing particulièrement agressifs. Ces acteurs peuvent avoir eux aussi des effets d'échelles massifs. De plus, ils ont des caractéristiques qui n'étaient pas présentes chez Amazon, telle une forte intégration verticale avec la production amont – étant parfois directement producteurs eux-mêmes depuis d'immenses usines chinoises – dans des conditions écologiques et sociales déplorables.

Déconstruction de la démocratie : anticiper le changement de phase

Face à un envahissement potentiel, la progressivité et l'adaptation de la réponse sont à privilégier. Mais

---

1. Amazon est un des sujets où les auteurs de ce livre peuvent avoir des opinions divergentes. Ce passage prend une posture (de curiosité et de relative tolérance) sur laquelle l'un n'est pas d'accord avec l'autre. Notre choix de cette posture privilégie celle qui est cohérente avec la ligne narrative du livre *à cet endroit précis*. Voir l'épilogue à la fin de l'ouvrage pour une discussion sur l'existence de tels différends.

comme dans le domaine écologique, il existe des situations sociales où la régulation amont reste faisable et représente beaucoup moins d'effort ; alors que de laisser s'installer l'invasion risque d'augmenter les coûts de traitement aval et présente le risque de se laisser déborder.

Considérons par exemple le système politique. Dans une démocratie comme la nôtre, la fluctuation et l'alternance entre les forces politiques sont la règle. Un opposant politique fait partie du système, la roue tourne, l'acteur doit faire confiance au fait que la population converge lentement vers ce qui lui est préférable.

Ce type de raisonnement trouve sa limite quand l'opposant n'a pas vocation à participer à l'écosystème, mais bien à totalement et durablement le bouleverser. Typiquement, les mouvements *populistes* contemporains – qui se définissent par l'opposition du peuple à des élites qui ne prendraient pas en compte leurs problématiques[1] – prennent pour cible toutes les institutions constitutives de la démocratie – telles la presse, la science, la justice – et créent par-là toutes les conditions d'un bouleversement de nos régimes démocratiques.

Par exemple, l'accession du président Trump au pouvoir en 2016 a mené à des modifications institutionnelles majeures. D'un point de vue formel, Trump a influencé la composition de la Cour Suprême qui est maintenant majoritairement acquise à sa cause. D'un point de vue symbolique, par ses discours et son soutien à diverses actions, dont les attaques du Capitole du 6 janvier 2021,

1. Les mouvements populistes ne se reconnaissent pas forcément eux-mêmes dans ces termes, mais emploient ce ressort dans leur discours ou leurs programmes. Dans les faits, ces mouvements tendent souvent à favoriser des classes sociales aisées à très riches, une tromperie vis-à-vis de leur cible électorale populaire particulièrement ironique, qui n'est souvent camouflable que derrière des postures xénophobes et un discours simpliste et outrancier.

il a légitimé auprès de nombreux Américains des concepts longtemps officiellement tabous dans la pratique de cette démocratie : le coup d'État, le passage par la force, ou même la menace d'élimination physique des opposants.

Ainsi, une fois le mouvement populiste arrivé au pouvoir, les institutions tendent à être perverties ou même éradiquées, coupant par là le chemin de retour vers un régime démocratique.

La démocratie est un arrangement fragile, qui émerge d'une sédimentation institutionnelle de très long terme. On trace historiquement l'émergence de la démocratie anglaise à la *Magna Carta* de 1215, un accord contraignant le roi envers ses vassaux. C'est donc bien sur environ 800 ans que s'est installé cet équilibre subtil entre les forces qui la définissent, par exemple le poids de la justice, ou de la science, ou de la presse, tout imparfait et provisoire cet équilibre soit-il.

La dictature peut apparaître beaucoup plus rapidement, parfois le temps d'une soirée ou d'une saison, comme nombre de pays (Grèce, Portugal, Chili, etc.) en ont fait l'expérience aussi récemment que les années 1970. Une fois la démocratie perdue par la neutralisation de son équilibre institutionnel, celle-ci peut alors mettre de nouveau très longtemps à se rétablir. Ce type de changement de comportement d'un système – brusque dans un sens, très long dans l'autre sens – porte le nom de *changement de phase* et mérite une attention particulière.

L'acteur, ici le citoyen, ne doit donc pas prendre à la légère l'envahissement par des arguments populistes discréditant inlassablement nos institutions longuement sédimentées. On peut – et on doit – entendre la détresse de la population face à la montée des inégalités, de la perte d'espoir social, environnemental ou encore climatique. Mais on se doit de résister vigoureusement à cette envahissante déconstruction des mérites de la justice, de la presse, de la science, des élections… Une telle dérive peut présager d'un changement de phase rapide dans le beau jardin de la démocratie, comme d'autres nations modernes ont pu le vivre dans le passé.

Du changement de paradigme désirable ?

Notons que l'envahissement rapide d'un écosystème politique peut entraîner des dévastations, mais aussi parfois engendrer plus facilement les changements de phase désirables, ce que l'on a pris l'habitude d'appeler des changements de paradigmes. Par exemple, l'histoire politique du XXe siècle français a vu ses plus grandes avancées sociales par l'arrivée impromptue et quasi révolutionnaire du Front populaire à la fin des années 1930, puis par la période issue du Conseil National de la Résistance immédiatement après la Seconde Guerre mondiale. Malheureusement, ce type de progrès, indéniablement bénéfique avec le recul, aurait été beaucoup plus difficile sans la relative célérité de ces deux périodes.

C'est d'autant plus troublant qu'aux révolutions, les écosystèmes ont tendance à préférer l'évolution, plus lente, qui les brutalise moins et permet de conserver de hauts niveaux de biodiversité, dont nous avons évoqué le point auquel ils sont indispensables à la résilience et à l'adaptation. Ces deux dynamiques – période d'évolution linéaire et changement de phase – sont néanmoins complémentaires, les deux jouant leur rôle sur l'évolution au long terme.

De la peur de l'envahissement par une minorité

À ce sujet, effleurons la *crainte de l'envahissement* telle qu'elle a malheureusement été érigée en système politique. Nous ne parlons pas ici d'envahissement au sens littéral, tel qu'il peut être pratiqué quand une collectivité met en place une politique et une action de prise de contrôle ou même d'éradication d'une autre collectivité : quand l'Occident a envahi les territoires d'autres nations au fil des siècles pour leur apporter un prétendu bienfait de la civilisation ; ou quand une grande nation comme la Russie monte une opération militaire contre un plus petit pays voisin comme l'Ukraine. Ces envahissements sont *réels*, et les combattre relève d'un droit naturel à l'autodéfense.

Considérons plutôt la *perception* d'envahissement que peut avoir une population vis-à-vis d'une de ses *minorités*, et des conséquences politiques qui peuvent en découler.

De tout temps, la *peur de l'autre* a constitué une réponse instinctive chez l'humain, en particulier sous stress. Malheureusement, cette peur n'est pas l'apanage d'un système politique ou religieux en particulier, à tel point que l'histoire est atrocement ponctuée de massacres intergroupes, jusqu'au cœur de notre histoire moderne. On ne doit absolument pas sous-estimer la prévalence et le danger que constituent des politiques basées sur la peur d'une minorité.

Si l'on se contente d'étudier le cas extrême de ces réactions, à savoir quand un peuple en arrive à tenter d'éliminer un autre peuple (généralement minoritaire), l'historicité des phénomènes de *génocides* est malheureusement sans ambiguïté dans son ampleur. Les génocides constituent académiquement un sujet d'étude à part entière, donnant même lieu à des manuels de recension[1]. On peut prendre la mesure de l'ampleur du problème, de la menace, en naviguant cette thématique dans l'encyclopédie Wikipédia. Le terme de génocide y

---

1. Donald Bloxham et A. Dirk Moses, *The Oxford Handbook of Genocide Studies*, Oxford University Press, 2010.

donne lieu à tant de pages qu'une page de « catégorisation » est nécessaire pour y présenter tous les angles. Le simple recensement historique des génocides a dû être partagé par périodes – avant la Première Guerre mondiale ; entre-deux-guerres ; enfin depuis la Seconde Guerre mondiale –, tellement leur nombre est élevé[1] !

Ces éléments indiquent l'omniprésente capacité des groupes humains à se haïr jusqu'à l'impardonnable. Pire, la peur de la minorité *au point d'essayer de l'éliminer,* n'est géopolitiquement ni rare ni même du passé. Cela constitue une série qui malheureusement se poursuit dans la modernité.

Probablement qu'un des points d'amélioration de nos sociétés sera d'apprendre à tout mettre en œuvre afin d'anticiper et d'éviter consciemment de telles récurrences. Quand il s'agit de mortalité individuelle (meurtre, accident mortel sur tiers, etc.), la morale et les politiques publiques ont appris et développé des méthodes pour les réduire, en s'attaquant aux causes *systémiques* telles que la pauvreté, l'alcoolémie ou les violences domestiques. Similairement, on se devra d'identifier et de se prémunir dans le futur contre les causes *systémiques* de la létalité interethnique afin de briser cette chaîne indigne de notre humanité.

En attendant, notre système socio-économique ne cesse de créer de l'inégalité, et n'offre plus d'espoir dans la croissance ou le progrès – quelle qu'en soit sa définition contemporaine. La tentation est donc grande pour de nombreux mouvements politiques de canaliser les frustrations en montant en épingle la menace d'une minorité identifiée comme *étrangère* au corps social.

Par exemple, en France, certains vont tenter de promouvoir l'idée d'un envahissement en créant un

1. https://en.wikipedia.org/wiki/Category:Genocide ; puis https://en.wikipedia.org/wiki/Genocides_in_history redirige vers les pages par période historique.

contraste avec des Français qui seraient prétendument « de souche », une distinction pourtant sans fondement démographique[1], articulé dans une pseudo-dynamique de « grand remplacement » tout autant démographiquement infondée, et l'habituation à l'idée de combat interethnique à travers des concepts tels que le « choc des civilisations ».

Inutile de s'appesantir sur le présupposé que certaines minorités religieuses seraient incompatibles avec une nature spécifiquement française. Cet argument supposerait une détermination spécifiquement religieuse à la France, lui assignant une nature prétendument chrétienne, pour ne se souvenir de la nature « laïque » de notre pays que pour promouvoir la répression des pratiques des mêmes religions minoritaires[2].

Et quand bien même il existerait des différences durables entre différentes communautés, encore faudrait-il que la statistique justifie la préoccupation d'un *envahissement*. Malheureusement, là aussi la perception est manipulée, quand on essaie de faire croire aux électeurs que la religion prétendument envahissante concernerait très bientôt 30, 40, 50 % de la population, et que nous serions déjà à des taux très élevés, alors qu'il n'en est absolument rien[3].

---

1. « Les Français de souche existent-ils ? », Hervé Le Bras, *Quaderni, 36*(1), 83-96, 1998.

2. Le rapport annuel de la CNCDH (Commission nationale consultative des droits de l'Homme) démontre l'interprétation à géométrie variable du concept de laïcité, selon la population considérée et surtout la position dans le spectre politique. Voir section 4.2.3.2 de cette édition : Commission nationale consultative des droits de l'Homme, *La lutte contre le racisme, l'antisémitisme et la xénophobie*, Paris, La Documentation française, 2023.

3. Les décalages importants de perceptions dans ce domaine sont bien documentés, voir par exemple : Étienne Jacob, « La population musulmane largement surestimée en France », *Le Figaro*, 14 décembre 2016.

Cette crainte d'envahissement du jardin national est étudiée par les démographes depuis des décennies, et nous renvoyons donc le lecteur aux publications de l'INSEE ou de l'INED qui réfutent systématiquement tous les ordres de grandeur alarmistes[1]. Il peut y avoir croissance de certaines minorités, mais le *grand remplacement* n'est absolument pas concevable démographiquement à des horizons prévisibles (quelques générations). Une part d'entre eux se fondra dans la majorité comme cela a toujours été le cas dans le passé, y compris en provenance des religions qui inquiètent à tel ou tel moment. En supposant qu'une part ne se fonde jamais, ces minorités resteront des minorités et devraient recevoir par défaut la protection qu'un collectif doit à ses minorités.

De plus, le citoyen devrait se souvenir que dans le domaine social, la peur de la minorité exogène a historiquement mené à beaucoup plus de catastrophes sociétales que... la tolérance vis-à-vis de la minorité.

L'accueil et l'assimilation ont toujours été, au jardin comme à la ville, la solution de référence. La crispation sur l'éradication est rarement justifiée, s'avérant plus souvent le signe d'une carence d'empathie, d'un manque d'appréciation pour la complexité de ces écosystèmes sociaux, et d'un déni des maux réels pour les exploiter en les manipulant et en développant la xénophobie. Au-delà même des simples considérations éthiques ou morales, cette vision réductrice et erronée de l'apport de la diversité se fait au détriment de l'intérêt collectif.

---

1. INSEE : Institut national de la statistique et des études économiques ; INED : Institut national de la démographie. Une bonne synthèse de l'ensemble du problème par un démographe se trouve dans : Francois H. Héran, *Avec l'immigration : Mesurer, débattre, agir*, Paris, La Découverte, 2017.

Avancer lentement et en crabe

Les chapitres précédents ont accumulé beaucoup de prescriptions en apparence disparates : l'expérimentation, la métaplanification, l'acceptation de la mort, de l'envahissement, etc. Comment construire une méthodologie d'action sur la base de tels éléments ? La fin de l'ouvrage évoquera spécifiquement le rôle de l'acteur dans son rapport au monde au sens le plus large, à savoir la possibilité d'un activisme et le développement de nouveaux imaginaires. Avant cela, ce chapitre propose une synthèse des prescriptions précédentes, en identifiant la modalité temporelle la plus adaptée aux écosystèmes complexes écologiques et sociaux.

Les temps longs et répétitifs du jardin

La constance proverbiale du jardinier n'est pas une vue de l'esprit. Nombre des opérations qui ponctuent son action sont répétitives, revenant avec un rythme hebdomadaire ou saisonnier, qu'il s'agisse de récoltes, du fauchage, des tailles diverses et même des plantations. S'engager dans un jardin ou un paysage, c'est accepter d'office que des interventions doivent avoir lieu dont une proportion variable se réitèreront à un rythme plus ou moins régulier, sur une durée pouvant être très longue.

Toute une vie parfois. Dans ces conditions, les habitudes peuvent finir par se transformer en contraintes.

La conception du lieu, la façon dont on a dès le départ évalué ses fonctions et nos besoins pourront permettre d'optimiser les phases d'intervention, mais ne changeront pas grand-chose à leur saisonnalité. Faire très tôt les bons choix évite de se faire dépasser par les nécessités. Cela aide aussi à rendre la réalité du terrain conforme aux limites qu'on s'est fixées ou qui s'imposent, qu'il s'agisse de moyens physiques ou économiques ou de choix éthiques ou écologiques.

Des croissances exponentielles naturellement limitées

D'autant plus que, dans le domaine du vivant, l'absence d'intervention engendre des évolutions souvent exponentielles, en particulier dans certaines conditions (chaleur, hygrométrie, absence de déprédation, richesse du sol...) qui rendent les écosystèmes particulièrement dynamiques. Si la ronce croît à un rythme lent sur le Causse sec battu par les vents, ses tiges peuvent atteindre plusieurs mètres par an dans des régions plus humides à climat tempéré. Les haies pousseront tant que le ciel et la terre leur donneront de quoi vivre, les herbes sauvages tenteront de combler les chemins, et les tomates mûriront à l'heure qui sera la leur, et il faudra alors les récolter ou bien les perdre.

Cette réitération perpétuelle n'est pourtant pas systématiquement inévitable : malgré toute la puissance que met la vie à ce que chacun de ses représentants émerge, se développe et se disperse, il existe toujours des facteurs limitants physiologiques ou environnementaux destinés à réguler le développement d'une espèce. La même ronce poussera par exemple moins vigoureusement à l'ombre des arbres qu'en lisière, les herbes folles seront moins nombreuses ou moins vindicatives sur des allées plus intensément piétinées, et la récolte de tomates sera plus échelonnée – et peut-être aussi moins abondante, ce qui est une donnée non négligeable dont nous reparlerons plus tard – si tous les pieds ne sont pas placés dans des conditions aussi optimales et si les variétés choisies sont d'une précocité et d'un rendement variables.

L'action même du jardinier va parfois être stimulante : il taille d'ailleurs depuis des siècles des végétaux pour en augmenter la vigueur, la densité ou le rendement, quand ces mêmes végétaux pousseraient probablement d'une façon plus paisible si on ne les contraignait pas à la réitération de nouvelles tiges nombreuses et vigoureuses par le sectionnement de leur ramure originelle. Ils atteindraient alors leurs dimensions propres au contexte de leur implantation, régulés par leur physiologie, leurs maladies, leurs prédateurs et les variations climatiques et ce qu'elles engendrent.

L'optimisation, paradoxalement inefficace

Là encore, on voit bien que la demande du jardinier crée elle-même la contrainte. Les objectifs esthétiques, productivistes ou fonctionnels engendrant plus ou moins d'interventions selon leur nature. Étonnant paradoxe que – pour limiter les contraintes et faciliter l'entretien du paysage – on soit allé vers sa simplification extrême, alors qu'il aurait été bien plus efficace de simplifier les besoins pour les accommoder à la complexité d'écosystèmes et de milieux sur lesquels il est pratiquement impossible de prendre l'ascendant, sinon par leur destruction presque totale.

Cela a entraîné une chaîne de travaux devenus ataviques consistant sans cesse à empêcher que la nature s'exprime comme elle le souhaiterait, et à compenser l'érosion dramatique de sa diversité pour obtenir ce que l'on croit souhaiter. Ce serait presque cocasse, si ça n'avait pas mené à un tel niveau de dégradation de la biodiversité. Ainsi, la conception naïve du travail au jardin revient malheureusement à empêcher l'écosystème en place de s'épanouir spontanément de la façon la plus adaptée à ses conditions.

La réelle efficacité est dans la lente émergence

Partant de ce principe, il apparaît que moins les désirs du jardinier seront précis, plus ils auront de chances d'être satisfaits à moindre effort, quand bien même des interventions seront toujours nécessaires dès lors qu'un espace sauvage cesse de l'être pour revêtir des fonctions anthropiques. De la même manière que les grands herbivores des plaines « jardinent » le milieu en empêchant son boisement pour satisfaire leur régime alimentaire, l'humain peut donc également transformer le milieu qu'il occupe ou fréquente pour qu'il satisfasse ses besoins, sans pour autant trop limiter sa diversité. Il créera alors – ou plutôt contribuera à créer – un écosystème particulier, comme le font les mouflons ou les antilopes régulés par leurs propres prédateurs et autres facteurs extérieurs.

C'est ainsi que beaucoup de peuples premiers « administrent » leur milieu nourricier, préservant sa réponse à des besoins qu'ils évaluent en pleine conscience de leur interdépendance et du potentiel naturel de ce milieu.

La problématique de la récurrence et de la pénibilité des interventions peut également se régler en partie par une optimisation de l'ergonomie et la transformation des fonctions inhérentes au jardin dont on est l'usager ou le transformateur. On peut envisager de choisir des végétaux en fonction de ce qu'ils sont supposés devenir – éviter, par exemple, de planter des thuyas qui voudront atteindre 25 m de haut pour faire des haies mitoyennes que le code rural contraint à ne pas dépasser 2 m ; dimensionner les aménagements en fonction de l'outillage, pour ne pas avoir à grimper, se baisser, ramper pour les entretenir ; ou encore, accepter une part de spontanéité du vivant là où l'on ne risque aucun dommage.

Chaque élément du lieu en question n'aura pas toujours, plus tard, la fonction première qui lui était destinée. Cet if, taillé en cône durant des décennies, pourra peut-être devenir un bel arbre, ombrageant généreusement des massifs constitués de plantes aimant le soleil qu'on n'avait de cesse de bichonner pour le rendre joli ; celles-ci seront alors avantageusement remplacées par des plantes d'ombre parfaitement adaptées à ce nouveau contexte où l'on privilégie la facilité et la sobriété florale sur l'effort et l'ostentation. Quant à ce cerisier mort, qui servait de porte-balançoire depuis qu'il ne produisait presque plus de fruits, il est devenu depuis un magnifique support pour une glycine abritant quantité d'auxiliaires du potager, qui profite de cet espace désormais ensoleillé.

À cette constance proverbiale à laquelle on a contraint le jardinier, il serait possible d'adosser cette phrase attribuée tantôt à Héraclite d'Éphèse, tantôt à Bouddha : « rien n'est constant, si ce n'est le changement ». Même habité par l'Homme, le domaine des possibles est beaucoup plus étendu qu'il n'y paraît, à la hauteur de toutes les variations inattendues que peut subir et générer un écosystème vivant.

Des évolutions successives en crabe : l'exaptation

Un jardin est un lieu d'évolution en de multiples étapes, qui ne sont pas forcément linéaires. La nature évolue par adaptations successives, mais chaque étape se construisant parfois de manière latérale sur les réalisations de l'étape précédente. Ce phénomène doit être comparé avec la version naïve de ce qu'on comprend parfois de l'évolution darwinienne, à savoir qu'un organisme tendrait de manière univoque vers un résultat final. La nuance a été théorisée par les paléontologues Stephen Jay Gould et Élisabeth Vrba, sous le terme étrange d'*exaptation*[1].

Une exaptation a lieu quand une caractéristique évolue en des phases successives, mais qui n'avaient pas le même objectif adaptatif. Cela commence par une adaptation classique dans une première phase : par exemple, le système osseux complexe de la mâchoire des poissons évolue pour leur permettre de se nourrir.

Dans une deuxième phase, la même caractéristique peut ne plus subir de pression évolutionniste, ou même devenir obsolète, ce qui pourrait alors la faire disparaître. Quand les poissons se transforment en vertébrés terrestres, il devient ainsi plus efficace d'avoir une mâchoire simple et robuste ; les multiples os de la mâchoire sont beaucoup moins utiles, ils tendent alors à réduire de taille pour ne garder qu'une mâchoire monobloc (en deux os symétriques).

Un nouveau cycle d'évolution peut démarrer, la caractéristique « inutile » étant recyclée vers un autre usage adaptatif. Ainsi, les petits os résiduels de la mâchoire deviennent disponibles, pour fournir des *osselets* qui peuvent entrer en résonance mécanique dans la cavité

1. « Exaptation – a missing term in the science of form », Stephen Jay Gould et Elisabeth S. Vrba, *Paleobiology, 8*(1), 4-15, 1982.

crânienne, à l'interface entre le monde extérieur et le système neuronal. La transmission des ondes sonores par l'intermédiaire de ces osselets constitue la base d'un nouveau système révolutionnaire, l'audition.

L'exaptation permet d'expliquer comment un système très complexe va émerger, alors qu'il semble quasiment impossible que ses sous-parties aient pu évoluer simultanément pour remplir la fonction. Avec l'exaptation, l'évolution n'est plus à considérer comme un grand arc, mais comme une suite de petits pas, chacun ayant leur motivation locale, menant souvent à des changements d'orientation avant de recommencer à évoluer. La trajectoire globale va alors ressembler à un parcours *en crabe*, qui avance dans une direction générale par une suite de mouvements latéraux qui ne pointent pourtant jamais dans la bonne direction.

De la tentation déiste, alors que tout n'est qu'exaptation

L'exaptation joue un rôle fondamental dans le débat autour du créationnisme, face à ceux qui estiment que la grande complexité de l'être humain ne peut être que la preuve de la main de Dieu et non de l'évolution. En 1982, les créationnistes américains intentèrent un procès contre l'État d'Arkansas, afin d'obtenir l'enseignement de la Bible comme théorie de même niveau de validité que la théorie scientifique de l'évolution. Durant le procès, Stephen Jay Gould fut appelé à la barre, et il utilisa un argument d'exaptation pour montrer comment l'œil des mammifères peut émerger par l'évolution biologique[1]. Ceci lui permit de contrer les créationnistes qui insistaient pour rejeter la théorie de l'évolution puisque

1. Stephen Jay Gould, *Quand les poules auront des dents : Réflexions sur l'histoire naturelle*, Paris, Fayard, 1984.

leur interprétation erronée leur faisait croire qu'un organe comme l'œil aurait très peu de chance d'émerger, vu sa complexité.

Ils avaient raison, l'œil ne peut émerger en une passe évolutionniste directe. Il émerge en de multiples passes d'évolution, successives et cumulatives, donc la théorie évolutionniste reste valide et nul dieu n'est nécessaire pour expliquer l'existence de cet organe complexe.

Gould et son explication par l'exaptation des organes complexes comme l'œil aidèrent l'État américain d'Arkansas à gagner son procès contre les créationnistes. On pourrait croire que la possibilité d'exaptation constitue juste un point étroit dans un débat spécifique à la politique des États-Unis. Étonnamment, ce débat sur la nature de l'émergence de système complexe est implicitement présent dans de très nombreuses situations politiques ou managériales.

Quand on imagine un monde futur idéal, ce débat sous-tend le choix du modèle de développement sociétal pour l'atteindre : doit-on viser une cible grandiose, ou doit-on accepter d'y aller par étapes et en pas de crabes ? Si on a une grande idée entrepreneuriale ou politique, ce débat s'applique de nouveau, entre viser la grande cible ou accepter d'emblée de s'y diriger itérativement et en crabe. La tentation dominante est de décrire l'objet futur, de préférence de manière la plus grandiose possible, et de supposer qu'on va pouvoir le construire « en trace directe », en l'alimentant d'intrants afin d'obtenir les caractéristiques désirées. Ceci fait de l'acteur un petit dieu qui assemble son jouet comme un Lego.

L'alternative est d'accepter que les systèmes complexes émergent, et qu'ils passent par des étapes cumulatives. Comme dans un jardin, il est peu efficace de vouloir planter immédiatement les espèces qui correspondent au schéma final qu'on imagine. Il convient plutôt de démarrer petit, et de progresser par itérations successives. Et si l'on est vraiment malin, anticiper et accepter qu'un résultat final viable sera l'adaptation d'une étape intermédiaire qui fonctionne, elle-même ayant dérivé d'une étape antérieure, etc. L'acteur est donc l'organisateur de ces étapes, à la fois ordonnateur et spectateur de processus qu'il accepte de ne pas contrôler totalement.

De la motivation à tenir de longs et tortueux parcours

La patience est évidemment une qualité nécessaire pour approcher l'action, comme cela a déjà été évoqué plus haut. Par contre, dans un monde qui valorise l'image et l'instantanéité, les prescriptions présentées ici peuvent poser difficulté. De nombreux jeunes (et moins jeunes) aspirent à un entrepreneuriat (industriel, social ou environnemental) naïf, convaincus qu'il suffit d'avoir une idée pour réussir à lever des fonds, et rapidement se trouver à la tête d'une entreprise à impact. Leur scénario est répétitif, envisageant en général de révolutionner un domaine entier en se basant par exemple sur les nouvelles technologies d'information. Connaissent-ils vraiment l'activité en question ? Non, ils sont débutants souvent. Et connaissent-ils les technologies d'information ? Non plus.

Le drame de ce script est qu'il ne reflète même pas la réalité. Si l'on regarde les trajectoires de nombre d'entrepreneurs, l'une des rares constantes est qu'ils agissent dans des domaines qu'ils connaissent, avec des gens qu'ils connaissent, réussissant souvent par surprise et parce qu'ils avaient commencé à « faire des choses ». Le lecteur pourra avoir reconnu ici les étapes de *l'effectuation*, discuté précédemment.

Ainsi, on doit souvent insister auprès de ces acteurs sur le fait que ceux qui réussissent sont tout principalement ceux qui aiment leur produit, leur service, en tout cas assez pour y passer le temps nécessaire, pour ne pas être rebuté par les échecs, pour construire de premières versions qui n'ont pas beaucoup d'impact. Une progression *itérative et en crabe* n'est ni intuitive ni séduisante au premier abord.

C'est la même insistance d'ailleurs qui est nécessaire auprès d'apprentis ou d'aspirants leaders, qui aimeraient ne penser qu'en termes de vision, de plan, de politique, ou d'impact. L'appréciation des humains qu'ils vont devoir diriger est là aussi cruciale, car elle va permettre de tenir, de lancer quelque chose, et de progresser itérativement et en crabe, dans l'accompagnement du groupe humain.

Il serait pertinent que tous ces acteurs à la ville s'inspirent de l'image du jardinier, qui est tout simplement celui qui *aime* passer du temps les mains dans la terre, dehors, en contact et en relation avec le bout de nature dont il prend soin ou jouit… Cette attitude permet d'accompagner la vie comme elle est, une spirale qui progresse par exaptation : chaque projet peut produire succès ou défaite ; puis, ce résultat constitue la plateforme pour le projet suivant. Cela constitue à la fin une trajectoire globale, étonnamment pointée dans la bonne direction, mais progressant principalement en crabe, par les chemins de traverse et autres sentiers cachés propres à l'école buissonnière si chère aux jardiniers.

Devenir activiste, au-delà des bonnes intentions

Nul doute que le premier botaniste européen qui a arpenté les zones humides d'Amérique du Sud et découvert les grandes et belles fleurs jaunes de Ludwigia grandiflora s'est empressé d'en prélever quelques spécimens ou graines pour les rapporter dans son jardin botanique préféré. C'est d'ailleurs non loin de celui de Montpellier, dans la rivière du Lez, qu'on a trouvé au XIXe siècle les premiers foyers de colonisation de l'espace naturel par cette plante, aussi connue sous le nom de jussie.

Bien intentionné, mais naïf ?

Cette très jolie plante trouva nos milieux humides tellement à son goût qu'elle s'y propage désormais souvent de manière incontrôlable. De sa végétation très généreuse, elle recouvre toute la place libre des mares, étangs, canaux, lacs, rivières et même sur des dizaines de kilomètres au long de la Loire. Elle est si généreuse qu'elle étouffe toutes les autres espèces en place susceptibles de partager cet espace qu'elle parvient à coloniser depuis les prairies humides jusqu'à un mètre de profondeur. Cette générosité malmène également les vannes, écluses, bouchant les canalisations de trop-pleins, et produit une biomasse si importante qu'elle accélère l'eutrophisation des milieux aquatiques.

Probablement heureux et fier d'apporter une contribution à la connaissance des plantes et à l'embellissement des mares et étangs, il est assez probable que ce botaniste n'avait ni l'intention de nuire ni l'idée de l'impact colossal qu'aurait cette plante sur les écosystèmes aquatiques de toute l'Europe, et même du monde.

Il devait en être de même quand les colons britanniques ont relâché les premiers lapins en Australie, pour se nourrir et se distraire par la chasse, lançant la plus importante et rapide prolifération par des mammifères connue à ce jour. Les conséquences sont telles que certains estiment qu'elle est la cause principale de la disparition des espèces sauvages sur l'île-continent, plus encore que l'élevage de moutons.

Ces deux exemples illustrent bien que ce n'est pas parce qu'une idée ou une action sont portées par de bonnes intentions qu'elles sont bonnes ou bienfaisantes.

De la tentation de la compensation

Ce danger peut se retrouver dans une autre situation typique : une association naturaliste est contactée pour accompagner une entreprise de travaux publics dans le cadre de l'aménagement d'une nouvelle bretelle d'autoroute. Grâce à ses compétences et à la motivation de ses membres, elle va tenter de faire en sorte que cet aménagement soit le moins nuisible possible.

De nombreuses solutions seront alors mises en place pour compenser l'aménagement : passes pour la faune sauvage – par exemple des crapauducs[1] – pour

1. Un crapauduc est un aménagement permettant aux batraciens et amphibiens de traverser une voie sans se faire écraser.

compenser la rupture dans la continuité du milieu naturel ; création de mares pour remplacer tant que faire se peut une zone humide partiellement recouverte par l'enrobé routier ; création de nichoirs, d'espaces sanctuarisés ou pédagogiques ; dépollution des eaux de ruissellement par des filtres plantés de roseaux, etc. C'est, en soi, une initiative tout à fait respectable, et nul ne saurait reprocher à cette association – comptant certainement des écologistes convaincus et des biologistes de bonne foi – d'agir pour réduire la casse.

Ceci nous entraîne sur le terrain glissant des très injustement nommées *mesures compensatoires*, exigées dans nombre de projets d'aménagement du territoire, qu'il s'agisse de construction de routes, de logements, de voies ferrées, de sites industriels, commerciaux, énergétiques, publics, ou même d'aménagements agricoles ou sylvicoles. Selon le contexte, à la suite d'une *étude d'impact* exigée principalement par la loi, il peut être demandé aux porteurs de projet de proposer des mesures compensatoires visant à réparer les dégradations subies par le milieu du fait de ces projets.

En fournissant l'apparence d'une protection, d'une amélioration ou d'une réparation, ce type de mesures contribue à légitimer des opérations à fort impact négatif pour la biodiversité ou le climat. Encore faudrait-il qu'elles apportent réellement ce qu'on croit y voir.

Ils se présentent comme des caniveaux recouverts ou des conduites souterraines, leurs deux extrémités étant connectées à de petites clôtures destinées à guider les populations vers cet unique passage. Ceci limite les écrasements par les véhicules, mais a pour effet pervers de créer des hot spots facilitant la prédation par les hérons et d'autres prédateurs naturels de ces espèces.

Des compensations aux conséquences discutables

Pour compenser la destruction d'un lopin de forêt, on imposera la replantation d'un autre. Pour compenser la destruction d'un marais multiséculaire, on exigera, selon les pays, la création d'une zone humide de taille équivalente ou du double, etc. Seulement voilà : le consensus scientifique sur le sujet est quasi-total pour dire que le mécanisme de compensation ne fonctionne pas. Ainsi, la plantation d'une génération de jeunes plants d'arbres de quelques dizaines de centimètres ne compensera pas l'écosystème forestier complexe et multigénérationnel que l'on envisage d'abattre.

Du moins ne le fera-t-il pas, au mieux, avant des décennies. Où iront vivre, durant ce temps, toutes les espèces qui vivaient dans les bois détruits ? Quel sera le cycle de l'eau durant cet intervalle pendant lequel aucun bois mort ne sera produit en suffisance, et alors qu'il faudra plusieurs années avant que l'ombre d'un arbre ayant survécu à la phase de plantation se porte sur plusieurs mètres carrés au sol ?

Ce qui, sur le papier, est théoriquement une bonne idée s'avère en réalité un désastre lorsque l'existence de mesures de compensation permet de justifier, ou de légitimer, des actions très négatives pour l'environnement. C'est certes un moindre mal dès lors qu'un projet destructeur ou nuisible a été voté ou lancé, mais cela reste sans l'ombre d'un doute un mal, rendu possible et légitime en amont.

Nous avons insisté au fil des pages sur la complexité des écosystèmes et la délicatesse des interactions qui s'établissent sur de longues durées, et sur le fait qu'ils sont sensibles ou adaptés à des facteurs ténus propres à chaque cas. Décréter qu'on va instaurer une solution de remplacement tient souvent de la malhonnêteté intellectuelle !

Et ce, sans compter sur tous les effets potentiellement néfastes causés par le projet lui-même lorsqu'il existera. Le coût environnemental de sa création s'étend bien au-delà de sa seule atteinte directe au milieu : extraction puis acheminement des matériaux, émanations directes et indirectes (gaz d'échappement et particules fines des véhicules qui passent, émanations liées aux matériaux employés, impact climatique par la réverbération et l'artificialisation...), éventuelle contribution à la surconsommation, remplacement injustifié de bâtiments ou infrastructures déjà existantes et suffisantes...

Du cérémonial pervers de la compensation

En ce qui concerne la fameuse bretelle d'autoroute, si elle peut sembler anodine au premier abord, la situation écologique est claire : tous les arguments ci-dessus s'appliquent, auxquels il faut ajouter les spécificités de l'autoroute, telles que la restriction massive de circulation de la faune et de la flore qui est irréversible[1]. Le bilan est clair : la compensation est impossible !

Le mécanisme de compensation peut donc contribuer dans ce type de situation à une approche cérémoniale de nos politiques publiques : celles où l'on se donne l'illusion qu'on traite le problème, alors qu'on participe à le masquer. Son rôle est pervers, car il peut dissimuler la

1. Les passerelles pour la faune, la biodiversité et autres crapauducs sont une toute petite ouverture à la libre circulation des espèces, qui se voient entravées dans leurs déplacements par les clôtures et les murs de véhicules mortels, souvent sur des dizaines de kilomètres avant de trouver un passage. Si leur nécessité est réelle, elles représentent une infinitésimale portion de ce qui préexistait, et permettait notamment un meilleur brassage génétique et de plus vastes surfaces à explorer pour se nourrir sans trop de pression sur le territoire.

réalité de l'impact, et permet d'éviter des débats sincères sur l'arbitrage entre la préservation de la vie dans toute sa diversité et la croissance économique ou urbanistique.

Ceci est triste, car l'intention n'était pas mauvaise à l'origine, et par ailleurs l'existence de la compensation participe – lentement, trop lentement – à la prise en compte de l'impératif écologique.

Pour revenir aux autoroutes, certains considèrent qu'il ne faudrait dorénavant plus en construire si l'on érige la préservation de la planète en priorité première. D'autres – qui n'envisagent pas (encore ?) de se priver désormais d'autoroute, mais sont sincèrement préoccupés par l'évolution de notre écosystème écologique et social – prendront avec grande précaution les projets de type autoroutier, militeront à sérieusement les réduire, et évalueront les prétendues compensations avec réalisme. Ce même questionnement est également requis pour la création de nouvelles lignes de trains à grande vitesse, qui viennent en addition et remplacement de lignes certes plus lentes, mais qui desservaient plus de gares et ne nécessitent pas de nouveaux travaux aux coûts, dimensions et impact écologique aussi pharaoniques.

Compensation carbone et blanchiment vert

Ce type de problématique va se retrouver dans le cas de la compensation carbone, vaste impasse venue sûrement d'une bonne intention : continuer de produire de la richesse et satisfaire les envies de consommation de la population tout en limitant l'impact climatique. Or, là encore, on retrouve la même problématique : les arbres plantés maintenant pour « avaler et séquestrer » les émissions de carbone mettront cinquante ans à être véritablement efficaces… pour peu qu'ils survivent jusque-là.

Car, et c'est un comble, on constate un taux de mortalité considérable de ces plantations (70 à 90 % dans certaines régions). Non seulement les arbres plantés sont inefficaces et ne compensent absolument pas les émissions instantanées, mais ils servent de prétextes à poursuivre les émissions de CO^2, les émetteurs pouvant se targuer de « faire ce qu'il faut »[1].

Les mesures compensatoires, tous domaines confondus, sont une sorte de blanc-seing permettant dans certains cas la destruction du vivant ou d'aggraver la crise climatique avec la possibilité cynique de vanter une démarche qu'on peut alors revendiquer comme vertueuse. Elles constituent souvent la base de ce que notre époque a nommé *greenwashing*, l'affichage – de façon souvent très ostentatoire et de relative mauvaise foi – d'intentions prétendument respectueuses de l'environnement, mais non suivies d'actions concrètes et sincères.

Cet *écoblanchiment* (traduction de « greenwashing ») – par exemple par des mécanismes compensatoires – constitue une menace pour la prise en charge sérieuse des problèmes environnementaux. Une menace inquiétante, car insidieuse, et qui vient en complément de méconnaissance et de mésinformation omniprésentes sur les sujets environnementaux. Une partie du public et des décideurs perçoivent désormais bien que certains exploitent ces failles pour continuer à nuire, à des fins essentiellement lucratives, mais aussi par paresse, sans en avoir l'air.

Pour les biologistes, les écologues et les jardiniers, il est évident que la meilleure compensation consiste à ne pas détruire et à ne pas émettre de polluants. Une évidence qui s'oppose à la doxa productiviste qui se

1. Il existe différentes méthodes de compensation carbone, mais la plantation d'arbres sous forme de sylviculture ou de haies est actuellement la plus courante.

contenterait bien de « pansement sur une jambe de bois » et conduit une lutte souvent de mauvaise foi contre les mouvements et activistes qui portent cette demande[1].

Il existe cependant des cas particuliers où cette solution vertueuse semble ne même pas pouvoir exister. Sur certaines îles, la dépendance au reste du monde est devenue si importante que renoncer au tourisme, par exemple, semble impossible. Lorsque, comme aux Seychelles, l'alimentation des habitants dépend à environ 90 % des importations et qu'il n'existe plus sur place de surfaces suffisantes pour y produire ce qui serait nécessaire, il est très difficile de renoncer au tourisme qui représente environ 80 à 90 % du Produit Intérieur Brut (PIB) du petit pays. Et ce, même si on est parfaitement conscient de la nuisance environnementale extrême qu'il constitue...

C'est la crainte d'une telle situation qui a poussé certains archipels, tel le Vanuatu, à commencer à développer l'agrotourisme ou le tourisme régénératif[2]. L'un et

---

1. Environ un ou une activiste de l'écologie ou du climat est assassiné tous les trois jours sur la planète. Pour plus de détails, voir la liste détaillée dans le rapport annuel de l'ONG Global Witness : *Standing Firm : The Land and Environmental Defenders on the frontlines of the climate crisis'*, Global Witness, 2023.

Les arrestations, pressions, violences, y compris en Europe, sont innombrables. À ce sujet, voir notamment les rapports et interventions médiatiques du Rapporteur Spécial des Nations Unies sur les Défenseurs et Défenseuses de l'Environnement au titre de la Convention d'Aarhus.

2. L'agrotourisme consiste à passer tout ou partie de son séjour au sein d'exploitations agricoles ou piscicoles, et d'y participer de façon plus ou moins assidue aux travaux ou à des ateliers. Le tourisme régénératif consiste quant à lui à participer lors de son séjour à des actions visant à la revitalisation des milieux ou de l'économie locale, par exemple en participant à des actions de nettoyage, au soutien aux circuits courts, à la restauration de sites patrimoniaux, ou encore à la réhabilitation de parcelles agricoles vers des modèles agroécologiques.

l'autre ont pour objectif de financer l'autonomisation alimentaire par le biais d'un tourisme plus conscient… et rémunérateur, grâce à des prix qui absorbent enfin une partie des coûts environnementaux et sociaux des activités touristiques et, parfois même, des conséquences de la colonisation[1]. Ce territoire développe d'ailleurs concrètement sa capacité à produire sur place une alimentation qualitative, accessible – voire gratuite lorsqu'elle est à domicile ou dans des parcelles communautaires –, le plus souvent issue des traditions indigènes[2]. Un premier pas pour peut-être – c'est l'objectif des acteurs les plus radicaux dans ces domaines – parvenir à ne plus dépendre du tourisme ni des importations. Ceci est crucial car ces îles sont extrêmement mises en difficulté par le réchauffement climatique. Mais dans ce cas, il s'agit bien plus de stratégie de sauvegarde que de mesures compensatoires. Une compensation sincère n'est pas vraiment envisageable en l'état puisque chaque visite de touriste implique l'impact carbone de plusieurs milliers de kilomètres en avion.

Du blanchiment social

Certains pourraient argumenter qu'une forme de réalisme et d'espoir de performativité[3] pourrait justifier ces blanchiments : mettre en avant une bonne cause,

---

« Regenerative tourism: a state-of-the-art review », Loretta Bellato et Anna Pollock, *Tourism Geographies*, 1-10, 2023.

1. À ce sujet, lire notamment : Wendy Sealy, *From Colonialism to Transnationalism: The Neo-Colonial Structure of Caribbean Tourism*, Tourism and Sustainable Development Conference, 2018.

2. Voir le travail réalisé par l'organisation Regenerative Vanua : https://www.regenerativevanua.org/

3. La performativité, discutée précédemment, a lieu quand un acte déclaratif tend à devenir vrai, à s'autoréaliser. Ici, le fait d'annoncer des mesures environnementales hypocrites

même de manière peu sincère, serait préférable à ce qu'elle soit tout simplement ignorée. Toute action permettant d'accroître la perception de la problématique environnementale est toujours bonne à prendre. Ce sera un début, certes un peu trompeur, mais un début quand même. Ainsi, apposer sur une myriade de produits et services des logos symbolisant des promesses de plantation d'arbres aurait au moins le mérite de contribuer à légitimer la cause de la défense du climat.

Certes, mais au-delà de leur impact généralement limité, les mécanismes de compensation font dangereusement sous-estimer l'ampleur des mesures qu'il faudrait effectivement prendre. Et ils permettent aux acteurs institutionnels – les entreprises industrielles, les gouvernements, les financiers, etc. – de s'acheter une bonne image sans obligatoirement engager des actions de fond.

L'ambivalence vis-à-vis des mécanismes de compensation fait écho à des problématiques similaires dans les domaines social ou politique. Ainsi, de nombreuses problématiques sociétales – pauvreté, inégalité, etc. – se voient proposer comme réponses des systèmes de don permettant de mettre en œuvre des compensations sociales.

Un système éducatif payant serait compensable par de tels systèmes de donations pour financer les études d'élèves nécessiteux ; des problématiques de logement ou de nourriture seraient compensables similairement par des financements privés de repas ou de nuitées ; etc.

La manière dont cette idée s'applique va énormément fluctuer selon les pays (par exemple, France par rapport aux États-Unis), les périodes (aujourd'hui par rapport au Moyen Âge), les domaines (l'éducation par rapport à la santé). Mais on devrait hésiter à être rassuré par de tels mécanismes. En effet, d'un point de vue

participe quand même à ce que la cause environnementale avance d'une manière ou d'une autre.

moral tout autant que d'efficacité sociétale, l'accès à l'éducation ne devrait pas être restreint par les moyens individuels, éventuellement compensés par la bienveillance aléatoire de généreux donateurs. Idem pour l'accès à des minima de logement ou de nourriture.

De plus, une fois que ce mode de compensation est accepté comme légitime, il joue alors dans le discours public un rôle pour limiter l'engagement de la collectivité, en particulier de l'État. Inutile alors d'augmenter les impôts (qui feraient fuir les riches), puisque les riches, le privé, le marché couvriront des prises en charge pour les plus pauvres. Le contrat social s'en trouve extraordinairement modifié, ne dérivant plus d'une *volonté collective,* mais bien de la *bonne volonté* des plus aisés...

Les mécanismes de compensation sociale doivent être évalués en fonction de leurs résultats. Il s'agit de déterminer si, dans l'ensemble, ils ont un effet positif ou si les bénéfices sont annulés par les impacts négatifs.

Si l'on prend l'exemple de la philanthropie compensant les carences alimentaires, des organisations comme les Restos du cœur apportent indéniablement un bienfait aux populations confrontées à ce problème. En soi-même, l'organisation est sincère. Par contre, on peut s'interroger quant à l'usage qui peut en être fait par certains donateurs. Ainsi, on peut observer de grandes fortunes effectuer des donations, très médiatisées, de millions d'euros pour aider des ONG à vocation sociale. Ceci ne représente alors qu'une minuscule fraction du bénéfice annuel des grosses entreprises de ces donateurs fortunés, parfois une toute petite fraction d'un pour cent. Cet ordre de grandeur doit être mis en regard des montants impliqués dans le débat sur la taxation des entreprises, qui eux se discutent en dizaines de pour cent[1].

---

1. Pour une bonne synthèse d'études académiques sur la justice fiscale, voir : Emmanuel Saez, *et al.*, *Le triomphe de*

Pour être concret sur les ordres de grandeur, si de tels dons en dessous du 0,1 % déclenchent les remerciements et évitent les débats sur la *taxation* des profits et l'évasion fiscale, qui peuvent être eux en ordre de grandeur supérieure à 10 %, alors il convient de les requalifier, en l'occurrence, de *blanchiment social*. Ces ONG, destinées aux populations les plus vulnérables, auraient beaucoup moins de raisons d'exister avec un plus juste partage des richesses. Leur existence participe à la tolérance à un accroissement continu des inégalités économiques et sociales, alors que celles-ci sont probablement la cause principale de malaises sociétaux menant à des instabilités politiques majeures. On a pourtant très bien su les réduire dans le passé[1], jusqu'à être pour ainsi dire absentes de certaines cultures[2].

Attention à l'activisme cérémonial

De manière précautionneuse, chacun devrait mener une réflexion responsable face à l'ambiguïté de l'activisme. Même avec le risque de blanchiment, certains pourraient arguer que tout message, tout activisme fait avancer la cause. Par exemple, le fait de mettre en place de l'activisme de consommateurs sur la question du recyclage n'est pas forcément mauvais, même si ceci occulte les causes profondes de la crise écologique, et même si ce recyclage n'est que de façade, comme cela

---

l'injustice : richesse, évasion fiscale et démocratie, Paris, Seuil, 2021.

1. Thomas Piketty, *Une brève histoire de l'égalité*, Paris, Seuil, 2021.

2. David Graeber et David Wengrow, *Au commencement était... : Une nouvelle histoire de l'humanité*, Paris, Les Liens qui Libèrent, 2021.

a pu être démontré dans le cas des plastiques[1]. En effet, des messages sur le recyclage – certes naïfs, mais passés dès l'école primaire – contribuent à faire émerger une conscience écologique, à préparer une génération qui sera peut-être plus à même d'aborder la question de la transition écologique.

Il n'existe pas de méthode simple pour trancher ces questions qui vont beaucoup dépendre du contexte, et de la marge de choix individuel. Considérons par exemple un activisme *de consommateur* d'un type particulier, celui par lequel nous choisissons un emploi. Si une jeune cadre idéaliste choisissait de travailler pour une compagnie pétrolière qui prétend s'intéresser à l'environnement, se corrompt-elle ? Ou bien serait-ce faire preuve de ce que les trotskistes appelaient de *l'entrisme*, à savoir rejoindre une organisation cible avec pour objectif principal de la changer, de l'influencer de l'intérieur ? Toutes les nuances de non-alignement existent. Et l'acteur n'agit pas toujours en possession de la pleine information. À trop tolérer et ne pas se poser de questions, on prend le risque d'avoir participé à des actions (in)qualifiables de « blanchiment », on aura fermé les yeux sur les impacts négatifs d'une entreprise dans le domaine social, politique, ou environnemental.

Des groupements d'étudiants, notamment en grandes écoles, ont signalé un tel malaise en dénonçant publiquement – notamment lors de cérémonies de remise de diplômes diffusées sur les réseaux sociaux – les travers de

1. Concernant la politique de recyclage des plastiques, nous avons déjà dirigé les lecteurs vers le rapport du Center for Climate Integrity (Allen *et al.*, 2024). On pourra aussi consulter cette déconstruction des techniques de blanchiment écologique dans ce domaine : Alice Delemare Tangpuori, *et al.*, *Talking Trash : the corporate playbook of false solutions to the plastic crisis*, Changing Markets Foundation, 2020.

certains de leurs futurs employeurs potentiels et déclarant leur désir de ne pas travailler pour eux et se fourvoyer alors dans une forme de complicité coupable. Ils dénoncent également souvent à cette occasion le formatage qu'ils ont le sentiment d'avoir subi dans ces grandes écoles afin de répondre, justement, à la demande de ces employeurs néfastes à leurs yeux, ou de modèles sociétaux qu'ils désapprouvent. Pour eux, comme pour tant d'autres acteurs, quelle stratégie adopter pour agir, pour éviter d'apporter son soutien à des acteurs toxiques, pour concrétiser ses bonnes intentions ?

Car le blanchiment social ou écologique guette. Ces vidéos sont certes beaucoup vues – surtout les premières – et louables. Mais elles sont ponctuelles et la énième déclaration est vite noyée dans le bruit ambiant, restant l'œuvre d'une infime minorité d'une promotion. Une ambiguïté s'installe, à savoir si ces actions seront suivies d'une mise sous pression continue ou si ce sont juste des coups d'éclat. Certains pourraient même s'interroger quant à savoir si cet exercice attendu n'en deviendrait pas lui-même un blanchiment de la communauté scolaire en question.

Du choix de l'employeur comme activisme consommateur

Hirschman, le grand théoricien de l'activisme consommateur[1], a identifié dans les années 1970 que l'activisme consiste en un mix d'actions de différentes natures capturées dans l'expression « *exit, voice, loyalty* », à savoir *le retrait, la verbalisation* et *la loyauté*. On peut par

1. Albert O. Hirschman, *Exit, voice, and loyalty ; responses to decline in firms, organizations, and states*, Cambridge, Harvard University Press, 1970.

exemple l'appliquer en considérant le choix que doivent faire des jeunes en recherche d'emploi – en particulier au moment crucial de leur sortie de formation, quand il leur est facile de s'organiser collectivement.

Le cadre d'analyse d'Hirschman suggère alors un ensemble d'actions qui individuellement peuvent être floues, mais collectivement vont pousser les organisations dans la bonne direction. Par exemple, au sein d'associations d'élèves, on pourra commencer par qualifier les entreprises recruteuses, soit en trouvant une information existante de qualité – authentifiée, sourcée, contextualisée – classant les entreprises sur leur performance environnementale et sociale, soit en la compilant soi-même. Une telle information a vocation à être partagée avec les organisations en question, afin qu'elles sachent la manière dont elles sont jugées. Cette communication constitue de la verbalisation (« voice »), mais déclenche aussi du retrait (« exit »), car l'existence du classement implique que les entreprises les plus défaillantes perdent automatiquement un certain nombre de candidatures.

Certains candidats décideront néanmoins de discuter avec des entreprises défaillantes, en envisageant que le processus de recrutement constitue un forum pour échanger avec l'entreprise sur sa faible performance. Ceci constitue une verbalisation (« voice »), ce qui peut être l'unique objectif si l'on n'avait pas l'intention d'y trouver un travail. Si on envisage de prendre quand même un poste, cela permet au candidat de rendre l'embauche conditionnelle au fait que l'entreprise s'engage sur des objectifs d'amélioration crédibles, qui ne soient pas du blanchiment, et éventuellement que le candidat soit affecté à des tâches liées à ces améliorations.

Un tel processus avait été théorisé pour de l'activisme consommateur, illustré ici par l'activisme dont pourrait faire preuve le personnel de ces organisations à l'étape particulière de leur sortie de formation et avant leur embauche. Malheureusement, il n'est applicable que dans les cas où le rapport offre-demande entre employés potentiels et pourvoyeurs d'emploi donne un avantage aux premiers, ce qui n'est évidemment pas le cas de beaucoup des demandeurs d'emploi. De telles actions prennent aussi plus d'efficacité si les employés peuvent facilement se regrouper en collectif, ce qui devrait être le cas par le syndicalisme, ou dans le présent exemple, par leur identité partagée d'étudiant juste avant leur premier emploi.

Ce processus permet aussi d'aborder sur le long terme de multiples dimensions (environnementale, sociale, etc.) en dépassant la binarité de « il ne faut pas travailler pour l'entreprise X », tout en permettant à un plus grand nombre de mettre toujours plus d'organisations sous pression au long terme. Il peut être déployé similairement ailleurs, par exemple par un activisme industriel où des entreprises rassemblées en syndicats professionnels influenceraient leurs clients ou leurs fournisseurs. On peut imaginer un syndicat de la boulangerie qui prenne ostensiblement position vis-à-vis des producteurs de blé et farines, pour les influencer sur leurs politiques environnementales agricoles. Pour autant, dans le cadre d'urgences sociales ou écologiques, de telles pratiques ne suffisent probablement pas ; et l'on devra toujours s'assurer que tout ceci ne se transforme pas en un cérémonial fournissant un alibi pour accepter le statu quo.

Une société d'activistes

Les mécanismes compensatoires – et plus généralement toutes les formes de blanchiment – fleurissent plus que jamais. En effet, nous vivons une époque confrontée à de nombreux défis, et où la capacité de mobilisation a changé d'échelle.

Les grandes causes et les grands défis ont toujours existé : guerre, révolution, épidémie, l'humanité est toujours confrontée à des menaces systémiques. Néanmoins, plus que durant toute autre période antérieure vécue par Homo sapiens, la période contemporaine donne lieu à des activismes sur une plus grande hétérogénéité de défis, face à des menaces d'une ampleur sans précédent, et engageant une plus grande part de la population.

Jamais auparavant on n'avait assisté à une telle conjonction de causes considérées comme majeures. D'une part, la menace planétaire du changement climatique et les conséquences de l'érosion de la biodiversité remettent en cause notre système industriel et nos modes de vie. D'autre part, des tensions culturelles, sociales, économiques et politiques majeures remettent en cause tous les systèmes politiques, en particulier les démocraties occidentales qui ont mis tant de temps à émerger.

Face à cette conjonction de causes à défendre, nulle autre période de l'humanité n'a permis à autant d'individus de se sentir en capacité d'agir comme activistes. Ceci dérive de multiples facteurs conjoints : la technologie, Internet et les réseaux donnent au plus grand nombre une voix autrefois réservée à une élite contrôlant les médias ; l'éducation et la culture font que de nombreux groupes de la population ont été convaincus de leur droit à s'exprimer ; la politique, où de nombreux acteurs, certains de niveau étatique, ont adopté des tactiques de chaos pour exacerber les douleurs et les voix de la population à des fins de pure déstabilisation sociétale, etc.

Des justes causes à la polarisation : abeilles, diversité, nucléaire

Tant de causes, et tant de voix peuvent créer une cacophonie. D'autant plus que l'activisme peut se sentir fondé à divers petits arrangements, pour « sa propre bonne cause ». L'obsession pour une cause X peut rendre particulièrement insensible à la cause Y. Alternativement, pour soutenir une cause X qui perçoit une menace Z, on peut être amené à présenter les choses de façon manichéenne en noir ou blanc ; ceci impliquant alors que toute tentative de nuance sur le rapport à Z sera perçue comme une collaboration avec l'ennemi.

La *stratégie du choc* théorisée par la journaliste américaine Naomi Klein décrit un exercice du pouvoir qui s'appuie justement sur cette multiplicité des fronts de lutte, qui a pour objectif de diviser les populations réfractaires et d'épuiser les activistes qui souhaiteraient porter plusieurs causes à la fois[1]. L'obligation de choisir ses combats impose de renoncer à d'autres et d'éparpiller les forces disponibles.

L'activisme devient donc parfois toxique, y compris pour lui-même. Sans rentrer dans le détail, citons par exemple l'obsession d'un activisme sur les abeilles domestiques alors que cette espèce n'est pas l'alpha et l'oméga des problèmes de biodiversité en France et, au contraire, éloigne le regard des véritables enjeux[2]. On

---

1. Naomi Klein *et al.*, *La Stratégie du choc : La montée d'un capitalisme du désastre*, Arles, Actes Sud, 2008.

2. L'abeille domestique est, comme son nom l'indique, une espèce domestiquée à des fins productives. Vouloir à tout prix « sauver les abeilles » a conduit à des aberrations écologiques, telle l'installation outrancière de ruches en ville, qui ont nui... à la quasi-totalité des autres espèces butineuses, subissant une concurrence déloyale et ne pouvant plus se nourrir. Ceci a aussi poussé à créer de très nombreuses « prairies fleuries pour

pourrait citer aussi la défense aveugle de la croissance au mépris de la gravité des enjeux climatiques, des activismes de tout bord et très polarisés sur les questions de diversité, de race, de genre, où toute discussion nuancée devient difficile entre les tenants d'une attitude dite « woke » (« éveillée »), et ceux pour qui le wokisme serait évidemment le problème ; différents activismes autour des politiques d'énergies, où les tenants et opposants à différentes sources ont contradictoirement et définitivement décidé que le nucléaire, ou l'électrique, ou l'éolien, seraient le diable – ou la solution absolue.

Étant nous-même, rédacteurs de ces lignes, engagés sur certaines de ces questions, cela nous pose problème. En tant que scientifiques ou praticiens expérimentés, nous visons à naviguer dans des zones nuancées de telles problématiques. Nous sommes alors parfois confrontés à de telles polarisations qu'elles nous réduisent au silence, à l'*effacement* (« *cancel* » en anglais) de notre point de vue. Nous devenons des observateurs, dépités de ne pas être dans le cadre de la *fenêtre d'Overton* de ce qui est considéré comme acceptable à la discussion[1].

---

abeilles » constituées de fleurs annuelles, qui impliquent de recréer chaque année ces prairies… quitte à dévaster le gîte de très nombreuses abeilles solitaires – osmies, notamment – indispensables à la pollinisation de certaines plantes que les abeilles domestiques ne peuvent pas polliniser. La bonne nouvelle est que c'est aussi pour sauver les abeilles que l'on a fait campagne contre les insecticides néonicotinoïdes, extrêmement néfastes à l'ensemble des écosystèmes. Mais la victoire a été de courte durée, car les producteurs de betterave ont pu avoir des dérogations, la betterave étant récoltée avant de fleurir. Et tant pis pour ce qui n'est pas abeille, et subira ce fléau. Défendre l'abeille domestique ainsi a donc à peu près autant d'intérêt pour la biodiversité que défendre le mouton pour « sauver la montagne ».

1. Dans de nombreux cercles, la fenêtre du discours socialement acceptable est désignée du nom de Joseph Overton, un lobbyiste américain qui l'a théorisée ainsi que l'évolution

Ces dérives, *pour la bonne cause*, finissent par constituer un obstacle au dialogue, et à la compréhension globale et nuancée des phénomènes.

Il n'existe probablement pas de solution facile pour réconcilier le besoin de réflexion apaisée sur les problèmes complexes d'un côté, et les simplifications et mise en émotion que l'action collective requiert parfois de l'autre. Espérons néanmoins que les activismes gardent toujours leur part de raison, leur capacité à entendre les messages complexes, et ne se reposent pas trop sur la polarisation.

L'époque permet – et requiert – que nombre de nos concitoyens s'engagent et deviennent des activistes pour les grandes causes environnementales et sociales. Puissent-ils éviter de sombrer dans les gestes symboliques ou les discours creux qui trahissent leurs intentions louables. Ceux qui s'engagent avec sérieux doivent se rappeler que les bonnes intentions peuvent parfois dévier. Elles exigent un sens pragmatique des conséquences, une sincère introspection et une empathie profonde. L'utopie ultime, peut-être, serait de parvenir à être activiste pour de multiples justes causes tout en gardant un regard critique et nuancé. Rechercher et viser la justesse dans notre rapport au monde, en gardant à l'esprit que la parfaite neutralité n'existe pas dans les systèmes complexes.

---

de l'action politique et l'activisme contemporain consistant à déplacer les bords de la fenêtre d'Overton (parfois en ouverture, d'autres fois en fermeture).

Développer les esthétiques et les imaginaires

Laissez-vous guider un instant…

« Là, masqué derrière la carotte sauvage et les herbes folles, vous pouvez distinguer un très jeune cerisier à fleurs, et un peu plus loin l'ancienne haie de thuyas devenue un magnifique alignement rappelant les séquoias depuis qu'on a cessé de les tailler. Sur votre gauche, vous pouvez remarquer que le boisement spontané de bouleaux et de saules commence à s'éclaircir, laissant peu à peu la place aux chênes, aux aubépines et aux charmes. Contournez cet arbre mort, s'il vous plaît, des branches risquent de tomber, mais il abrite notamment deux espèces de chiroptères qui nous sont très utiles pour le verger… »

Longtemps, on a espéré que l'on pourrait dire de ce genre de lieu « c'est un jardin » sans que cela fasse l'objet de contestation, de raillerie ou de conflits sous prétexte que l'entretien ou le design n'y seraient pas très marqués par la main des paysagistes ou des jardiniers ; ou parce que la maîtrise de la végétation, des allées, un nombre suffisant d'éléments artificiels n'y seraient pas assez visibles ou reconnaissables. Désormais, il est de plus en plus facile de dire qu'il s'agit effectivement d'un jardin, et cette esthétique est de plus en plus considérée avec intérêt pour l'ensemble de ses qualités. Parce que les mentalités évoluent, notamment au regard du changement des conditions environnementales, il devient possible de revendiquer le fait d'être le paysagiste ou le jardinier qui dessine cet endroit, en prend soin, l'envisage pour ce qu'il est et pour ses fonctions, et que ses visiteurs comprennent que ce n'est ni absurde, ni néfaste, mais plutôt pertinent et peut-être même beau. Car c'est un point fondamental : au-delà de la seule rationalité, c'est bien l'adhésion culturelle à cette esthétique qui facilite la diffusion de ces pratiques.

Déplacer les investissements matériels et émotionnels

L'attachement à une certaine idée de la propreté – tout comme à des objectifs de productivité – est très fort. Changer les habitudes et les référentiels esthétiques peut donc prendre du temps. La part d'affect est importante et ne saurait être négligée. Des personnes ayant vécu depuis de nombreuses années dans un même lieu y ont développé des souvenirs liés d'une façon ou d'une autre aux jardins et espaces verts qui les entourent. Année après année, ces références mémorielles ont participé à la création d'une identité. Les modifier, c'est porter atteinte à leurs souvenirs, à leur construction même.

Pour ces mêmes raisons, la collectivité a convergé autour de critères liés aussi au paysage, aux jardins. On trouve aujourd'hui encore beaucoup de réticences à l'idée de débétonner une cour d'école. D'aucuns voient dans son sol artificialisé la manifestation d'une propreté rassurante, d'une norme qui met les enfants en sûreté face aux divers risques qu'ils pourraient courir dans un monde aussi inconnu que la terre, les herbes, les feuilles d'arbres et la boue. Autre exemple : la volonté de végétaliser un cimetière se heurte à un fort ressentiment de la part de celles et ceux qui y ont des défunts, qui pensent que c'est une forme de négligence et d'économie, que ceci serait un manque de respect pour les morts et ceux qui viennent les honorer.

Laisser son jardin émerger ouvre la possibilité qu'il ne corresponde pas à une esthétique prévue, planifiée. Au jardin, ces nuances ont déjà été explorées quand l'esthétique du jardin français requiert plus de planification (apparente) que le jardin anglais, qui lui-même va requérir plus de planification (apparente) qu'un jardin punk. Remarquez combien chacun de ces modes de gestion du jardin correspond à une *esthétique*, à une conception de ce qui serait *beau*, ainsi qu'à ce qui *ferait plaisir* à voir, à cultiver. Ce lien que l'acteur fait entre l'organisation du monde et l'affect esthétique va jouer un rôle prépondérant, surtout lorsqu'il va être question de changer de modèle…

Se focaliser sur le plaisir

De nouveaux paradigmes sur la manière de gérer nos jardins ne peuvent donc pas immédiatement faire l'unanimité. Mais ils peuvent être accompagnés d'une sensibilisation sociale visant à réduire progressivement le nombre de ceux qui les ressentent comme des régressions, voire des agressions. Le temps est l'allié du jardinier-paysagiste, et son talent consistera à ne pas négliger la facilitation par l'émerveillement et la joie.

L'évolution des pratiques achoppe souvent si elle est vécue comme une contrainte, un sacrifice, ou associée à la douleur. L'esthétique actuelle dominante du jardin permet d'envoyer des messages de propreté, de maîtrise, à l'extrême sommet d'un rang social de *possesseur*. Transformer un marqueur socioculturel aussi puissant nécessite que l'alternative proposée apporte aussi du plaisir, de la fierté, des avantages.

Dans le film d'Yves Robert *Alexandre le bienheureux*, une séquence de la scène d'ouverture est un modèle du genre. On y voit une fleur sauvage qui tourne entre les doigts d'Alexandre – paysan interprété par Philippe Noiret – couché dans l'herbe au lieu de s'affairer aux champs, dont on entend la voix grave et douce dire à son chien : « Tu as déjà regardé une fleur de carotte ? Eh bien c'est ça, la vie ».

En une très courte séquence, le réalisateur incite le spectateur à faire évoluer son point de vue sur une fleur à laquelle, très probablement, il n'avait jamais prêté attention. Ceci a pour conséquence de poser les bases d'une modification de regard qui se maintiendra tout au long du film, en bonne partie parce que le plaisir d'Alexandre à remettre en question les habitudes et le regard sur la nature est palpable et contagieux.

Ce n'est pas un hasard si la permaculture, par exemple, attire tant de nouveaux adeptes parmi les néo-jardiniers et les citadins. Ce concept a réussi à déclencher un imaginaire très fort autour du retour heureux à la nature, la capacité à coexister avec toutes les espèces, la réduction de la pénibilité et du bruit des machines par l'entraide et des méthodes « douces », le soin, l'écoute et l'attention.

Sa description souvent idéalisée à l'emporte-pièce – une facilitation paisible du travail en harmonie avec une nature bienveillante et productive – capture certes une partie de la réalité, et participe à la rendre immédiatement séduisante pour le plus grand nombre. À tel point que son émergence a déclenché des séries de reconversions professionnelles et de changements de vie[1].

---

1. Le nombre de stages « de permaculture » a littéralement explosé après les confinements du Covid-19. Ces stages et ce qui

Un nouvel imaginaire collectif positif a pu émerger de *l'idée* que chacun se fait de la permaculture, qui semble à même de fournir des réponses pertinentes et immédiates à diverses problématiques contemporaines telles que le manque de lien social, la connexion au vivant, la production d'aliments sains ou encore l'écoanxiété.

S'imprégner, s'immerger, apprendre de nouveaux goûts du jardin

L'une des techniques les plus efficaces pour changer les imaginaires jardiniers reste l'immersion, de préférence sur le temps long et dès l'âge le plus précoce. Ainsi, plutôt que d'avoir à faire face à une déconstruction des repères culturels installés depuis longtemps, on peut construire un nouvel imaginaire à partir de données neuves et sensibles.

Passer beaucoup de temps dans une forêt, dans de hautes herbes, est le meilleur moyen d'y découvrir de multiples sources d'émerveillement, comme Alexandre avec sa fleur de carotte sauvage. Y créer des souvenirs joyeux accroît l'attachement à ce lieu. On y parvient aisément, par exemple en jouant avec ses enfants ou entre enfants, en y faisant des siestes délicieuses, en y guettant patiemment l'animal farouche et rare, en y piqueniquant avec voisins ou amis ou en y récoltant les herbes qui vont parfumer les plats ou la maison, ou encore les fruits qu'on partagera sur la table.

---

s'y pratiquait – avec divers niveaux de respect des fondements de la permaculture – ont apporté à des populations qui avaient beaucoup souffert de l'isolement et d'être bloquées en ville une bouffée d'air, de verdure, et de lien social qui ont souvent été les déclencheurs d'une orientation nouvelle de leur vie privée et/ou professionnelle.

À ce titre, les *Classes Dehors*[1], en pleine expansion, contribuent fortement à créer un lien puissant entre les enfants et les jardins – ou d'autres éléments du paysage – qui deviennent tant des outils de médiation pédagogique que les supports à leur imaginaire et à leurs souvenirs. En faisant de ces lieux des espaces de jeu et d'apprentissage où grandir et s'épanouir, on s'économise d'avoir à convaincre les enfants – futurs adultes – qu'ils sont des lieux agréables et utiles.

Parmi les sources de satisfaction, ne négligeons pas la fierté liée à la connaissance qui accompagne les nouvelles pratiques. Par exemple, les agents municipaux en charge d'espaces verts « en transition » ou déjà en gestion différenciée sont d'excellents vecteurs d'adhésion collective au changement.

Décrire ce qu'ils apportent, dire aux administrés quel papillon est revenu, pourquoi, quels bénéfices la collectivité a tirés de tout cela, reconnaître les plantes spontanées autant que les plantes ornementales : voilà des sources de satisfaction, au même titre que la capacité à tailler une haie de thuyas parfaitement au carré.

---

1. Les dispositifs de Classe Dehors consistent à donner cours à des enfants en plein air, pour des durées variables selon les cas (un jour par semaine, voire la majeure partie de la semaine) pour les immerger dans un espace naturel ou un jardin. Là, ils apprennent en faisant, par exemple via les sciences appliquées (compter avec des glands, expérimenter la géométrie spatiale avec des bâtons, observer la faune ou la flore...) ou la découverte libre, ainsi que l'expérimentation ou encore la coopération spontanée, l'encadrant limitant alors son rôle à gérer la sécurité et accompagner les découvertes et tentatives. Consulter le site de la Fabrique des Communs Pédagogiques (https://fabpeda.org/) ou lire :

Crystèle Ferjou et Moïna Fauchier, *Emmenez les enfants dehors !* , Paris, Robert Laffont, 2020.

Face à un voisin rétif à l'écologie appliquée, nul besoin de se mettre en opposition à ses choix pour les critiquer. Rien ne sera plus efficace que de l'inviter à venir passer un moment dans son propre jardin libéré, éventuellement pour y boire l'apéro, et lui décrire et en expliquer le fonctionnement, si l'on voit que cela l'interroge. Les nouveaux imaginaires sont eux aussi portés par des sommes de savoirs qui se transmettent ou se montrent, de la manière la plus spontanément humaine qui soit.

Émerveillement du réensauvagement, apaisement de la préservation

Parmi les modalités nouvelles dans le paysage, on rencontre une vague conséquente de projets de réensauvagement et de sanctuarisation. Réjouissons-nous de la capacité de la Nature à remplir les vides, à se réapproprier un espace autrefois annexé pour les besoins humains, et devenir autre chose.

Par exemple, on cultivait autrefois beaucoup les légumes sous châssis[1]. Aujourd'hui, il est possible de

1. La culture sous châssis est une méthode employée en maraîchage et en horticulture permettant de s'affranchir du froid comme dans une serre, mais à échelle bien plus réduite. Des cadres ou des fosses rectangulaires, souvent en ciment et permanentes, mais parfois en bois et provisoires, sont remplis de terre, de terreau ou de fumier et recouverts par un châssis vitré qu'on ouvre ou ferme pour réguler la température et l'humidité. Assez fastidieuse et ne pouvant être mécanisée, cette pratique a été remplacée par diverses formes de serres et de tunnels de culture bâchés. Elle reste d'usage dans les jardins de particuliers ou les très petites exploitations maraîchères, généralement pour la production de plants, plus que pour la culture productive elle-même.

créer des serres tunnel[1] à un coût relativement bas, qui remplissent le même usage pour moins cher au mètre carré, et sont moins pénibles à utiliser. Faut-il pour autant détruire les structures agricoles construites en ciment par nos anciens ? Il semble bien plus pertinent, surtout au regard de la déplétion des ressources, de réemployer ces structures à d'autres fins, que ce soit en les transformant en bassins de récupération d'eau de pluie ou pour y cultiver des plantes au caractère envahissant, tels les délicieux et très rentables topinambours ou bien de prolifiques bambous aux cannes solides et pousses délicieuses.

On peut aussi très légitimement s'interroger sur la vitesse à laquelle se transforme – voire se dégrade – un espace que plusieurs générations auront travaillé à rendre productif, et peut-être apte à résoudre une problématique cruciale en termes d'alimentation ou d'autres types de besoins. Dans cette période de transition urgente et brutale qui est la nôtre, nous aurons certainement besoin de prendre soin de ce qui a été construit par nos aïeux pour nourrir chacun, autant que de ce qui – en apparence – ne semble pas directement utile. Il est, par exemple, relativement facile de réhabiliter les anciens réseaux de fossés de drainage pour les transformer en noues ou en baissières[2] afin de conserver l'eau – de plus en plus précieuse – dans le sol alors que

1. Les serres tunnel sont des structures simples constituées d'arceaux le plus souvent métalliques successifs sur lesquels une bâche en plastique translucide est tendue. C'est le modèle de serre le plus répandu dans le maraîchage et l'horticulture.

2. Les noues comme les baissières sont des aménagements aux allures de fossés, parfois sinueux, dont l'objectif est de ralentir l'écoulement horizontal de l'eau pour lui permettre de s'infiltrer plus efficacement dans le sol. Cela contribue, au passage, à limiter l'érosion de la matière organique à la surface du sol lors d'épisodes pluvieux.

ces aménagements étaient en d'autres temps prévus pour l'évacuer vers la rivière la plus proche. Nous avons tout à gagner à comprendre, puis transformer ou adapter ce qui est disponible, chaque fois que possible, plutôt que de détruire pour créer *ex nihilo*, à grand renfort d'énergie, d'impact sur le vivant et de ressources diverses, quelque chose de neuf dont le succès à venir reste hypothétique.

Ceci sous-entend que cet imaginaire à construire ou à entretenir mérite qu'on y intègre une part du passé, et que le succès de ce récit viendra probablement aussi de notre capacité à nous réapproprier ce qui a déjà été fait afin de nourrir nos besoins présents et à venir. Faire table rase du passé nuisible, oui, mais se priver de ses bons côtés, non !

Aborder la transition écologique comme une question d'esthétique

Malheureusement, le défi environnemental est immense et l'engagement à sa résolution loin de faire l'unanimité. Tout d'abord, le gros de la population vit fort loin de la nature et du monde sauvage. Hormis les rares personnes qui travaillent encore effectivement la terre et en ont donc encore une expérience systémique et informée, même ceux qui vivent à la campagne vivent dans un monde où la nature est principalement vécue comme un décor vu sur un écran ou vaguement depuis son véhicule ou durant une promenade.

Les mesures prises pour la sauvegarder impliquant une modification des modes de consommation, de production, d'habitation engendrent douleurs et détestation, à la ville comme dans les campagnes. Nombre de politiciens bien intentionnés en font l'expérience par la haine déclenchée par des mesures de réduction de l'emprise de la voiture et de promotion des alternatives comme le vélo.

Cette haine peut être le résultat de pures manœuvres politiciennes, mais elle reflète aussi de vraies douleurs : étouffer la circulation automobile vers des zones périurbaines étalées et sans alternative de transport en commun implique immédiatement la perturbation de nombreuses activités dont le travail, l'accès aux soins médicaux, aux commerces, et aux loisirs. Ne plus pouvoir aller au travail ou chez le médecin, emmener ses enfants à leur activité périscolaire, ou ne plus pouvoir aller au supermarché alors que les commerces de proximité sont absents, voilà des raisons suffisantes pour être en colère. C'est manifeste dans les zones rurales, avec un sentiment d'être méprisés par un pouvoir majoritairement citadin – pour ne pas dire « parisien » – très loin des difficiles réalités du terrain en campagnes[1]. Ces populations sont très dépendantes de l'automobile, et sans les revenus permettant de les remplacer par les fort coûteuses versions « décarbonées » actuelles.

Il serait malvenu, moralement et politiquement, de moquer les colères venant de ceux dont le style de vie requiert encore la voiture. Le populisme se nourrit déjà du soupçon de mépris vis-à-vis de ces objets en voie de déclassement. S'installe alors un présupposé que les *bobos* (des villes) imposeraient des évolutions qui les impactent peu, et qui surtout reflètent un mépris de classe vis-à-vis des *vraies gens* (de la campagne et du périurbain).

Par défense identitaire, les objets de bobos deviennent eux-mêmes objets de railleries : leur bicyclette, leur alimentation bio, leur précaution vis-à-vis de la viande, leur

1. Qui se traduisent par des votes de sanction – souvent à la faveur de populistes –, et à des crises comme celle des gilets jaunes ou les blocages des agriculteurs.

fantasme d'habitats collectifs et sans impact carbone, leurs bottes en caoutchouc colorées, etc.

Une bataille d'esthétique s'installe ainsi dans la politique de la transition écologique, bataille que les activistes du climat ont du mal à gagner dans l'opinion publique en général.

L'esthétique comme outil motivationnel de la transition

Qui dit esthétique dit désir, concept qui prend la dénomination de *motivation* dans de nombreux domaines tels le management ou la pédagogie. La motivation a beaucoup été étudiée, et l'on sait que celle-ci n'est ni une quantité donnée, ni même liée à des facteurs évidents tels l'argent ou la menace. Pour faire simple, la théorie psychologique distingue d'un côté ce qu'on dénomme les besoins *d'hygiène* (les choses indispensables comme la nourriture, la boisson, et l'abri), et de l'autre les motivations. Pour ces dernières, elles sont traditionnellement regroupées en trois grandes catégories : le besoin d'accomplissement, le besoin d'affiliation, et le besoin de pouvoir[1]. Pas étonnant que la voiture puisse recevoir tant d'amour, dans la mesure où elle permet de faire des choses, d'aller au travail et de rencontrer les autres, et qu'elle en devienne ainsi un objet identitaire.

Quand un objet devient central à la vie et aussi à un système collectif de croyance, et de représentations, il change de nature. L'humain va lui accorder plus que de

1. Concernant la nuance entre l'hygiène et la motivation, voir Herzberg ; pour les composants de la motivation, voir McClelland. Frederick Herzberg *et al.*, « Motivation versus Hygiene », *In Motivation to Work*, New York, Wiley, 1959. David C. McClelland, *Studies in motivation*, Appleton-Century-Crofts, 1955.

la simple motivation, il va se former une *esthétique*, cette sensation émotionnelle qu'une forme, ou une collection de formes est belle. En général, cela signifie que l'objet est non seulement parfaitement fonctionnel, mais que sa forme évoque cette fonction réussie. Les humains apprécient particulièrement une telle convergence, qui est d'ailleurs le sujet d'un métier : *designer*. Cette transmutation a eu lieu pour la voiture, elle a maintenant lieu pour le smartphone, elle avait eu lieu dans le passé pour tous les objets centraux du quotidien, tel le couteau[1].

Certaines entreprises sont passées maîtresses dans l'art de générer de telles pulsions complexes et collectives, par exemple dans le domaine du luxe. L'exemple canonique est celui d'Apple, qui a régulièrement réussi à fusionner forme et fonction, au point de réussir à créer une esthétique avec de grandes conséquences sur l'usage, la consommation et le prix de ses produits phares que sont l'iPhone et le MacBook.

Réussir de grands changements tels que la transition écologique ne pourra *a priori* se faire qu'en réorientant les esthétiques. L'amour de la voiture ne disparaîtra pas par le miracle d'une apparition simultanée de l'amour du vélo et du quinoa bio. Ceci aura lieu par la construction de nouvelles esthétiques qui allient les nouveaux objets à de nouveaux usages. Ceux intéressés par les aspects méthodologiques modernes de telles alchimies pourront se référer à des protocoles tels que le *design thinking*[2].

---

1. Le biface, « couteau suisse préhistorique » en pierre taillée des premiers hommes, tient le haut du pavé en termes de design et de fonctionnalité adaptée. Il a tellement convenu aux usages qu'il a été perfectionné depuis 1,7 million d'années jusqu'à un passé « récent » de 40 000 ans. Les catégories d'objet auxquelles appartiennent l'iPhone ou la voiture peineront à atteindre cette longévité.

2. Le *design thinking* est une doctrine moderne de marketing où l'on enjoint le gestionnaire à regarder son produit et

L'approche de la transition écologique par *l'esthétique*, par l'appréciation, fait écho et complète des approches existantes. Par exemple, certains appellent à un changement des *imaginaires*[1], c'est-à-dire des représentations que nous nous faisons d'un futur désirable, lorsque d'autres en appellent à un changement complet de *paradigme*[2] pour repenser l'ensemble des fondements de nos systèmes humains.

Construire des esthétiques de la frugalité et de la sobriété

La transition écologique requiert des transformations profondes de nos pratiques au jardin et à la ville. La transformation la plus évidente implique l'abandon des modalités de vie polluantes, par exemple à empreinte carbone élevée : la consommation de produits animaux doit être réduite et substituée par la consommation de plus de végétaux, les déplacements en voiture et avion doivent être substitués par des transports en commun à bas carbone (comme le train), le vélo ou encore cette

---

son client comme le ferait un designer, avec beaucoup d'attention, beaucoup d'empathie, moins de discours et d'intervention. Le but devient alors de sentir comment établir un lien de qualité entre le produit et le client, plutôt qu'être obsédé à l'idée d'imposer ce rapport (ce qui était la posture classique du marketing). Voir : Tim Brown, *Change by Design : How Design Thinking Transforms Organizations and Inspires Innovation*, New York, HarperCollins, 2009.

1. Pablo Servigne, *et al., Une autre fin du monde est possible*, Seuil, 2018.

2. Fabrice Cavarretta, « Wishing for shift : A Paradigm Perspective on Ecological Transition » *In* Bouthinon-Dumas *et al.* (Eds.), *Navigating the Ecological Transition*, New York, Routledge.

merveille gratuite qu'est la marche. Ces éléments pragmatiques de la transition ont déjà été bien documentés par ailleurs.

Certains changements de pratiques n'ont pas seulement des impacts utilitaires ou financiers. Ils ont aussi des conséquences sur la qualité de vie et le confort et sur l'idée même que nous nous sommes fait d'accéder à une vie toujours plus satisfaisante. Moins chauffer en hiver ou ne pas climatiser en été peut-être difficile à accepter pour certains. Pour d'autres, cela sera l'abandon des piscines, ou transformer ses vacances pour réduire les déplacements de loisir en avion. Ainsi, la transition écologique va poser un défi esthétique à de nombreuses strates de la population. Mais in fine, la gravité de la situation pourrait nécessiter de remettre en cause plus profondément notre modèle économique basé sur la croissance, pour lui substituer un freinage, ou peut-être même une décroissance.

L'énumération de ces mesures se résume de manière compacte par les concepts de *frugalité*, ou de *sobriété*. Et l'on va ainsi retrouver chez les auteurs d'ouvrages sur la décroissance[1] des réflexions pour réimaginer le monde aussi sous un angle esthétique, et à décaler vers des esthétiques appropriées. La société industrielle s'est imposée grâce à la promotion des esthétiques consuméristes. On ne pourra la faire évoluer qu'en promouvant largement des esthétiques alternatives, notamment frugales et sobres.

---

1. Entre autres voir : Serge Latouche, *Petit traité de la décroissance sereine*, Paris, Mille et une Nuits, 2007 ; Rob Hopkins, *Manuel de transition*, Québec, Écosociété, 2010 ; Pierre Rabhi, *Vers la sobriété heureuse : Nouvelle édition*, Arles, Actes Sud, 2014 ; Ève Gabrielle, *La Part cachée du monde*, Rezé, La Mer Salée, 2021.

Aborder les problèmes sociaux aussi par l'esthétique et la motivation

L'action au jardin – et plus généralement sur les problématiques d'environnement – se prête facilement à des formulations esthétiques. Au-delà de leurs aspects utilitaires, le jardin et la nature ont donné lieu à de nombreuses esthétisations au fil de l'histoire. La plus notable est le mouvement romantique, qui place la nature au centre de l'expérience humaine et lui attribue des qualités sublimes.

Dans le domaine social, de telles associations sont moins usuelles. Peut-être est-ce dû, entre autres, à l'association faite par le romantisme rousseauiste entre civilisation et corruption. Cela dénie aux activités sociales courantes la possibilité du sublime et du lyrique. Ainsi, la gestion d'une salle de classe ou d'une activité managériale n'est pas naturellement conceptualisée sous l'angle d'une sublimation esthétique, du développement d'un nouveau goût. Pourtant, de nombreux domaines sociaux se prêtent à être reformulés ainsi et mériteraient de l'être, afin qu'un sens esthétique soit le support d'une saine motivation.

Repenser les fondamentaux de l'école par l'amour de la matière

Par exemple, à l'école, la baisse du niveau en mathématiques peut être abordée sous divers angles, telles la définition de programmes, les mesures de performance ou les méthodes pédagogiques. Mais la question peut s'aborder aussi en termes motivationnels, y compris d'esthétiques. L'Unesco, dans l'un de ses rapports sur l'éducation, expose une problématique troublante : « La scolarité de base [...] est assurée par des enseignants qui, *dans leur grande majorité*, ont eux-mêmes connu des difficultés dans leurs apprentissages mathématiques et ont une *image négative de la discipline* »[1]. Dans ce constat, qui s'applique à nombre de systèmes éducatifs dont celui de la France, on doit se questionner si les mathématiques peuvent être enseignées correctement si les professeurs n'ont pas eu eux-mêmes l'occasion de développer une esthétique positive de la matière.

Les mathématiques, comme toute autre science, sont belles, vraiment[2], mais le système semble échouer à recruter des professeurs qui en ont un vrai goût. Hormis pour les professeurs avec la spécialisation en mathématiques requise pour enseigner dans les classes supérieures, une part importante des enseignants du primaire sont pour bon nombre « fâchés avec les mathématiques ». Comme une grande partie de la population, d'ailleurs. Ce phénomène va varier selon les individus. Malheureusement, la mathématique étant utilisée comme mécanisme de sélection dans le système français, une ségrégation visible se crée entre une minorité qui l'apprécie et une majorité, y compris parmi ceux qui vont faire des études universitaires, qui n'en apprécient pas les charmes. La conséquence est que, malgré toutes les mesures bureaucratiques qu'on prendra par la suite dans le milieu éducatif, il y a peu de chance que les élèves développent une appréciation, donc une

1. Les emphases ont été rajoutées. Source : *Les Défis de l'enseignement des mathématiques dans l'éducation de base*, International Group of Experts on Science Mathematics Education Policies, Paris, 2011.

2. Cette beauté a souvent été vantée par les mathématiciens, dont le singulier récipiendaire de la médaille Fields C. Villani dans son livre : Cédric Villani, *Théorème vivant*, Paris, Grasset, 2012.

compétence, dans la matière en question, si leurs professeurs n'en appréciaient pas eux-mêmes la beauté.

On peut même pousser un peu plus loin cette préoccupation concernant la *motivation* au sein du système éducatif, au-delà du fait qu'on n'assure pas *l'appréciation* des matières fondamentales. En effet, en France par exemple, on ne sélectionne pas sur la motivation, sur la réelle capacité des enseignants à jouer un rôle dans l'accompagnement des élèves. La sélection au recrutement porte exclusivement sur des compétences académiques. Dans ces systèmes, on peut au mieux espérer que les plus rebutés par le contact pédagogique ne postuleront pas, ou seront éliminés *a posteriori*, après avoir réussi les concours.

Mais, de manière préoccupante, il n'y a strictement aucun critère de sélection des professeurs basé sur leur appréciation des… élèves ! Comment imaginer qu'un système scolaire puisse fonctionner correctement si on ne s'assure pas – au moins au recrutement – de l'appréciation pour l'objet principal de la profession, à savoir l'élève ? Ceci, combiné à un manque d'appréciation pour une des matières fondamentales, constitue une double fragilité de *nature motivationnelle* de notre système éducatif[1].

1. Nous avons évoqué ici les mathématiques, mais le raisonnement doit être effectué aussi dans les autres matières, en particulier en ce qui concerne l'apprentissage des Sciences de la Vie et de la Terre (SVT), là où sont formées les futures générations à la compréhension des écosystèmes. Certains intellectuels et scientifiques ont déjà sonné l'alarme afin d'engager cette réflexion, tels : Éric Orsenna et Marc-André Selosse, « La compréhension des liens entre les êtres vivants est un savoir fondamental de demain », *Le Monde*, 19 décembre 2023.

De l'appréciation des humains pour réussir à les accompagner

Une problématique similaire se pose dans l'action collective. Les organisations complexes requièrent que des personnes se dédient à motiver et coordonner le travail des humains qui les composent. Ce rôle – quel que soit le mot qu'on lui attache, gestion, leadership, ou coordination – consiste à gérer l'ingénierie d'un système d'humains. Étonnamment, si l'on peut penser que de nombreuses personnes désireraient assumer ce rôle (ne serait-ce que pour la récompense psychique d'avoir de l'impact, ou pour les récompenses matérielles d'une promotion), peu d'entre elles ont un réel goût à accompagner les humains.

L'humain s'avère en effet un matériau difficile pour la plupart des personnes en voie de mise en responsabilité, pour la raison qui suit. En général, elles arrivent à cette étape après des années de formation et d'expérience où elles ont développé des compétences techniques (ingénierie, droit, commercial, administration publique, politique, activisme, etc.). Ceci aboutit à ce qu'on leur propose d'être promus et d'avoir une augmentation, accompagnée de quelques jours forts rapides de formation sur la gestion des collaborateurs.

Le résultat est un immense malentendu. Nombreuses sont les personnes qui perçoivent la tâche d'accompagnement des humains comme ingrate et qui se sentent envahies par un sentiment de fatigue et de découragement, à devoir inlassablement traiter de problèmes en apparence peu valorisants. Non seulement cela fait souffrir les humains sous leur supervision, mais cela les fait souffrir elles-mêmes, les rendant potentiellement inefficaces et susceptibles de sous-investir le rôle.

Et ces personnes ont raison de souffrir, les humains étant une matière complexe et instable, tout du moins beaucoup plus complexe que n'importe laquelle des matières que l'on gère quand on est boulanger ou ingénieur. L'humain a de multiples qualités, mais il arrive également qu'il ne soit pas motivé, qu'il ne soit pas compétent, qu'il résiste au changement, qu'il exprime des émotions fortes ou qu'il mente. Pour toutes ces raisons, s'occuper d'humains est difficile et il est moins facile pour le leader que pour le boulanger ou l'ingénieur de développer et maintenir un vrai amour pour sa tâche[1].

L'essentiel consiste donc dans le fait de ne pas se mentir sur la réalité : le leadership consiste *principalement à s'occuper des humains,* rien de plus, rien de moins. Une fois accepté cela, le leader est confronté à la difficulté d'en développer le goût, et d'associer une *esthétique* valorisante à cette ingénierie du système humain dont on a la charge[2], qu'elle soit individuelle ou partagée.

---

1. Tout un champ de recherche explore la désirabilité des rôles de leadership. Car, une fois neutralisée la représentation naïve associant le leader au pouvoir et à la grandiosité, les éléments de nos cultures valorisant la réalité de la tâche d'accompagnement des humains sont discrets : « Motivation to lead : A meta-analysis and distal-proximal model of motivation and leadership », Katie L. Badura, *et al., Journal of Applied Psychology, 105*(4), 331-354, 2020.

2. Pour une analyse motivationnelle et esthétique du leadership plus complète, voir : « Weary of the Harsh Realities of People Management ? Leadership Development as Cultivating a Taste for Muddy Situations », Fabrice Cavarretta, *Organizational Dynamics, In press*, 2024.

L'hospitalier : une image pour réussir à assumer un rôle ingrat

Si l'on cherche un modèle permettant de visualiser cette tâche afin de commencer à habiter correctement le rôle, voilà une proposition : considérez celui de *l'hospitalier*. Ce concept existe dans toutes les religions, il désigne des ordres qui se consacrent à aider les autres, à commencer par la gestion d'hôpitaux, mais aussi de nombreuses structures d'aide et d'accueil. Au Moyen Âge européen, les ordres hospitaliers tels que les Templiers se sont répandus, fournissant aux autres humains, populations locales et voyageurs, les conditions d'une vie décente (et devenant parfois guerriers, mais c'est une autre histoire).[1]

L'hospitalier peut être vu comme un magnifique et charismatique chevalier blanc. Mais la réalité du travail de ces ordres caritatifs est bien de mettre en place des structures d'accueil d'humains en souffrance, de les soigner, les nourrir, les aider à se nettoyer, et finalement les assister pour retrouver une possibilité de s'accomplir. L'hospitalier doit donc se confronter inlassablement aux aspects les plus sombres de la vie, la saleté, la maladie, la souffrance.

A posteriori, son œuvre sera considérée comme la plus inspirante qui soit. Mais l'hospitalier serait un piètre servant de ses concitoyens s'il approchait sa tâche en focalisant sur des problématiques techniques, ou en espérant se valoriser par de la vision, du charisme et des grands plans. Son travail réel n'est pas grandiose, ce point étant mis en avant dans une certaine imagerie

---

1. Pour être clair, le terme *hospitalier* ici ne désigne pas le personnel des services des hôpitaux contemporains, mais bien la fonction caritative qui était fournie au Moyen Âge par divers ordres religieux.

religieuse en le représentant à nettoyer les pieds des plus démunis. Par contre, ce rôle est associé à de la grandiosité dans une esthétique valorisant le dévouement à ses semblables et la réalité des dures tâches à accomplir alors.

L'idée développée ici fait écho à de nombreuses traditions philosophiques bien au-delà du caritatif chrétien, par exemple au bouddhisme, ou plus récemment à toute la littérature sur le *care*[1]. La recommandation ici n'est pas de nature spirituelle (le *dogme* d'une religion) ou intellectuelle (le *concept* du care). Elle dérive d'un impératif pragmatique de nature psychologique : comment altérer son rapport au monde afin de réussir à se motiver pour l'attention à l'humain ? Dans quelle image se projeter afin de percevoir cette tâche ardue de manière positive ?

Le pouvoir de *l'imagerie*, tant vantée par le théoricien des organisations Gareth Morgan[2], joue ici un rôle de médiateur entre l'intention, la volonté de se consacrer à la tâche, d'une part, et la motivation, le goût pour la tâche d'autre part. Invoquer et s'approprier une imagerie – ici, par exemple, l'hospitalier – constitue un *protocole de travail sur soi*, afin d'installer un rapport au monde approprié.

Le travail sur les images associées au leadership requiert aussi de dépasser l'idée naïve qu'orienter les organisations et mouvements sociaux requiert de s'en remettre à un acteur unique et bien identifié, car nombre d'autres modèles existent : des modèles horizontaux excluant la nature pyramidale de la distribution du

---

1. Pour une élaboration moderne sur le care, voir le texte séminal : Joan Tronto, *Un monde vulnérable. Pour une politique du care*, Paris, La Découverte, 2009.

2. Gareth Morgan, *Images de l'organisation*, Presses de l'Université Laval, 1999.

pouvoir (par exemple, l'holacratie ou l'anarchie) ; la délégation de pouvoir par tirage au sort ; la désignation provisoire d'un organisateur par l'ensemble des personnes à organiser, etc.

Autant de pistes que l'humanité a déjà explorées à diverses périodes et échelles, dans des contextes très différents, et dont certaines ont perduré durant des siècles dans des régions variées, preuve s'il en est de leur possible efficacité[1]. Néanmoins, force est de constater que ces modèles sont aujourd'hui loin d'être majoritaires, même si les nouvelles générations semblent y aspirer. On se doit donc d'espérer que ces types d'organisations sociales et politiques réapparaissent, que de nouvelles soient explorées ou émergent, au sein d'une modernité encore trop enfermée dans une imagerie principalement pyramidale du leadership.

Du désir d'accompagner l'écosystème

Les organisations contemporaines font souffrir toujours plus d'individus[2], et toujours plus la planète. Les acteurs se sont habitués à des rapports de domination ou d'exploitation vis-à-vis de nos écosystèmes sociaux comme naturels. Les tâches de *care*, et l'empathie vis-à-vis des autres ou de la planète apparaissent à certains peu glorieuses, voire comme des marques de faiblesse.

1. David Graeber *et al.*, *Au commencement était... : une nouvelle histoire de l'humanité*, Paris, Les Liens qui Libèrent, 2021.

2. Voir les études de la DARES pour les tendances. Par exemple, la baisse de liberté décisionnelle et l'augmentation de la demande psychologique sont illustrées par le graphique 1 de l'étude suivante : Bernard Arnaudo *et al.*, *L'évolution des risques professionnels dans le secteur privé entre 1994 et 2010 : les premiers résultats de l'enquête SUMER*, Paris, DARES, 2012.

Notre besoin collectif n'est pas d'avoir plus de vision ou de grands plans. Il est avant tout d'être entourés de plus de personnes habitées d'un esprit d'hospitalier, de coopérateurs qui acceptent sincèrement de prendre et partager la responsabilité des humains, avec patience, indulgence, empathie et humilité. Ces personnes doivent le faire non pas seulement comme l'application d'un pouvoir sur autrui, mais en conscience des interdépendances, avec soin, goût et envie. Même les tâches considérées comme les plus ardues et épuisantes, les moins spectaculaires, se prêtent à devenir une fierté, et une joie, quitte à les réinventer autour d'une nouvelle esthétique.

L'activiste américain Michael Pollan, écrivain et journaliste prolifique sur les questions environnementales, s'est rendu célèbre par son ouvrage *Botanique du désir : Ces plantes qui nous séduisent*[1]. Il y raconte la coévolution des plantes et des humains par les désirs que l'humain peut projeter sur les espèces végétales. De façon inattendue, il en vient à suggérer que celles-ci ont pu alors manipuler le désir de l'humain pour obtenir leur propre sélection, magnifique intelligence qui émerge de simples mécanismes évolutifs…

Au jardin comme à la ville, le désir – quel que soit le nom qu'on lui donne, esthétique, envie, motivation – est un facteur fondamental. Que l'on soit une plante cherchant à se propager, un activiste cherchant à faire adopter une mesure politique, un gestionnaire devant orienter le travail d'une équipe, un écureuil mâle voulant séduire une femelle ou encore le coordinateur de compagnons de route pour la réalisation d'un projet en commun, un levier privilégié de l'action est de s'appuyer sur, et de développer le désir des divers acteurs.

---

1. Michael Pollan et S. Marty, *Botanique du désir : Ces plantes qui nous séduisent*, Paris, Autrement, 2004.

Conclusion

Prendre soin de son écosystème. Considérer le jardin et l'écologie comme des modèles de la ville et du social.

Ce simple programme peut amener bien plus loin qu'on l'aurait imaginé. Partir du jardin permet d'identifier et de commenter des similitudes, des contradictions, des généralisations, des conceptualisations, des métaphores.

Ceci s'insère dans une longue tradition de réflexion : Platon et sa cave ; Épicure et son jardin ; Rousseau et son état de nature ; Voltaire et son jardin encore ; Engels, Marx et leur dialectique de la nature ; Thoreau et sa cabane dans les bois ; Latour et son parlement des choses ; Polan et sa botanique du désir ; Calvino et son baron perché dans les arbres. Une telle énumération, loin d'être exhaustive, remet nos propos en perspective.

Cet écho du *jardin à la ville* nous a permis de développer une perspective pragmatique et centrée sur l'acteur des lieux. Les écosystèmes naturels fournissent des outils pour comprendre le monde de manière fine, enrichie, et surtout comprendre notre rapport à ce monde dans lequel nous vivons.

On pourrait croire que – les sciences naturelles ayant une forte antériorité sur d'autres sciences – le rapport au vivant soit bien maîtrisé par les chercheurs et le public.

Mais il n'en est rien, car cette antériorité implique surtout une plus grande accumulation et une plus haute abstraction des savoirs. Cet empilement de savoirs devenus abstraits à mesure qu'ils s'affinaient, échappant de plus en plus au quotidien, à l'affect, au sensible, majoritairement organisés dans des silos qu'on a largement négligé d'interconnecter.

Heureusement, les choses tendent à changer : dans de nombreuses strates de la société, une vision plus systémique et ancrée dans le concret émerge et milite pour appréhender les bouleversements écologiques en cours et y trouver des réponses. Cette émergence est d'ailleurs – et ce n'est pas un hasard si l'on vise frugalité et décroissance – de plus en plus souvent informée par le savoir et les pratiques des peuples indigènes, qui ont conservé la plus grande partie d'un héritage culturel millénaire issu d'une connexion bien plus forte avec l'environnement et le vivant[1].

Les sciences sociales n'ont quant à elles pas encore systématiquement mis en œuvre nombre des concepts que l'écologie suggère. Ainsi, *l'émergence (Compter avec l'évolution)*, les *symbioses (Coexister en interaction)*, ou *l'exaptation* (*Avancer lentement et en crabe)* sont peu déployées en sociologie, en économie, en gestion, en psychologie. Et quand ils le sont, c'est par quelques chercheurs férus de théorie de la complexité ou suffisamment motivés pour travailler en marge de leur discipline. Souvent, le public n'en aura jamais entendu parler. Espérons que ce texte soit parvenu à rendre ces approches accessibles et plaisantes… et si possible utiles.

---

1. La Convention-cadre des Nations unies sur les changements climatiques (CCNUCC) a identifié cette réflexion et l'a déléguée à un groupe de travail dédié, le LCIPP : *COP26 Strengthens Role of Indigenous Experts and Stewardship of Nature*, Local Communities and Indigenous Peoples Platform (LCIPP), 2021.

Le parcours des problématiques du jardin vise surtout à identifier notre responsabilité face aux écosystèmes avec lesquels nous interagissons. Un jardin peut être apprécié par un simple *visiteur*, qui s'extasiera béatement devant sa beauté, ou le foisonnement de sa production. Mais le *jardinier* est celui qui *fait* le jardin[1]. Cela n'en fait pas un dieu ou une déesse, car sa responsabilité est limitée, ni plus ni moins, à organiser une valse avec Dame Nature, ou un pogo pour les plus punks d'entre nous.

Il a donc paru essentiel d'articuler notre propos autour de la compréhension. Comprendre quelle est notre place au sein des écosystèmes qui sont les nôtres – et donc de l'holobionte qui nous contient – pour déterminer les meilleures façons d'agir ou de non-agir sans nuire lorsqu'il s'agit de satisfaire nos besoins, d'occuper ou générer des fonctions, de faire face à des impondérables ou de vouloir améliorer, réparer ou protéger.

Nos écosystèmes sociaux sont tout autant des jardins. Espérons que suffisamment d'éléments ont été apportés ici pour aider ou inciter ceux qui prennent en charge l'ingénierie de ces systèmes écologiques et sociaux, de le faire respectueusement, avec soin, en s'efforçant d'en comprendre le fonctionnement, la vulnérabilité, les équilibres précaires à l'œuvre avant d'intervenir.

Posés sur une toute petite planète sublime, au milieu d'un univers incommensurablement froid, gigantesque et ailleurs impropre à la vie telle que nous la connaissons aujourd'hui, nous pouvons faire en sorte que nos gestes, quand ils sont rendus nécessaires par nos besoins bien

1. Même si l'un des grands jardiniers du XXe siècle – accessoirement concepteur et promoteur de l'agriculture biologique intensive dès les années 1960 –, Alan Chadwick, disait que « c'est le jardin qui fait le jardinier », ce qui est également vrai !

évalués, soient empreints d'attention à l'égard de cette Nature quasi miraculeuse qui nous accueille en son sein.

Qu'il en soit de même dans notre rapport au moindre de nos semblables, aussi imparfait et différent soit-il à nos yeux, avec lequel nous composons cette étrange entité elle aussi singulière et diverse qu'on appelle l'Humanité. Cette humanité qui perçoit souvent si mal ses objectifs communs et ses enjeux partagés, et peine tant à les accomplir ou les affronter lorsqu'elle les identifie.

Au-delà du vœu pieux et des belles intentions, c'est une simple question de survie à ce qui est d'ores et déjà en cours et menace dorénavant l'habitabilité même de notre chère planète, dont il n'existe pas de réplique de secours.

Certains pourraient penser que la planète et la vie biologique survivront de toute façon, même aux pires traitements que l'humanité pourra leur infliger jusqu'à sa propre disparition. Oui, ami cynique ou désabusé, la nature survivra probablement. L'écologie n'a de sens que pour la préservation de l'harmonie entre ce milieu, la nature faite de huit à vingt millions d'espèces vivant sur Terre, et l'une de ces espèces aux pouvoirs extraordinaires et démesurés : l'humain.

C'est donc bien de *nous* dont il est question, et pas seulement d'une nature qui ne nous contiendrait pas. Et il n'existe aucune piste, aucune solution d'une ampleur suffisante qui ne doive être prise ou construite en commun, qui puisse s'organiser sans être issue d'une volonté partagée et de moyens mutualisés le plus largement possible.

Multiples peuvent être nos contributions : faire des choix de vie limitant notre empreinte environnementale ; aider les politiciens et activistes s'engageant pour que l'écologie soit centrale dans toutes les décisions collectives ; mettre en œuvre des actions sur notre consommation autant que notre production ; intégrer les notions d'empathie, d'équité et d'égalité des droits dans chacune de nos prises de décision.

Contribuer aux écosystèmes qui nous entourent et nous contiennent nécessite de l'observation, de l'acceptation, et de l'énergie – parfois contre nos propres réflexes et habitudes, parfois à contretemps de nos rythmes ou en décalage, parfois encore d'une façon qui échappe totalement à notre contrôle.

En n'attendant pas de nos écosystèmes naturels ou humains plus que ce qu'ils peuvent porter et produire ; en adaptant nos besoins à ce qu'ils peuvent nous offrir et non l'inverse ; en apportant notre part de savoirs, d'humilité, de patience, et d'attention, nous avons incontestablement plus de chances d'y trouver une satisfaction durable, et ce dans la joie, avec plaisir, d'une façon épanouissante et peut-être même exaltante. Ceci sera d'autant plus facile si nous regardons le monde comme le merveilleux jardin qu'il est : fabuleusement beau, complexe et surprenant.

Épilogue : débattre, toujours et encore (ou comment collaborer sans avoir toujours le même avis)

Analyser des écosystèmes, qu'ils soient écologiques ou sociaux, implique naturellement de prendre *position*, en particulier concernant les éléments auxquels on décide de porter attention. Considérer la complexité de nos écosystèmes, alors qu'ils sont soumis à des stress et même des crises urgentes, impose de faire des *choix de postures*.

De fait, notre travail d'auteurs s'est heurté à ces défis, évidemment amplifiés lorsque, comme ici, nous écrivons à deux mains. Nous nous apprécions et partageons sur beaucoup de sujets une même lecture du monde et des faits, un certain nombre d'aspirations, et même certains travers et contradictions.

Pourtant, en accord conscient avec nos chapitres sur l'imperfection et la diversité, il subsiste des divergences de points de vue, que ce soit sur les constats, sur les interprétations, ou sur les perspectives souhaitables ou nocives sur lesquelles porter une attention particulière.

Voici donc quelques thématiques et sujets pour lesquels la réconciliation de différents points de vue et opinions n'a pas été toujours possible. Parce qu'il importe que cet ouvrage reste comme le fruit d'une réflexion en commun, nous n'indiquons pas qui de nous deux a eu tel ou tel positionnement ou le dernier mot lors de la rédaction du texte principal. *Savoir perdre* fait partie du jeu. Cette liste n'est, heureusement, pas exhaustive.

Sur le nucléaire, le lecteur pourra sentir une prise de position anti-croissance lorsque nous évoquons les problématiques de réchauffement de l'eau. Le texte se désole – face aux montées de température – que l'État rechigne à réduire les productions énergétiques, et qu'il ne donne pas priorité à la préservation de l'écosystème écologique. Un point de vue alternatif (que nous avons débattu) serait de considérer que le nucléaire est une énergie parmi les plus propres et souveraines, et donc que sa réduction devrait être mûrement réfléchie. Au-delà du nucléaire, le positionnement sur la décroissance est fluctuant dans l'ouvrage selon le rédacteur ou la problématique.

Concernant l'entreprise Amazon, le texte présente une version où elle semble recevoir le même respect que le requin ou le loup : méritant d'être étudiée et de n'être régulée que sur ses aspects néfastes spécifiques ; et identifiant que certaines de ses modalités (livraisons à domicile incessantes) ne seraient que des variantes de modalités fort appréciées dans le passé. Un point de vue alternatif serait de considérer qu'Amazon serait plutôt de l'ordre de la pandémie, et nécessiterait qu'on mette tous les moyens en œuvre pour s'en prémunir de manière radicale (par exemple, une immédiate demande de démembrement pour abus de position dominante). Face à une grande difficulté à réconcilier ces points de vue, la version présentée a été choisie pour sa cohérence avec le déroulé à cet endroit du livre.

Les notions de management, de leadership, peuvent aussi faire débat. Est-il fondamentalement nécessaire de conduire les humains comme on conduit un troupeau, y compris si c'est pour leur bien ? Est-il normal de considérer que certains individus puissent exercer ce rôle en se basant seulement sur leur technicité, leurs performances ou leur apprentissage ? Ne peut-on pas revisiter des modèles d'auto-organisation radicale où nul humain ne joue de rôle central ? Nous avons fait en sorte d'évoquer certaines de ces pistes, et la posture que nous prônons vis-à-vis de l'écosystème incite à se décentrer. Mais nous sommes restés souvent dans l'approche dominante de la société contemporaine, à savoir qu'on se représente généralement l'action émanant d'acteurs bien identifiés, d'individus prenant la charge de décider, d'entraîner, de motiver…, et que l'on continuerait à former des aspirants à ce rôle. Cette posture est cohérente avec l'esprit du livre, qui identifie l'acteur tel qu'il peut impacter son écosystème naturel, social, économique.

Également, et ce ne fut pas le plus anodin des sujets, nous avons pu nous heurter au douloureux sujet du capitalisme comme cause majeure de nombreux maux. Non pas que l'un d'entre nous l'aurait défendu corps et âme, tant s'en faut, mais c'est un sujet où nous pouvons avoir des différences. Une focalisation sur la critique du capitalisme aurait pu éloigner une partie des lecteurs de messages qui nous rassemblent et qui sont si importants à diffuser à un lectorat aussi large que possible. Pour ne tenir personne à l'écart en polarisant d'emblée le propos et sa perception, nous avons arbitré, non sans mal, en faveur d'une relative modération. La transmission des idées et questionnements nous a semblé plus importante que la posture qui va créer de l'entre-soi.

Nous pourrions trouver de nombreuses sources de débats possibles, voire de conflits, ceux-ci faisant partie des modalités pour aboutir à des compromis et des avancées. Les lecteurs nous excuseront de nous être focalisés sur nos points d'accord et de convergence… pour la bonne cause. Par ailleurs, il nous est plus agréable de continuer à partager un bon repas ensemble en nuançant nos propos respectifs plutôt que de nous entretuer en nous focalisant sur nos différences. Celles-ci sont finalement bien moins importantes que notre envie partagée de contribuer à la mise en œuvre de meilleurs communs. Nos arbitrages sont imparfaits, comme tout arbitrage, mais nous les avons faits en pleine conscience de ce qu'ils représentent, notamment en termes de respect de la voix de l'autre. Une façon, s'il en est, de mettre en œuvre ce qui a été notre propos ici, et l'esprit de notre réflexion commune durant les quatre ans pour y parvenir.

Remerciements

Cet ouvrage n'aurait pas vu le jour sans l'aide, la présence, et l'énergie de nombreuses personnes.

Éric Lenoir

Merci à Fabrice d'avoir suscité l'envie de construire ce livre et cette pensée en commun, d'avoir reçu ma radicalité, mes humeurs et mes propositions avec bienveillance, et apporté sa vie de recherche sur ces sujets – et quantité de références nous donnant de la crédibilité – en écho à mon approche souvent empirique.

Merci à notre éditrice d'avoir pris le risque de produire un ouvrage avec deux personnalités aussi complexes et différentes que nous deux. Je ne suis pas sûr que j'en aurais eu l'audace ou l'inconscience !

Merci collectif à nos hôtes du Verger de la Renaissance, à Joigny, qui ont permis la première rencontre avec Fabrice et donc semé sans s'en rendre compte la graine de cet échange fécond.

Merci aux innombrables personnes avec lesquelles il m'a fallu apprendre à construire un dialogue, un langage, une écoute et une empathie, que ce soit dans la vraie vie ou les réseaux sociaux, qui me contraignent jour après jour à chercher les mots les plus justes pour être audible, compréhensible, à éviter la mauvaise perception, la condescendance, le conflit stérile. Y compris les personnes avec lesquelles je suis ou ai été en désaccord total, qui m'ont obligé à développer des argumentaires et des preuves solides, voire inébranlables... ou à revoir mon jugement.

Merci à l'adversité, de plus en plus pesante, qui nous contraint au moins localement à effacer nos divergences et différences pour travailler ensemble à y faire face, à être attentifs et inventifs. Un jour, peut-être, notre maturité collective nous permettra-t-elle de ne plus avoir besoin d'elle pour parvenir à cette même dynamique.

Merci à toutes les personnes qui luttent pour qu'on ait encore de quoi s'émerveiller et apprendre, plutôt que du béton, des camions, des avions, des entrepôts et des déserts. Merci à mon frère d'être de ceux-là, qui de surcroît montre et raconte les merveilles.

Merci à ma chérie, pour sa patience tandis que tant de nuits ont été consacrées à affiner ce texte.

Merci aux rivières, aux prairies et aux forêts du Morvan, par où tout a commencé. Aux parents qui m'y ont donné accès avec une liberté dont peu de mômes ont bénéficié, fondamentale pour l'observation et la compréhension sensible des écosystèmes qui s'est affinée au fil des années, avec et en dehors des livres et des écoles.

Merci à mes enfants d'exister, et de me donner encore plus de motivation à produire des outils destinés à rendre le monde qu'on leur lègue le plus hospitalier possible. À eux et aux autres.

Merci aux gens qui lisent. Et en particulier à ceux qui lisent même les remerciements.

Fabrice Cavarretta

Merci à Éric d'avoir accepté mon étrange proposition, de n'avoir jamais lâché, et d'être incroyablement plus qu'un spécialiste du « jardin », d'avoir un tel spectre de curiosité et de culture « à la ville ». Merci aussi d'avoir fait radicalement avancer le projet en trouvant éditrice et maison d'édition qui correspondaient à l'esprit du projet, ce fut une phase fondamentale à l'accouchement de l'ouvrage.

Merci à ma famille, en particulier mes garçons et ma compagne, leur présence donne sens à ma vie. Merci à mon père, qui m'a inspiré en ouvrant la voie familiale à naviguer aisément entre les sciences naturelles et sociales. Ce livre leur est dédié.

Merci aussi à mes élèves avec qui ces idées ont émergé, et qui ont insisté pour que je les couche sur le papier. Et surtout, ce sont eux qui ont guidé ce projet, car j'écris en gardant à l'esprit les milliers de personnes que ma profession requiert de convaincre ou d'éclairer toute l'année. Merci à mon beau-fils Balthazar pour la qualité et la sensibilité de nos échanges au long cours sur tant de questions sociales.

Merci à tous ceux qui m'ont aidé sur l'ouvrage, ces relecteurs qui sont amis et parfois plus, qui nous ont offert leur temps – à Éric et moi –, partagé leurs compétences et insufflé leurs envies.

Relecteurs 2024 : Joseph Cavarretta, Pascal Chalvon Demersay, Laurent Detrie, Brigitte Dousset, Frédérique Givaudan, Philippe Hellich, Serge Le Corre, Anne-Claire Pache, Béatrice Sutter.

Par ailleurs, comme j'ai le remerciement pudique, il m'arrive de ne pas être à la hauteur. Je profite de cet exercice imposé pour corriger certains retards. Tout d'abord, merci encore mille fois à ma compagne que je ne remercie jamais assez de sa présence.

Dans mon ouvrage précédent, je n'avais étrangement pas cité nommément les relecteurs, celles et ceux qui pourtant avaient passé un temps phénoménal à relire et suggérer des améliorations, mot à mot souvent, et même virgule à virgule pour l'une d'entre eux. J'en ai tiré le désir de travailler mes ouvrages suivants en dialogue avec de tels relecteurs engagés, impressionné que j'ai été par la grande contribution de cette équipe de 2015. Je les remercie ici, avec 9 ans de retard. Mieux vaut tard que jamais.

Relecteurs 2015 : Christophe Agnus, Armand Ajdari, Laurent Detrie, Olivier Hascoat, Philippe Hellich, Frédérique Lancien, Serge Le Corre, Carla Robert-Lavaste, Claudia Senik.

Liste des références

Cette liste rassemble tous les textes et travaux cités au fil de l'ouvrage.

Abbott, B. W., Bishop, K., Zarnetske, J. P., Minaudo, C., Chapin, F. S., Krause, S., Pinay, G., « Human domination of the global water cycle absent from depictions and perceptions », *Nature Geoscience, 12*(7), 2019.

Allen, D., Linsley, C., Spoelman, N., & Johl, A., « The Fraud of Plastic Recycling: How Big Oil and the plastics industry deceived the public for decades and caused the plastic waste crisis », Center for Climate Integrity, 2024.

Anteby, M., La « perruque » en usine : approche d'une pratique marginale, illégale et fuyante. *Sociologie du travail, 45*(4), 2003.

Arnaudo, B., Léonard, M., & Sandret, N., « L'évolution des risques professionnels dans le secteur privé entre 1994 et 2010 : les premiers résultats de l'enquête SUMER », Paris, DARES, 2012. https://dares.travail-emploi.gouv.fr/sites/default/files/pdf/2012-023-2.pdf

Badura, K. L., Grijalva, E., Galvin, B. M., Owens, B. P., & Joseph, D. L., « Motivation to lead: A meta-analysis and distal-proximal model of motivation and leadership », *Journal of Applied Psychology, 105*(4), 2020.

Balesdent, J., « Un point sur l'évolution des réserves organiques des sols en France », *Étude et Gestion des Sols, 3*(4), 1996.

Beck, K., Beedle, M., Van Bennekum, A., Cockburn, A., Cunningham, W., Fowler, M., Jeffries, R., *Manifesto for Agile Software Development*, 2001, agilemanifesto.org.

Becker, G. S., *Human Capital: A Theoretical and Empirical Analysis, with Special Reference to Education*. New York, Columbia University Press, 1964.

Bellato, L. & Pollock, A., « Regenerative tourism: a state-of-the-art review », *Tourism Geographies*, 2023.

Benjamin, C. & Giraldo Hurtado, A. « Quand "l'irrigation verte" augmente la demande d'eau », *Revue économique, 72*(6), 2021.

Bergeaud, A., Cette, G. & Lecat, R., « The role of production factor quality and technology diffusion in twentieth-century productivity growth », *Cliometrica, 12*(1), 2018.

Berger, P. L., Luckmann, T. & Taminiaux, P., *La Construction sociale de la réalité*, Paris, Méridiens Klincksieck, 1966 [1994].

Bloxham, D. & Moses, A. D., *The Oxford Handbook of Genocide Studies*, Oxford, Oxford University Press, 2010.

Bodrožić, Z. & Adler, P. S., « The evolution of management models », *Administrative Science Quarterly, 63*(1), 2018.

Bonnet, E., Landivar, D. & Monnin, A., *Héritage et fermeture : Une écologie du démantèlement*, Paris, Divergences, 2021.

Boudon, R., *L'Inégalité des chances : La mobilité sociale dans les sociétés industrielles*, Paris, Armand Colin, 1973.

Bourdieu, P. & Passeron, J.-C., *Les Héritiers : Les étudiants et la culture*, Paris, Minuit, 1964.

Bourdieu, P. & Passeron, J.-C., *La Reproduction : Éléments pour une théorie du système d'enseignement*, Paris, Minuit, 1970.

Brown, T., *Change by Design: How Design Thinking Transforms Organizations and Inspires Innovation*, New York, HarperCollins, 2009.

Brunner, P., Therrien, R., Renard, P., Simmons, C. T. & Franssen, H.-J. H., « Advances in understanding river-groundwater interactions », *Reviews of Geophysics, 55*(3), 2017.

Burgelman, R. A., « Fading memories: A process theory of strategic business exit in dynamic environments » *Administrative Science Quarterly, 39*(1), 1994.

Burgelman, R. A., « A Process Model of Strategic Business Exit: Implications for an Evolutionary Perspective on Strategy », *Strategic Management Journal, 17*, 1996.

Burt, R. S., *Structural holes: the social structure of competition*. Cambridge, Harvard University Press, 1992.

Cailloce, L., « L'humain a créé les conditions de la surpopulation de sangliers », *CNRS, le journal*, 2023.

Callon, M., « L'innovation technologique et ses mythes », *Gérer et comprendre, 94*(4), 1994.

Castel, R. & Duvoux, N., *L'Avenir de la solidarité*, Paris, PUF, 2013.

Cattau, C. E., Fletcher Jr, R. J., Kimball, R. T., Miller, C. W. & Kitchens, W. M., « Rapid morphological change of a top predator with the invasion of a novel prey », *Nature Ecology & Evolution, 2*(1), 2018.

Cavarretta, F., *Impacts of intrateam diversity on team performance variance: two ways to take chances,* AOM Annual Meeting Proceedings, Atlanta, 2007.
Cavarretta, F., *Team Diversity and Performance Variability,* (PhD Management), INSEAD, Fontainebleau, 2008.
Cavarretta, F., *Oui ! La France est un paradis pour entrepreneurs,* Paris, Plon, 2016.
Cavarretta, F., « Effort is Dead, Long Live Effort: Performance as 'Planning for a Good Trip' », *Organizational Dynamics, 49*(4), 2019.
Cavarretta, F., « Les Leaders Emergents », *Ladn.eu,* 2019.
Cavarretta, F., « Votre entreprise a un bon plan pour développer l'intrapreneuriat ? Alors réfléchissez-y à deux fois ! », *ESSEC Knowledge*, 2019.
Cavarretta, F., « En temps de crise, il faut anticiper le risque et composer avec l'incertitude », *Ladn.eu,* 2020.
Cavarretta, F., « Weary of the Harsh Realities of People Management? Leadership Development as Cultivating a Taste for Muddy Situations », *Organizational Dynamics,* 2024.
Cavarretta, F., « Wishing for shift: A paradigm perspective on ecological transition », *In* H. Bouthinon-Dumas, A. Chatterjee & B. Leca (Eds.), *Navigating the Ecological Transition*, New York, Routledge, à paraître.
Chesné, J.-F., « Comment l'école amplifie-t-elle les inégalités sociales et migratoires ? », *In* Cnesco (Ed.), *Rapport scientifique*, 2016. http://www.cnesco.fr/fr/inegalites-sociales/
Chiu, C.-Y., Hong, Y.-Y. & Dweck, C. S., « Lay dispositionism and implicit theories of personality », *Journal of Personality and Social Psychology, 73*(1), 1997.
Clarke, H., Penman, T., Boer, M., Cary, G. J., Fontaine, J. B., Price, O. & Bradstock, R., « The Proximal Drivers of Large Fires: A Pyrogeographic Study », vol. 8, 2020.
Coase, R. H., « 1991 Nobel lecture: The institutional structure of production », *In* S. G. Winter & O. E. Williamson (Eds.), *The Nature of the Firm: Origin, Evolution and Meaning*, Oxford, Oxford University Press, 1993.
Colander, D. C. & Kupers, R., *Complexity and the Art of Public Policy: Solving Society's Problems from the Bottom Up*, Princeton, Princeton University Press, 2014.
Commission nationale consultative des droits de l'Homme, « La lutte contre le racisme, l'antisémitisme et la xénophobie », La Documentation française, 2023.
COP26 Strengthens Role of Indigenous Experts and Stewardship of Nature, Local Communities and Indigenous Peoples Platform

(LCIPP), 2021. https://unfccc.int/news/cop26-strengthens-role-of-indigenous-experts-and-stewardship-of-nature

Cowie, R. H., Bouchet, P. & Fontaine, B., « The Sixth Mass Extinction: fact, fiction or speculation? », *Biological Reviews, 97*(2), 2022.

Cunningham, D., Colsim, G. & Soubiran, F., *L'Ère de l'égoïsme : Comment le néolibéralisme l'a emporté*, Bussy-Saint-Georges, Çà et là, 2014.

Dagorn, G., Aubert, R., Horel, S., Martinon, L. & Steffen, T., « "Polluants éternels" : explorez la carte d'Europe de la contamination par les PFAS », *Le Monde*, 23 février 2023. https://www.lemonde.fr/les-decodeurs/article/2023/02/23/polluants-eternels-explorez-la-carte-d-europe-de-la-contamination-par-les-pfas_6162942_4355770.html

Dawkins, R., Pavesi, J. & Chaptal, N., *Le Gène égoïste*, Paris, Menges, 1976 [1978].

de Pracontal, M., *Kaluchua : Cultures, techniques et traditions des sociétés animales*, Paris, Seuil, 2010.

DeCelles, K. A., DeRue, D. S., Margolis, J. D. & Ceranic, T. L., « Does power corrupt or enable? When and why power facilitates self-interested behavior », *Journal of Applied Psychology, 97*(3), 2012.

DiMaggio, P. J. & Powell, W. W., *The New Institutionalism in Organizational Analysis,* Chicago, The University of Chicago Press, 1991.

Ditlevsen, K. & Andersen, S. S., « The Purity of Dirt: Revisiting Mary Douglas in the Light of Contemporary Consumer Interpretations of Naturalness, Purity and Dirt », *Sociology, 55*(1), 2020.

Douglas, M., *Purity and danger: an analysis of concepts of pollution and taboo*, London, Routledge, 1966.

Élias, N. & Kamnitzer, P., *La Civilisation des mœurs*, Paris, Calmann-Lévy, 1978 [1991].

Ely, R. J. & Thomas, D. A., « Getting serious about diversity: Enough already with the business case », *Harvard Business Review*, Cambridge, 2020.

Emshoff, J. R., « Planning the Process of Improving the Planning Process: A Case Study in Meta-Planning », *Management Science, 24*(11), 1978.

Fauchart, E., *Eric A. Von Hippel – L'Innovation par les utilisateurs*, Caen, EMS, 2023.

Ferjou, C. & Fauchier, M., *Emmenez les enfants dehors !,* Paris, Robert Laffont, 2020.

Ferraro, F., Pfeffer, J. & Sutton, R. I., « Economics language and assumptions: how theories can become self-fulfilling », *Academy of Management Review, 30*(1), 2005.

Fiedler, F. E., « The contingency model: a theory of leadership effectiveness », In J. S. Ott (Ed.), *Classic readings in organizational behavior* vol. 17, Belmont, Wadsworth Pub. Co, 1970 [1996].

Fiske, S. T. & Taylor, S. E., *Social Cognition*, New York, McGraw-Hill, 1991.

Gabrielle, È., *La Part cachée du monde*, Rezé, La Mer Salée, 2021.

Galunic, C., *Backstage Leadership: The Invisible Work of Highly Effective Leaders*, Cham, Palgrave Macmillan, 2020.

Gate, P., Brisson, N. & Gouache, D., «Les causes du plafonnement du rendement du blé en France : d'abord une origine climatique », *Comptes rendus de l'Académie d'agriculture de France, 96*(3), 2010.

Gell-Mann, M., *Le Quark et le jaguar : Voyage au cœur du simple et du complexe*, Paris, Albin Michel, 1995.

Gladwell, M. & Saint-Germain, M., *Tous winners : Comprendre les logiques du succès*, Paris, Flammarion, 2018.

Goldin, C. & Polachek, S., « Residual Differences by Sex: Perspectives on the Gender Gap in Earnings », *American Economic Review, 77*(2), 1987.

Goldin, C. D., *Career and Family: Women's Century-Long Journey toward Equity*, Princeton, Princeton University Press, 2021.

Gould, S. J. & Chabert, J., *La Mal-mesure de l'homme : L'intelligence sous la toise des savants*, Paris, Ramsay, 1983.

Gould, S. J. & de Paloméra, M. F., *Quand les poules auront des dents : Réflexions sur l'histoire naturelle,* Paris, Fayard, 1984.

Gould, S. J. & Vrba, E. S., « Exaptation – A Missing Term in the Science of Form, *Paleobiology, 8*(1), 1982.

Graeber, D., Wengrow, D. & Roy, É., *Au commencement était... : Une nouvelle histoire de l'humanité*, Paris, Les Liens qui Libèrent, 2021.

Greenleaf, R. K., *The Power of Servant-Leadership*, San Francisco, Berrett-Koehler Publishers, 1998.

Gual, M. A. & Norgaard, R. B., « Bridging ecological and social systems coevolution : A review and proposal », *Ecological Economics, 69*(4), 2010.

Hardin, G., *La Tragédie des communs*, Paris, PUF/Humensis, 1968 [2018].

Haute, T., « Diversité et évolutions des attitudes des salariés à l'égard des syndicats en France », *Travail et emploi*, 2021.

Hemmerich, M. & Métenier, C., « Groupe SOS, l'ogre qui dévore le monde associatif », *Le Monde diplomatique,* 2023. https://www.monde-diplomatique.fr/2023/01/Hemmerich/65442

Héran, F. H., *Avec l'immigration : mesurer, débattre, agir*, Paris, La Découverte, 2017.

Herzberg, F., Mausner, B. & Snyderman, B. B., « Motivation versus Hygiene », *In Motivation to Work*, New York, Wiley, 1959.

Hinsinger, P., « Bioavailability of soil inorganic P in the rhizosphere as affected by root-induced chemical changes: a review », *Plant and Soil, 237*(2), 2001.

Hirschman, A. O., *Exit, Voice, and Loyalty: Responses to Decline in Firms, Organizations, and States*, Cambridge, Harvard University Press, 1970.

Holland, J. H., *Hidden Order: How Adaptation Builds Complexity*, Reading, Addison-Wesley, 1995.

Hopkins, R., *Manuel de transition*, Montréal, Écosociété, 2010.

Hunt, V., Layton, D. & Prince, S., « Diversity Matters », *In* McKinsey, 2015.

Jacob, E., « La population musulmane largement surestimée en France », *Le Figaro*, 14 décembre 2016.

Jacque, M., « Climat : Le Conseil d'État maintient la pression sur le gouvernement », 10 mai 2023, *Les Échos*, 2023.

Kahneman, D. & Tversky, A., « Prospect Theory: An Analysis of Decision under Risk », *Econometrica, 47*, 1979.

Kauffman, S., *At Home in the Universe: The Search for Laws of Self-Organization and Complexity*, Oxford, Oxford University Press, 1995.

Kazezyılmaz-Alhan, C. M., Medina Jr, M. A. & Richardson, C. J., « A wetland hydrology and water quality model incorporating surface water/groundwater interactions », *Water Resources Research, 43*(4), 2007.

Kerr, S., & Jermier, J. M., « Substitutes for Leadership: Their Meaning and Measurement », *Organizational Behavior & Human Performance, 22*(3), 1978.

Khurana, R., *From Higher Aims To Hired Hands: The Social Transformation of American Business Schools and The Unfulfilled Promise of Management As a Profession*, Princeton, Princeton University Press, 2007.

Klein, N., Saint-Martin, L. & Gagné, P., *La Stratégie du choc : La montée d'un capitalisme du désastre*, Arles, Actes Sud, 2008.

Klent, H., *Paresse pour tous*, Paris, Le Tripode, 2021.

Knafo-Noam, A., Vertsberger, D. & Israel, S., « Genetic and environmental contributions to children's prosocial behavior: brief review and new evidence from a reanalysis of experimental twin data », *Current Opinion in Psychology, 20*, 2018.

Kuhn, T. S., *La Structure des révolutions scientifiques*, Paris, Flammarion, 1972.

« L'eau en France : ressource et utilisation – Synthèse des connaissances en 2021 », *Données et études statistiques,* Ministère de la Transition écologique et de la Cohésion des Territoires, 2022.

Lallensack, R., « How warp-speed evolution is transforming ecology ». *Nature, 554*, 2018.

Larsen, A., Larsen, J. R. & Lane, S. N. « Dam builders and their works: Beaver influences on the structure and function of river corridor hydrology, geomorphology, biogeochemistry and ecosystems », *Earth-Science Reviews, 218*, 2021.

Latouche, S., *Petit Traité de la décroissance sereine*, Paris, Mille et une Nuits, 2007.

Le Bras, H., « Les Français de souche existent-ils ? », *Quaderni, 36*(1), 1998.

Lenoir, É., *Petit Traité du jardin punk : Apprendre à désapprendre*. Mens, Terre Vivante, 2018.

Les Défis de l'enseignement des mathématiques dans l'éducation de base, The International Group of Experts on Science Mathematics Education Policies, Paris, 2011. https://unesdoc.unesco.org/notice?id=p::usmarcdef_0000191776

Lévi-Strauss, C., *Tristes tropiques*, Paris, Pocket, 1984.

Luhmann, N. & Sosoe, L. K., *Systèmes sociaux : esquisse d'une théorie générale*, Québec, Presses de l'Université Laval, 1995 [2011].

Machiavelli, N., *Le Prince*, Paris, Univers Poche, 1553 [2019].

McClelland, D. C., *Studies in motivation*, New York, Appleton-Century-Crofts, 1955.

Meadows, D. H., Meadows, D. L., Randers, J., Kaïm, A. E. & Jancovici, J.-M., *Les Limites à la croissance (dans un monde fini) : Le rapport Meadows, 30 ans après*, Paris, Rue de l'Échiquier, 2012 [1977].

Mercier, E., & Ory, X., « Évolution du revenu agricole en France depuis trente ans, facteurs d'évolution d'ici 2030 et leçons à en tirer pour les politiques mises en œuvre par le ministère de l'Agriculture et de l'Alimentation », 2022. https://agriculture.gouv.fr/evolution-du-revenu-agricole-en-france-depuis-30-ans-facteurs-devolution-dici-2030-et-lecons-en

Mollison, B., Slay, R. M., Girard, J. L., Bourguignon, C. & Bourguignon, L., *Introduction à la permaculture,* Paris, Passerelle Éco, 2012.

Morgan, G., *Images de l'organisation*, Québec, Presses de l'Université Laval, 1999.

Morin, E., *La Méthode : La nature de la nature. La vie de la vie*, Paris, Seuil, 1977.

Morin, E., *Introduction à la pensée complexe*, Paris, ESF, 1990.
Musolff, A., « Immigrants and Parasites: The History of a Bio-social Metaphor », *In* M. Messer, R. Schroeder & R. Wodak (Eds.), *Migrations: Interdisciplinary Perspectives*, Vienne, Springer Vienna, 2012.
ONU, « Principes du droit international consacrés par le statut du tribunal de Nuremberg et dans le jugement de ce tribunal », 1950.
ONU, « Transformer notre monde : le Programme de développement durable à l'horizon 2030 », 2015.
Orlean, A., *À quoi servent les économistes s'ils disent tous la même chose ? : Manifeste pour une économie pluraliste*, Paris, Les Liens qui Libèrent, 2015.
Orsenna, E., & Selosse, M.-A., « La compréhension des liens entre les êtres vivants est un savoir fondamental de demain », 19 décembre 2023, *Le Monde*.
Ostrom, E., *Governing the Commons: The Evolution of Institutions for Collective Action*, Cambridge, Cambridge University Press, 1990.
Ostrom, E., « A General Framework for Analyzing Sustainability of Social-Ecological Systems », *Science, 325*(5939), 2009.
Page, S. E., *The Diversity Effect: How Individual Difference Creates Collective Benefits*, Princeton, Princeton University Press, 2007.
Parrique, T., *Ralentir ou périr : L'économie de la décroissance*, Paris, Seuil, 2022.
Pfeffer, J., *New Directions for Organization Theory: Problems and Prospects*, New York, Oxford University Press, 1997.
Piketty, T., *Une brève histoire de l'égalité*, Paris, Seuil, 2021.
Pollan, M. & Marty, S., *Botanique du désir : Ces plantes qui nous séduisent*, Paris, Autrement, 2004.
Pont, B., « Competencies for the Knowledge Economy », *Education policy analysis* (pp. 100-118), Paris, Centre for Educational & Research Innovation (OECD), 2001. http://www.oecd.org/dataoecd/42/25/1842070.pdf
Prigogine, I. & Stengers, I., *Order Out of Chaos: Man's New Dialogue with Nature*, New York, Bantam Books, 1984.
Prigogine, I. & Stengers, I., *The End of Certainty*, New York, Free Press, 1997.
Rabhi, P., *Vers la sobriété heureuse : Nouvelle édition*, Arles, Actes Sud, 2014.
Ramelli, I., *Social Justice and the Legitimacy of Slavery: The Role of Philosophical Asceticism from Ancient Judaism to Late Antiquity*, Oxford: Oxford University Press, 2016.

Rand, A. & Bastide-Foltz, S., *La Grève*, Paris, Les Belles Lettres, 1957 [2011].

Reichert, A. R. & Tauchmann, H., « Workforce reduction, subjective job insecurity, and mental health », *Journal of Economic Behavior & Organization, 133*, 2017.

Ries, E., *Lean Startup : Adoptez l'innovation continue*, Paris, Pearson, 2011 [2012].

Saez, E., Zucman, G. & Deniard, C., *Le Triomphe de l'injustice : Richesse, évasion fiscale et démocratie*, Paris, Seuil, 2021.

Sahlberg, P., « Education Reform for Raising Economic Competitiveness », *Journal of Educational Change,* 7(4), 2006.

Saintonge, F.-X., Gillette, M., Blaser, S., Queloz, V. & Leroy, Q., « Situation et gestion de la crise liée aux scolytes de l'Épicéa commun fin 2021 dans l'est de la France, en Suisse et en Wallonie », *Revue forestière française, 73*(6), 2022.

Schumpeter, J. A., *Capitalisme, socialisme et démocratie*, Paris, Payot, 1942 [1951].

Sealy, W., *From Colonialism to Transnationalism: The Neo-Colonial Structure of Caribbean Tourism,* Paper presented at the Tourism and Sustainable Development Conference, 30 juin 2018.

Selenko, E. & De Witte, H., « How Job Insecurity Affects Political Attitudes: Identity Threat Plays a Role », *Applied Psychology, 70*(3), 2021.

Selosse, M.-A., *Jamais seul : Ces microbes qui construisent les plantes, les animaux et les civilisations*, Arles, Actes Sud, 2017.

Senor, D. & Singer, P., *Israël, la nation start-up : Les ressorts du miracle économique israélien*, Paris, Maxima, 2011.

Servigne, P., Stevens, R. & Chapelle, G., *Une autre fin du monde est possible*, Paris, Seuil, 2018.

Shane, S. A., *The Illusions of Entrepreneurship: The Costly Myths that Entrepreneurs, Investors and Policy Makers Live by*, New Haven, Yale University Press, 2008.

Silberzahn, P., *Effectuation : Les principes de l'entrepreneuriat pour tous*, Paris, Pearson, 2014.

Simon, H. A., *Administrative behavior: a Study of Decision-Making Processes in Administrative Organizations* (3e ed.), New York, Free Press ; London, Collier Macmillan, 1947.

Skillings, D., « Holobionts and the Ecology of Organisms: Multi-Species Communities or Integrated Individuals? », *Biology & Philosophy, 31*(6), 2016.

Soucy, S. M., Huang, J., & Gogarten, J. P., « Horizontal Gene Transfer: Building the Web of Life », *Nature Reviews Genetics, 16*(8), 2015.

« Standing Firm: The Land and Environmental Defenders on the frontlines of the climate crisis », Global Witness, 2023.

Steinbeck, J., *Les Raisins de la colère*, Paris, Gallimard, 1939 [1947].

Tajfel, H., *Social Identity and Intergroup Relations*, Cambridge, Cambridge University Press, 1982.

Tangpuori, A. D., Harding-Rolls, G., Urbancic, N. & Zallio, X. P. B. J. C. M. F., « Talking Trash: The Corporate Playbook of False Solutions to the Plastic Crisis », Changing Markets Foundation, 2020.

Torvik, R., « Why do Some Resource-Abundant Countries Succeed While Others Do Not? », *Oxford Review of Economic Policy, 25*(2), 2009.

« Towards the Circular Economy Vol.1: An Economic and Business Rationale for an Accelerated Transition », Cowes, Ellen MacArthur Foundation, 2013.

Trice, H. M., Belasco, J. & Alutto, J. A., « The Role of Ceremonials in Organizational Behavior. », *Industrial and Labor Relations Review, 23*(1), 1969.

Tronto, J., *Un monde vulnérable. Pour une politique du care*, Paris, La Découverte, 2009.

Villani, C., *Théorème vivant*, Paris, Grasset, 2012.

Vroom, V. H., « Work and Motivation », *In* J. S. Ott (Ed.), *Classic Readings in Organizational Behavior*, Vol. 5, Belmont, Wadsworth Pub. Co, 1964 [1996].

Wagnon, S., « Les pédagogies alternatives en France aujourd'hui : Essai de cartographie et de définition », *Tréma* (50), 2018.

Weber, M., *L'Éthique protestante et l'esprit du capitalisme : Suivi de Les Sectes protestantes et l'esprit du capitalisme*, Paris, Plon, 1904 [1967].

Womack, J. P., Jones, D. T. & Roos, D., *The Machine That Changed the World: based on the Massachusetts Institute of Technology 5-million dollar 5-year study on the Future of the Automobile*, New York, Rawson Associates, 1990.

Wylie, C., *Mindf*ck: Inside Cambridge Analytica's Plot to Break the World*, London, Profile Books, 2019.

Zimbardo, P. G., « The Psychological Power and Pathology of Imprisonment », *Catalog of Selected Documents in Psychology*(3), 1973.

Zola, É., *L'Assommoir*, Paris, G. Charpentier, 1877.

Zuboff, S., Formentelli, B. & Homassel, A. S., *L'Âge du capitalisme de surveillance : Le combat pour un avenir humain face aux nouvelles frontières du pouvoir*, Paris, Zulma, 2020.

Table des matières

II

Éclairer (nos zones d'ombre)

III

Agir (avec pragmatisme)

Pour continuer…

Un livre initie une communauté et la technologie permet d'étendre sa vie au-delà des frontières de son impression. À cet effet, une page web dédiée à cet ouvrage sera maintenue pour fournir les liens vers les fils d'échanges (sur Facebook, Instagram, X…), l'actualité telle que les séances de dédicaces, la couverture presse, et tout correctif ou complément apparu après finalisation du manuscrit.

http://cavarretta.fr/rvs

pcacmb
édition pré-presse
livres numériques

44400 Rezé

IMPRIM'VERT®

Achevé d'imprimer
en octobre 2024
par Corlet Imprimeur
14110 Condé-en-Normandie

Dépôt légal : octobre 2024
N° d'imprimeur : 24100174
Imprimé en France